著 张树年
ZHANG YUANJI
WANGSHI

張元濟往事

人民东方出版传媒
东方出版社

1906年，张元济40岁像

1935 年 5 月 10 日，张元济与友人在华山北峰真武宫

1935 年 6 月，张元济与商务印书馆同仁合影，摄于上海李拔可寓所
（前排左四李拔可，左五张元济，左六王云五）

1947 年 7 月 2 日，海盐张氏同族会在上方花园寓所举行
（前排左四张人凤，左五张元济，后排左二张树年）

1948 年 9 月 23 日，中央研究院院士大会合影

1949 年 9 月 19 日，张元济受毛主席邀请游
天坛

1949 年，张元济 83 岁像

1954 年 8 月 20 日，张元济全家合影

（前排张元济，后排左起：张珑、张树年、葛昌琳、张人凤）

1956 年 10 月 31 日，张元济 90 岁生日时与商务印书馆同仁合影
（前排左起：黄仲明、韦博卿、陈懋解、张元济、徐凤石、郁厚培、罗品洁
　中排左起：周家凤、顾廷龙、余明时、张雄飞、朱颂盘、王雨楼、丁英桂
　后排左起：张树年、汪寰清、张人凤、沈季湘、陶公择）

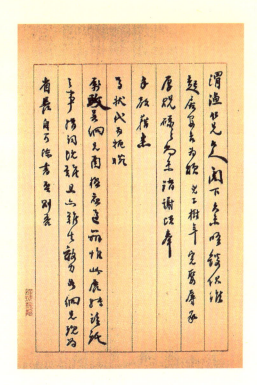
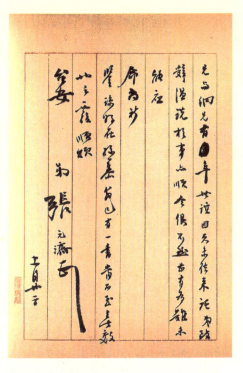

张元济致陈渭渔信

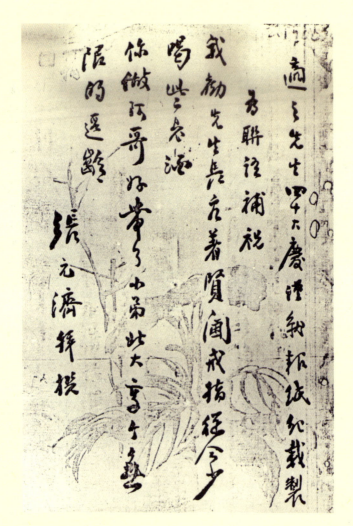

适之先生：罕见庆谭勒报纸见载制

为联注补祝

戴勘先生兵充著贤阖戒擒经多少

喝些老酒

你做阿哥好带了小弟此大事干些些

限你還酒

张元济拝擬

张元济致胡适联语

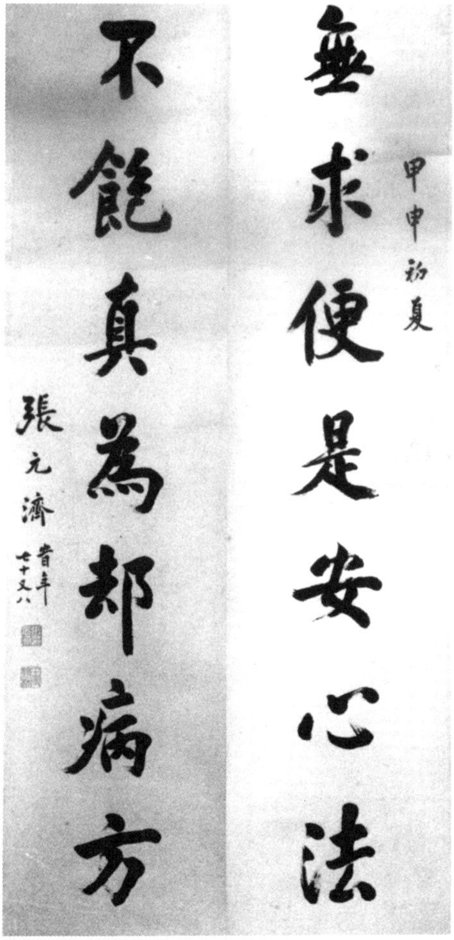

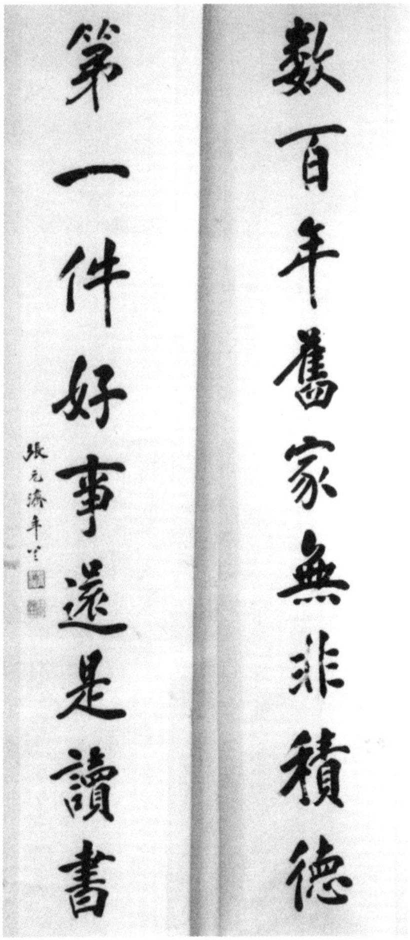

不饶真為郵病方

張元済省年七十又八

無求便是安心法

甲申初夏

第一件好事還是讀書

張元济年

數百年舊家無非積德

张元济墨宝手迹

新治家格言

為人之道修身為本一日之計在於寅諸宜乘早七有不堪總由懶切莫貪閒體膚毋任染汙湯沐必其精神務期活潑運動宜勤冠服不尚奢華而營衛生其有常識可以防病於未病達信必當破除不作無益害有益書報謀生存好自經營常川服勞朝聚暮而獲休假玩水游山隨處可求學問人貴自立須知有志竟成民生在勤漢莫不勞而獲修身之要既齊家之事宜詳兄弟不必同居而父母在上自宜隲誠孝養姑嫁宜各由自願而男女要當共保員操建居親喪毋徇俗尚麻衣草屨何必墨守古風禮懺誦經亞宜革除陋習厚瘝非禮還當防盜賊生心入土為安休信墳興謬說火算最為解脫睨公墓亦可安寧顧彼童蒙首在教育選科目宜順其天性擇學校尤貴有良師毋信無才是德之諛女于宜習專業毋蹈數典志祖之弊遊學返故於夷家有催倩曾視先代應以伯叔相尊若在少年視如子弟之列昔為主僕今同主賓至如親舊還重在禮意宴會毋及博戲慶弔勿侈多儀此為改造舊家庭更求通應新社會四民無分階級先除貴賤之見兩性無妨交際除略寬內外之防故尚合群急公益故重服掛勿謂小人斯力唯工業始足興邦勿謂好男不當兵大勇真能衛國國家有我一分子民主母今再落伍在選舉場中勿為威脅利誘所動至會議席上邦以心平氣和自持不事黨爭尊重對方意見取決公論服從多數主張行動固可自由必須遵奉國法信仰各有主義還當順應輿情事在人為莫言天命四海皆兄弟願世界進於大同五福攸好德即禽獸亦當恩及庸言庸行篤思勉焉

明崑仁兄大雅之屬即希　丙政

前明朱柏廬先生治家格言為世傳誦不揣固陋按時勢補所未備為仿其體裁妄走如右亦聊附鳥之末云爾

歲在壬寅大湖獻仲春之月沙圉主人張元濟自議并書時年八十又一

目 录
contents

序

宋原放

《我的父亲张元济》是作者继《张元济年谱》（以下简称《年谱》）出版以后的又一力作。

三年前的一天，树年先生来《编辑学刊》编辑部看我，告诉我《我的父亲张元济》的撰写计划，我当即表示赞同，并愿意在《学刊》上首次发表。

在编撰《年谱》的过程中，树年先生在家中翻箱倒柜，发现一些家谱、契约等珍贵文物，也重温了永远值得回味的与父亲五十多年相处的岁月，也许这些是树年先生撰写此书的动机之一吧。

一代名人张元济，戊戌政变革职来沪。后来两次辞官而不就，"昌明教育平生愿"，甘为"书丛老蠹虫"（张元济语）。自 1902 年起，进入商务印书馆，与夏瑞芳（粹芳）合作，从另一个零点(文化出版界)上开始了伟大的起步，吸收日资合资经营，广泛网罗人才，逐年引进新设备、新技术，民国后又回收日股，实行科学管理……招招都是中国民族实业家的大手笔，是震动文坛和实业界的大事。商务印书馆从一个微不足道的小印刷所发展成为一个中国最大的文化出版企业，拥有最大的出版社、书店、印刷厂、东方图书馆、电影厂、仪器厂、玩具厂、中学、小学、职校、函授学校等多种文化实体。张元济先生先后任编译所长、经理、董事长，无论编辑、校勘、发行、经营……无不开风气之先，走前人所未走过的路，不愧是中国出版事业的开拓者。他团结全国学者专家，创办《东方杂志》、《小说月报》、《学生杂志》等十多种期刊，出版全套中小学教科书、汉译世界名著、各类专科辞典等。

由于他将大部分精力贡献给出版行政事务，故不能以文传世。尽管他满腹经纶，学贯中西，与学术界文化界的名流情深谊长，却夜以继日，孜孜矻矻，以传播为己任，所从事的古籍整理、校勘，尤见学术功力。他以惊人的毅力和才能，努力用新式影印技术完成《涵芬楼秘笈》、《四部丛刊》、《续古逸丛书》、《百衲本二十四史》等里程碑式的几项巨大工程，只其中一项，也已经是功德无量的不朽事业了。

张元济是跨时代的文化名人，中国近代出版界的前辈，也是思想界的先驱。人们希望更多地了解巨人的性格以及巨人之所以成为巨人的轨迹。

我很赞同陈原对张元济人格成长过程的剖析①。他认为张元济经历了三个思想高度：从个人修身到合群爱国；只有民族解放才有个人的自由解放；大声疾呼要和平、不要内战。在第一高度时，他和同时代的康有为、梁启超、蔡元培等共呼吸、求真理。在第二高度时，他和沈钧儒、邹韬奋等爱国"七君子"站在一起。在第三高度时，他和反饥饿反内战的被捕学生站在一起，寄希望于人民。一个清末翰林、大知识分子，不断"扫腐儒之陈见"（张元济语）。他疾恶如仇，弘扬正气，摒弃对蒋介石的"三民主义"的幻想。沦陷时期，蛰居沪上，拒不接见日本使者，宁愿帮友人编撰藏书目录，与人创设私立合众图书馆，靠卖文卖字度日。不仅如此，连为汉奸题字也拒不应命。这是何等感人的崇高人格呀。张元济确实是中国知识分子的骄傲。是的，只有随着时代潮流前进的伟人，才能做好文化出版工作，创造人间的奇迹。

伟人的著述渗透着伟人的人格和感情，伟人的业绩也渗透着伟人的人格和感情。同样，在八小时以外，在家庭、社会与亲友、家人交往中，也无不渗透着伟人的人格和感情，从细微处见精神，也许有些鲜为人知，却更加动人。

---

① 参见《陈原出版文集》，第388—401页，中国书籍出版社，1995年版。

　　十多年来，感谢商务印书馆出版了张元济的《诗文》、《书札》、《日记》、《年谱》，及王绍曾、叶宋曼瑛撰写的传记。后来，其他出版社又出版了汪家熔先生撰写的《大变动时代的建设者——张元济传》。现在，又有了树年先生撰写的《我的父亲张元济》，可以供我们全方位地了解这位文化巨人，学习张元济的人格和精神。我想，这正是出版社推荐这书给读者的原因。

1996 年 10 月于上海

第一章
从祖母遗物说起

我生于清光绪三十三年（1907）。自幼时起，就从父母亲和姑母那里知道我家先祖以及祖父母的事情，如父亲对先祖遗训的景仰，对海盐张氏涉园藏书、刻书传统的追慕。父亲对祖母的崇敬，从小在我记忆中有深刻的印象。父亲有个小铁罐，藏着祖母留下的遗物，其中有曾祖父应辰公给祖父森玉公的两封信和祖母谢太夫人的两件遗墨。原物至今犹存。

应辰公给森玉公先后有两封信，留下了森玉公逃离兵荒马乱的家乡，远去广东的一段家史，抄录两信如下：

> 开船后于傍晚抵到，在寓眠食如常，念切。起程日期曾否选定？应备箱笼、食篮等物，未识已办好否？迩日天时寒暖不匀，务须保养，且一路前往见景生情，缘汝年轻胆怯，难以尽嘱，总宜格外小心为第一要事。满望进省后，即有机会，稍有积蓄，家乡安静，或即结伴回来。缘我年近花甲，能得与我儿完姻了事，亦喜出望外，不致抱怨，至属至属。我言切切，须随时记着，弗视以为具文也。立夏后三日灯下字，付三儿收阅。父字。

此信写于癸亥年立夏后三日，即清同治二年（1863）5月9日，时森玉公年21岁。

申江连发两信，均已收到，悉汝于四月初八上船，初九开行，六月十七至沈镇，面晤诚哉表叔，说及朱笏廷已有信到。廿一日至石港，廿三日潮州。伊于廿五日抵樟岭发信，并悉十五日顿然起雾，惊惶异常。幸叨天佑，忽报好音，十六日傍晚顺风于送汝等，光景若何？精精若何？抵潮州后，鲁斋何日启程？汝大约住落达哉表哉叔处，衡甫会过面否？想至戚于关，谅能照拂一切。刻下未识有就绪否？进省盘费断乎不敷，逗留潮州可否度日？不胜系念。家乡光景仍然如是。秋山生意尚未动手，惟三信息至今毫无，大哥抹守，馆哥在馆，我应酬寥寥，虽与小妹两人度日，总觉艰难，幸身体尚健，寓中均各安好。汝也不必挂念也。寓处未必久住。虽目前情形到处皆难，甚为焦灼。本拟早日寄信，缘无从托寄，故迟延至今。现有月汀兄寄信与鲁斋，从彼处转寄，谅不至浮沉耶。路隔遥远，一切饮食寒暖，起居应酬务要格外谨慎，我也不能赘述也。嗣后云峰发信，再附寄一信于省中。潮州有便，发信宜勤，恐路上总有浮沉。纸短话长，不尽欲言。七月朔日，澹园老人字，付德斋三儿收阅。

此信信封尚存，上书"内平安家信恳附寄粤东敬祈鲁斋姻兄大人加封觅便转寄德斋三小儿收拆为感。愚弟张应辰拜求"。更为可贵的是此信寄发和递到日期俱全："癸亥七月朔日萧河浜寓封寄，癸亥十一月初四到。"

澹园系曾祖的号，德斋系祖父的号。

此信记述祖父离沪赴粤日期甚详。祖父先行投靠在潮州的表亲，后进省城广州。

祖父定居广州后，捐官得广东候补府通判，盐提举衔，升用同知直隶州知州。大约第二年，祖父祖母结缡。祖母谢氏，原籍武进罗墅湾，晋太傅谢氏之后。有一支数代前移居广东。祖父母结缡后，共生三子二女，长子元煦（1865—1904），次子元济（1867—1959），三女元淑（1869—1944），四子元瀛（1872—1892），五女元清，幼殇。

父亲对祖母的感情极深。我常听到父亲讲述有关祖母的故事。现把父亲保存的祖母遗墨两件抄录下来：

第一件遗墨写的是甲申年（1884）伯父与父亲上嘉兴府考秀才时的情形：

> 甲申岁，大二儿出考。二儿县批，大儿亦在前十名，内心甚喜。其年学使不临，下年四月按临。家贫无考费，到案日亲友贺之，云今晚三更可得报到，莫睡为是。因惜膏早睡，心实不晦之。三更后闻锣声。三女呼，锣声响，两兄有名矣。候之多时不来。心想，一秀才如此之难，恐负托孤矣。到五更仍不来，盐地素无天明报喜，心苦极。睡梦起坐，门上红帘，门外五子西瓜洋灯，十分光彩。惊醒，心喜或有黉门望，随睡去。仍梦此灯挂床中，里床有横匾，挂红朱底金字，左边一字，因右边一字为红，遮住不见。醒已天明，人传……（缺页）

第二件遗墨写在一张有边框的笺纸上，好像是一副对联底稿。纸已着过水，缺数字。

> 背负肩挑卅年，艰苦箧今放下，任我逍遥；荆钗裙布一生，恃力愧无德业，训益儿孙……生多是过……行独力苦撑恃。

张元济的母亲谢太夫人

1880 年，祖父去海南陵水县赴任，祖母携全家迁回海盐。祖母不仅是一般的贤妻良母，而且是极有主见、治家有道、教子有方的能干人。后来父亲一生，在事业上有所成就，与祖母的智慧、才干是分不开的。祖母有一定文化，善于体察人情世故，能很好地处理与族中长辈的关系。祖母定居海盐时，人地生疏，一口粤语，孩子又小（伯父才 16 岁），要站住脚跟，该是多么不容易啊！靠她的积蓄，购下虎尾浜南岸一所旧屋。此屋原为八世本生祖芳湄公的岳父陈宋斋先生松柏堂遗址改建而成，已有近百年屋龄，也很破旧。祖母请人稍事修葺，她亲自油漆门窗。父亲说，祖母把一件沾有油漆的旧衣服保存下来，并取出以示后辈，从中领悟节俭之道。祖母后来又买了一些田地，生活尚好，家里还雇了佣工。1881 年，祖父病殁于海南任上，从此家境从小康堕入困顿，佣工辞退了，几亩田地的租米有限，祖母和我姑母两人做针线活贴补家用，供父亲三兄弟读书。族人中不乏势利之辈，见我家衰落，就很少上门了。每年元旦，合族在宗祠祭祖，规定祭祀后即以祭菜聚餐。有一年父亲兄弟三人去宗祠，时间尚早，有一位族人向父亲等说，你们不妨先去长辈家拜年。可是拜年回来，聚餐已结束。很明显，不让三兄弟吃这顿饭。人穷了，就会遭到冷遇。世态炎凉，由此可见一斑。此事对祖母和父亲刺激很大。许多年后还记忆犹新。

考秀才是当时读书人走上仕途的第一步。祖母上述遗墨，盼望两个儿子得中的急切心情，跃然纸上。考场有一批长班，皇榜一出，长班们以最快速度分别赶赴中考者家中报喜。为了答报这个喜讯，总得备酒食招待，还得酬送"喜钱"。据姑母说，当年伯父与父亲中秀才后，尽管家中甚为拮据，祖母东拼西凑，还是应付了过去。亲友们纷纷前来祝贺道喜，煞是热闹。那天正下大雨，虎尾浜故居地势低洼，门前积水盈尺，有位从不上门的叔伯辈族中长老，一反平日傲慢的常态，也冒雨赶来了。水塘过不去，竟命人背着蹚水进来。其势利相，暴露无遗。

祖母治家节俭，自广东带回的一批粤式家具，用了很多年，后来又带到上海。父亲对这几件旧家具十分钟爱。几经迁寓，一直保存着。有一二件现今还为我所用。目睹这几代人使用过的百年旧物，使我深深地怀念可敬可亲的祖母。

据父亲说，当时家中尽食素菜，荤腥极少进门，食咸鸭蛋也是罕事，一人还分不到一个。可祖母对儿子们的教育却尽心竭力，从不吝惜。起初，她送伯父和父亲到查济忠（莐卿）老师家就读。伯父、父亲中秀才后，祖母特聘海盐有名的朱福诜（桂卿）先生来家授读。朱师是己卯举人，庚辰进士，翰林院编修，主张维新，后来成为立宪派著名人物之一。请一位名师，开支不小。但祖母宁愿省吃俭用，绝不亏待先生。

父亲 1889 年赴杭州参加乡试，考举人。我听姑母讲，祖母为了父亲赶考，准备了两只考篮。除了笔墨、剪刀等文具用品外，还装有锅碗等餐具。考试共三场，每场三天，全"关"在贡院号舍内。每日三餐，均由自己动手。食物篮中有面条，父亲从未自己煮过饭，把面条放在冷水锅中煮，结果烧成面糊糊。考中后归来，告诉家人，大家笑得合不上嘴。

祖母教子严格，十分注意品德教育。父亲曾讲过这样一段故事：祖父病殁于海南，翌年祖母携伯父赴粤奔丧，护送灵柩归葬海盐。行程中忽起大风，把一位轿夫卷入海中，连尸身也未能打捞。祖母极为内疚，以后每年逢此日期，必定焚香遥祭，教导子女毋忘这位不知姓名的轿夫。

父亲对祖先最崇敬者，似有四位。他们的著作、言行在塑造父亲的品格中，有着很大的影响。

第一位是始祖张九成，曾任南宋丞相，主战，为秦桧所排挤，谪居十余年，著书立说，自成理学一派，谥文忠，著有《张状元孟子传》、《横浦文集》。父亲在这两部书的跋文中对始祖"不受权贵之饵"、"以挽弱宋而奋中兴"、"清明刚正，国家是急"的高尚品行，景仰备至。

第二位是十一世祖张奇龄，号称大白先生。功名不高，是一位举人，主持杭州虎林书院，时人竞相送子弟求学门下。他立下家训，世代相传："吾家张氏，世业耕读；愿我子孙，善守勿替；匪学何立，匪书何习；继之以勤，圣贤可及。"大白公以后各代，遵循遗训，不求功名，以耕读为主，著书立说。父亲对大白公家训极为推崇，1914 年极司非而路新居建成

《张状元孟子传》

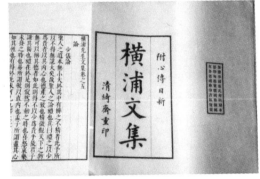

《横浦文集》

时，用隶书亲笔缮写，命人镌刻在柚木板上，镶嵌于大客厅拉门上。1939年我家迁居时，将这四块柚木板拆下。1987年海盐县建成张元济图书馆，内设张元济先生纪念室。纪念室征集父亲遗物，我把它们找出。现在成了张元济图书馆收藏的一件珍贵文物了。

第三位是十世祖螺浮公张惟赤。螺浮公顺治十二年（1655，乙未）进士，曾任户部主事，是清初著名的谏官。三藩之乱，时有履亩加赋之议。螺浮公力争不可。清初满洲八旗凭借特权，强行圈地，造成无数民众流离失所，社会动荡不安。螺浮公大声疾呼制止圈地。康熙在位，鳌拜权奸秉政。他又冒死上疏奏请皇上亲政。这些疏文奏章后来编集成《入告编》。父亲少年在广州时，祖父就嘱读《入告编》。及至1911年父亲主持商务印书馆编译所时，将是书辑入《海盐张氏涉园丛刻》。螺浮公去官回乡后，拓大白居为涉园，成为一邑之胜景。

第四位是七世祖青在公张宗松。他的一生是涉园藏书刻书的鼎盛时期。兄弟九人均有著作行世。其时藏书之丰富，名扬遐迩。仅青在公的清绮斋藏书即达一千五百多部，不下一万余册。乾嘉之际，江浙名流学者纷纷向涉园借书雠校。至道光年间，因洪杨战事，家道中落，藏书散尽。

第二章
长康里寓所

父亲参加戊戌变法，失败后于清光绪二十四年（1898）阴历九月携家离京南下，经天津抵沪，租赁虹口隆庆里寓所。稍后赵从蕃（仲宣）来沪，托父亲在同里租赁一屋，成为邻居。隆庆里的确切位置已无从查考，连那一带的老住户都称不知。唯保存的信封上有"西华德路"、"中虹桥"字样，可以推得在今东长治路、长治路桥一带。*

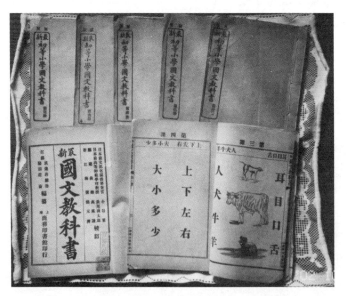

张元济主持编纂《最新初等小学国文教科书》（1904年，商务印书馆）

---

* 据《上海市虹口区地名志》（百家出版社，1989年版）第532页，隆庆里位于东熙华德路（今东长治路）南，茂海路（今海门路）西。废圮情况不详。（张人凤注）

父亲于 1902 年应夏瑞芳（粹芳）之邀，入商务印书馆，主持编译所工作。时编译所设在北福建路唐家弄（现福建北路天潼路一带），我家就迁居与编译所较近的文极司脱路长康里（现闸北曲阜路文安路，"长康里"弄名犹存）。一幢三上三下石库门房屋。此屋幸未拆除，仍基本保持原状。石库门房屋是开辟租界后的产物，砖木结构，两层楼，有一上一下、二上二下和三上三下三种，结构简单，造价低，租金低，为一般市民所欢迎。1907 年，我生于长康里。

长康里在苏州河北，老垃圾桥西，离苏州河约两条马路。沿河都是码头。在我家附近有好几家缫丝厂，日夜开工，冒出浓浓黑烟。码头上停靠大木船，装满大包大包的蚕茧，大都来自浙江湖州、嘉兴等养蚕地区。码头工人赤了膊，头上披了一块蓝布，将大包蚕茧搬入栈房。栈房附近臭味难闻，大门口有一人坐着看守，身边放一只竹筐，工人将蚕茧大包运入时，手中拿一竹签，投入筐内，大约是作为记录进栈包数之用。苏州河中大小船只来来往往，川流不息。有木船，有轮船。轮船用煤作动力，火夫将煤加入发动机炉膛，燃起通红的火焰。这叫"火轮船"。轮船后面拖着一串大小木船，多则十多条，少则六七条。客运木船在前，货运在后。客运大船通常称为"无锡快"。这种船相当大，分头等、二等舱，备有床铺，统舱在后，只有座位。船尾是一间厨房，供应乘客膳食。为什么叫"无锡快"呢？原

上海闸北长康里（2005 年拆除前）

来无锡人善于经营，有一帮船民专营运输业，确是水上交通主力军。

有一天李妈妈（照管我的保姆）抱着我从后门进来，刚要上楼，遇见父亲，父亲把我打了一顿，打得很重，我痛得大哭。为什么要打，全然不知。我只望母亲赶快来救救我，但不见母亲下楼，从此见了父亲惧怕万分，见面叫一声，只想离开。

第三章

在长吉里

1909 年*，我三岁，当时苏州河北一带流行可怕的鼠疫，俗称老鼠瘟。父亲听从英国朋友柯师太福医生的劝告，迁寓至苏州河南的长吉里。

环境与室内陈设

长吉里位于西藏路芝罘路转角。西藏路是一条南北向的交通干线，芝罘路是一条从北徐徐弯向东与劳合路（今六合路）相接的小马路。西藏路东侧有条小河与之平行，叫泥城浜。这是租界当局当初为抵御太平军而仓促赶挖出来的一道防御工事，北与苏州河相通，经南京路泥

上海西藏中路长吉里（20 世纪 90 年代拆除前）

---

* 据考证，迁居西藏路长吉里时间为时 1911 年 5 月。（张人凤注）

城桥（今第一百货商店所在地）南与周泾相接。河内船只穿梭往来。西藏路当时就是一条交通繁忙的马路，马车、东洋车和牛头独轮车熙熙攘攘。东洋车是从日本引进的一种人力车，可坐两人，漆成黑色，两轮很大，轮盘上包硬橡皮，两根长竿由一条横档相接，车夫套在其中在车前拉。牛头独轮车俗称"江北车"，又称"羊角车"，是一种原始的交通工具，车中央有一大木轮，外裹铁皮，车轴两侧钉木条，作为乘客座位，一面可坐五人，行驶时必须两边坐人，否则要翻车，当然也可运货，车夫在车后手执木柄向前推。马车很少见，一般平民坐不起。我记得当时租界的消防车，人们叫它救火车，用四匹马拉，每匹马背上骑一马夫。消防车装有云梯、水龙带和其他灭火器材。消防员站在车的两旁。车上有一大铜钟，行驶时敲个不停，人们老远就知道救火车来了，赶忙让路。

路上的路灯用煤气灯。每当夕阳西下时，有人手拿长竿，将灯的玻璃罩打开，长竿上有火种，一点就亮了。我特喜欢看每晚点燃煤气路灯。

长吉里的房屋与长康里差不多，也是三上三下二层楼砖木结构石库门里弄房。我家在弄底，两扇黑漆大门向南，进门是天井，中间客堂，两侧东西厢房。

房屋内部陈设很简单。虽事隔几十年，我还能记起个大概。客堂靠北墙放一只天然几（一种狭长形的条桌），前面摆有方桌，东西两侧四把交椅。墙上空落落的，一幅字画也不挂。西厢房前半部布置成会客室，后半部是餐厅。会客室四周一圈椅子，中间放着两只西式方桌。墙上挂两幅彩印东洋风景画。这两幅画或许是父亲1908年第一次赴日本时买回来的。餐厅有一套新式家具：一个长方大菜桌，十二把交椅。父亲患轻微糖尿病，听从柯师太福医师的建议，改食面食，特雇了一位名叫仁卿（其姓已忘）的西菜厨师，为此买了这套家具。父亲请客吃饭一般都在这里。东厢房好像空着。客堂后面是楼梯，再后面是后天井和后门，后天井西侧为厨房，东侧是下房。

二楼中间是客堂，靠南窗放一方桌，全家一日三餐在这里吃。双亲的卧室在东厢房。一进房门，首先见到的就是窗边父亲那张高大的书桌。这张书桌是祖母从广东带来的，设计得很灵巧，桌面可以拆开，分成两块，左右两侧各有抽屉三格，下面是书柜。抽屉一节卸下，可以放入书柜，有点儿像现在的组合式家具，可以拆卸，便于搬动。母亲的床是旧式大木床，全年挂帐子，冬季用薄绸帐，夏季换夏布蚊帐。这张大床是父亲戊戌政变被罢官后由北京带来的。床边放一只梳妆台。另有几把椅子，几只方凳，都是父亲元配吾夫人的遗物，从海盐虎尾浜老家运来的。孩子的卧室在西厢房，我和姊姊树敏各有一只木板床，都挂有布帐。保姆李妈妈陪我睡。厢房的前半部用衣箱堆叠起来隔成一小间，放一只木板床。堂兄树源从南洋公学放假回来即住在这里。我们的房间有两扇西窗，可以眺望西藏路与泥城浜。隔河对岸是牯岭路。

那时候一般居民用煤油灯。父亲晚上看书、批阅公事，用玻璃罩的火油灯，二楼客堂晚上用餐时也用这种灯，其他都用小号煤油灯。有时为节省燃料还点锡制的油盏。父亲在家宴客则用打气灯。总之，全家的家具，除餐厅以外，都是旧的，拼拼凑凑而成。

与伍光建为邻

我国近代有名望的翻译家、广东新会伍光建（昭扆）是我家住长吉里时的近邻。父亲公余常去与昭扆老伯闲谈，树敏姊姊也与伍家大姐、二姐同玩儿。有时我也去。记得伍伯母送给我们一套广东带来的玩具，有红木小天然几、小方桌、小太师椅和小茶几等，制作精细，小巧玲珑，十分好玩儿。母亲还特地找出红缎角料

19世纪初，张元济（左）与伍光建（中）合影

缝制了小台毯、小椅被。这套玩具是我们姊弟俩玩具中的精品。保存得很好，直到 1939 年迁出极司非而路寓所才处理掉。

第一次乘汽车

我小时候上海汽车极少。我五岁时有一天柯师太福医生开来一辆新买的汽车，邀请父亲去兜风。父亲挽了我的手走出弄堂，只见一辆红色敞篷汽车停在弄口，我高兴极了。圆圆的车头，好像一只小铁桶，车头包着黄铜皮，两旁挂两盏黄铜油灯。四个车轮用硬橡皮包着，与东洋车差不多。柯师医生叫父亲抱着我上车，他自己走到车前，提起手柄摇了几下，机器便发动了。然后他上车把住方向盘，车子向前驶去。这是我第一次乘汽车，只觉得车速快极了，街道两边的房屋、行道树、东洋车和行人，都刷刷地向后退去。风很大，亏得有一块挡风玻璃挡去了一些，不然眼睛都睁不开。汽车兜了一大圈，柯师医生送我们回家。清末国人尚无自备汽车，洋人有汽车的也寥寥无几。

家里来了"外国人"

父亲 1910 年初赴欧美考察西方教育、出版事业，1911 年 1 月返回上海。母亲携了我下楼去迎接父亲。但我见到的却是一位身穿西装、头戴黑色圆顶小礼帽、披一件厚大衣的陌生人。我躲在母亲身后

英国伦敦大英博物馆，张元济于 1910 年 11 月 5 日到此参观馆藏敦煌文献

轻轻说："外国人，外国人。"母亲笑着说："不是外国人，是爸爸呀。"我还是不信。父亲上了楼，稍事休息，脱去西装，换上长袍，我才认出，急忙叫爸爸。后来我知道，父亲出国须穿西装，到哪里去做呢？父亲不懂此道，就请教柯师医生。柯师医生告诉父亲，上海有三四家洋人开的百货公司，专为租界上洋人服务的，如惠罗公司在南京路四川路转角，福利公司在四川路南京路稍南，汇司公司在南京路江西路口。经柯师医生指点，父亲做了几套西装、大衣，还购买了帽子、皮鞋、领带，从头到脚全是新的。最棘手的是辫子，穿了西装岂可拖长辫？又不许剪。经与福利公司研究，做了一个发套，把辫子盘在头顶上，戴上发套，还过得去。父亲特地穿了西服拍了张照。他这帧穿西服、戴发套的照片，至今我还保存着。

传代的玩具

父亲从欧洲带回不少玩具，其中一盒积木我特别喜欢。这盒积木有两种颜色，一是棕红色，一是本白色。盒盖上画一座洋楼，用全部盒内积木可搭成这样的立体两层楼小洋房，屋后再点一支蜡烛，窗口映出光亮，如同真的房屋。我和姊姊都不会搭。冯氏二表兄树铭知道父亲回国，特从圣约翰附中请假出来拜见，见我们在玩儿积木，他就照图搭成一座洋楼。我们欢天喜地，对他很钦佩。从此我们也学会了。这盒积木，我的儿女珑儿、长儿都玩儿过，外孙女清清，孙女玮玮、璟璟也玩儿过。可说是我们家传代的玩具了。

剪辫与挂白旗

我五岁时，辛亥革命成功，不久上海光复。给我印象最深的是人人剪辫子和家家挂白旗两件事。

作为"大清臣民"的标志，男子个个留辫子。我从小就留。大约四岁时，我向母亲闹着要剪去那小辫子，母亲不许。说来好笑，我不知从何处见到人家做佛事，晚上放焰口，和尚披着袈裟，手执佛珠、念念有词，很是好玩。我想学和尚放焰口，而和尚是没有辫子的。我一再向母亲闹着要剪，母亲拗不过我，就说："小孩子剪辫，剃个和尚头还可以，大人就不行，剪了要犯王法，要杀头的。"于是母亲把我的小辫子剪了下来，用一条手帕包好，放在一只竹篮里。这条小辫子一直保存着，直至解放初，全市开展爱国卫生运动，才把它丢掉，而亲爱的母亲已谢世 17 年了。

上海光复前后，父亲也参加过一些政治活动，当时我还是小孩，当然不清楚，只记得有一天早晨，李妈妈叫醒我，催我快起床，说路上人很多，有的手里拿着白旗，不知出了什么事。我立刻起床，爬到窗台上，只见西藏路上来来往往的人比平日多得多，确有不少人手持白旗。我急忙吃了早饭，再去窗口看热闹。这时路上行人更多了，窗口对面牯岭路，有好几家伸出竹竿，悬挂着白被单当旗帜。父亲吃过早饭，比往常更早出门去了。长吉里有几家邻居在弄堂里讲："清朝灭亡了"、"革命成功了"。什么"清朝"，什么"革命"，我都不懂，只感到家家户户那么高兴，一定是好事。母亲说，大家都挂白旗，我们也挂一面吧。于是撕了一条旧被单做成一面白旗，挂在晒台上。我这一天楼上楼下跑个不停，兴奋得很。

大约第二天，父亲请了一位剃头师傅来家剪辫子。父亲第一个剪，接着源哥剪了，厨师仁卿、下灶阿二、男仆张荣庆也都剪了。（张荣庆，海盐人，原是裁缝，在我家兼做其他杂活儿。因略有文化，与父亲的书籍有所接触。父亲见他聪明，且勤奋好学，就把他介绍到商务印书馆库房工作。后来，他能参与库房书籍进出账目的管理。1949 年，父亲患中风之后，他还常来我家探望。他没有子女，退休后返回海盐乡间，依靠商务的退休金安稳度过晚年。）大家说，辫子剪了，省力得多，免得天天梳头。我看着大家剪辫子，不免暗自开心，我早剪了，比你们先走一步。那时理发店生意兴旺，人人都在剪辫子，后来知道上海军政府有专门剪辫的通告。从此，中国人不再留有被人耻笑的辫子了。

不多天，父亲带回印有革命领袖头像的彩色月份牌，挂在二楼客堂。

父亲告诉我一位是黄兴，一位是黎元洪。我记得其中有一位穿军装，十分威武。这种五彩月份牌是商务印书馆赶印出来，迎接革命胜利的。

识方块字

就在辛亥革命这一年，母亲开始教我识字，用的是一套方块字。开始时一天教一个字，以后一天两个，最后增加到四个。星期六温习一遍，星期日放假。这套方块字的正式名称为《学部审定五彩精图方字》，是父亲手书，商务印书馆出版，共 10000 字，附教授法。部分方字背面分别用红、黄、绿、紫色单色印刷字义图，盒装，每盒附有正方形铁皮板一块，可插上四个方字。所收各字由浅入深，笔画由简到繁。这套方块字也成了我家传代的启蒙读物。我的儿女和孙女都用过，至今还保存完好。现在海盐张元济图书馆也藏有这套方块字。1993 年海盐筹办《海盐报》，要找父亲的字迹做报头词，就从这套方字中找出"海"和"盐"，唯缺"报"字，又从他手书《新治家格言》中找得。三个字放大制版后，成了今天《海盐报》的报头词。这是后话。

每天功课完毕，由李妈妈带我外出逛马路。从西藏路向南走到南京路泥城桥，站在桥上看来往的电车和河里不时驶过的小木船。当时南京路上行驶一路有轨电

张元济夫人许子宜

车，有两节车厢，前节漆成红色，后面的拖车为银灰色。泥城桥稍东有一家洋酒店，专卖洋酒和进口糖果饼干，店号好像叫"福和公"。母亲允许我到这家店铺买巧克力糖，而里弄里经常有小贩叫卖各式各样的小吃，则一律不准买。不过秋冬上市的良乡糖炒栗子是例外，一角钱买一斤，我和姊姊各分一半。这些是我的"课余"活动。

入爱国女校附小

我七岁正式上学，进爱国女校。既是女校，怎么收男生呢？原来该校小学一年级是男女学生兼收的。说起爱国女校，在上海近代教育史上是占有一席之地的。它的创办人就是父亲的挚友蔡元培先生。进校那天，父亲亲自送我去，到办公室拜会校长冯先生。寒暄后，冯校长请父亲参观校舍。一幢五开间两层堂楼，中间是小学一年级的大课堂。我的座位好像在第二排。左右有两间小课堂，西侧是监学的办公室。监学何墨君系父亲乡试同年徐珂（仲可）的夫人，我母亲最好的朋友，我称她干娘。监学办公室旁有一条隔弄，通往下房。所谓下房是指厨房一类房屋。堂楼前是一个大天井，墙边有几棵大树，石凳上放一排盆花。天井一角有扇门，通大操场。当时已是新式教育，有体操课。就在这操场上，我学会了"开步走"、"向右转"、"向左转"、"稍息"等。

我进爱国女校，一是因为该校是蔡元培先生所办，信得过；二是因为有监学徐干娘照顾，托得下；三是姊姊两年前已在该校念书，进出有伴；四是学校离商务印书馆编译所很近，搭乘父亲的马车，方便得很。——当时父亲每天上下班坐马车。早上，商务印书馆的马车来长吉里接他。马车车厢为黑色，有四个轮子。车厢内有两排面对面的座位，可坐四人。车厢外前方有一个稍高的座椅，两名马夫坐在这个椅子里驾驭一匹白色带黑斑的马。

上海商务印书馆发行所，位于上海河南中路 211 号，2008 年拆除。夏瑞芳 1914 年遇刺于该所门外

上海商务印书馆总务处，位于上海宝山路，毁于 1932 年 1 月

夏瑞芳被刺的前前后后

商务印书馆创办人夏瑞芳（粹芳）是一位印刷工人出身的企业家，有魄力，有胆识。父亲常说他有"冒险精神"。他的成功就在于这种敢想敢闯的"冒险精神"。商务创办时资金不满四千元，只能算一家手工印刷作坊。不几年即发展成编译、印刷、发行一条龙的大出版企业，执全国书业的牛耳，不能不说与夏瑞芳的精心经营和知人善任有密切关系。父亲早在南洋公学任职时就结识了夏，两人志同道合，十分投机。1902 年父亲毅然辞去南洋公学之职而进入商务印书馆，任编译所所长*。夏对父亲几乎言听计从。

夏瑞芳被刺于 1914 年 1 月 10 日。在他遇害前几天，我家发生过一件怪事。父亲为商务印书馆涵芬楼搜购古籍，特制一块红地黑字的铁皮招牌，上书"收买旧书"四字，钉在寓所大门上。果然常有书贾送书求售。父亲傍晚回家翻阅，选定收购之书，写一字条。书贾凭此字条去商务印书馆结账。一天有人送一包书来，父亲不在家，来者留下书就走。父亲归家较晚，第二天早晨又匆匆出门，未及打开此包。及午，那送书人又来，说书不卖了，将书包取回。不数日，巡捕房包探来询问此事。据他说这包书中间挖空，藏有炸弹，送书人回去炸弹自爆，当场毙命，显然有预谋暗杀的嫌疑。**

夏瑞芳被刺那天，我患重感冒，躺在母亲床上。傍晚时分热度上升，母亲坐在床边陪着我，给我讲故事。忽然楼下有佣人上来说："不得了，商务印书馆信差来讲，夏瑞芳吃了两枪，倒在发行所大门口。"全家都知道夏瑞芳，我也见过他，矮矮的个子，胖乎乎的脸。不一会儿，商务又来人说夏先生送进医院，抢救无效死了。母亲急忙问父亲怎么样，来人也说

---

* 张元济于 1903 年初，即农历壬寅年末辞南洋公学译书院职，农历癸卯新年入商务印书馆，任总编译长，后改称编译所长。（张人凤注）

** 送书人名陈子范，自制炸弹欲加害张元济未果，炸弹爆炸自毙，系 1913 年 9 月事。（张人凤注）

不清。我热度上升，昏昏沉沉睡去了。第二天醒来，才知道昨晚发生在发行所门前的惨剧经过。

原来那天傍晚，父亲和夏瑞芳一起从发行所楼上办公室下楼回家，走到半楼梯，父亲想起一包公事应带回家批阅，于是返身上楼去取。夏一人先出门，将上马车时，一刺客向他开枪，夏当即倒在石阶上，血流如注。凶手向南逃跑，小马夫胡有庆奋不顾身追赶，凶手又开枪把小马夫打成轻伤，最后被迎面闻讯而来的巡捕抓住。父亲听到枪声，知道发生了大事，连忙下楼，知道夏被刺。商务同仁将夏送至山东路仁济医院，抢救无效而亡。商务同仁劝父亲当心。当晚，他偕闻讯赶来的商务董事会主席郑孝胥一同从后楼梯下来，出后门，离开发行所，穿过福建路，从几条小弄堂绕了个大圈子，步行回家，时已深夜。另外，我也知道了昨晚夏家的情况。夏太太正在给最小的女儿八妹喂奶，听到夏瑞芳被刺的消息，吓得昏了过去，八妹跌在地上。

宴客种种

父亲宴客似乎有个不成文的规定：如果以公司名义宴客，就到外面菜馆，高层次的社会名流，则选杏花楼（粤菜）、小有天（闽菜）、多一处（川菜），费用由公司支付；在家宴请的宾客都是熟客，以编译所同仁为主，费用由父亲自理。据蒋维乔日记记载，1908 年 5 月 17 日父亲邀高梦旦、蒋维乔、庄俞、孙毓修在寓所，"畅饮剧谈至十时始散"。1910 年 2 月 11 日（正月初二）约高梦旦、蒋维乔、陆费逵、孙毓修等。年初二年兴正浓的时候，却约了编译所同仁聚餐，必然是为了商议新书出版事宜。

每年新年的"年酒"，所宴全是商务同仁。由于人多地窄，需要好几天才能轮流宴请完毕。客厅里高挂一盏打气灯，照得很明亮，我时常从父亲房中向下望去，看得清清楚楚。客人中除高梦旦老伯外，其余都不认识。宴席是西餐。厨师仁卿手艺高超，菜做得好，西点也不差。每逢父亲宴客，我们与仁卿约定，每道菜留出一份，让我们沾些光。宴请上一天仁卿拟一份菜单，大致是第一道蔬菜牛肉汤；第二道鱼，经常是煎黄鱼块，另备英国 Lea & Perrins 辣酱油；第三道虾仁面包，用虾仁剁碎，涂在面包上，下锅煎黄：最后一道主菜，烤鸡或牛排，旁加二三种蔬菜。最后还有甜点心、水果、咖啡。

商务各地分馆经理来沪开会，或来请示工作，父亲也常邀请便酌，这种习惯一直延续到极司非而路新居。抗战爆发后迁居上方花园，"年酒"就不再举行，其他宴请也大大减少。

过除夕

家中每年除夕开始摆供祭祖，为期四天，年初三早晨上供后结束。供桌设在餐厅，围上大红桌围。桌前左右两支红烛。上面供十位共四代：十七世万选公、十八世锡纯公、十九世莆山公、十九世澹园公（父亲的嗣祖）、二十世森玉公，桌右吾夫人，1934 年后桌左增一位，即许夫人。

父亲的外祖父母无嗣，所以祖母谢氏生前嘱咐父亲每年祭祖时，另设一桌祭祀外祖父母，供桌设在张氏之左。

祭菜比家常饭菜丰盛得多，鸡鸭鱼肉全有，大约八大盆，再加点心、水果各一盘。

父亲率领全家祭祖，斟酒后磕头。父亲最先行礼，母亲随后，再是姊姊和我。

冯姑母家火灾

姑母在姑丈去世后，带了两子一媳从海盐迁到上海居住，在闸北租了一幢一上一下的石库门弄堂房子。此弄人家不多，倒也清静。姑母在天井里种些盆花。姑母常来我家，也常带我与姊姊去玩儿。记得有一天傍晚，姑母领着我到芝罘路一家日本人开的西菜馆吃大菜。菜馆门口挂一条日本竹帘，内部墙上挂有几张日本彩色风景画，很是雅致。菜有汤一碗，淡而无味，沙丁鱼，米饭，每客七角半，以当时的物价标准看是很贵的。姑母有一次带姊姊去游南京路浙江路口的"五云日升楼"，四方形红砖四层高楼（即现在华侨商店址），乘电梯而上，在房顶平台可以眺望四周景色。事后我知道了，十分羡慕，为自己没能乘上电梯十分懊丧。

两位表兄树勋、树铭在圣约翰附中念书，家中只有姑母、树勋表嫂和两个丫头。有好些天姑母没来我家，母亲叫李妈妈前往探望，邀姑母有空来玩儿。谁知这天姑母带树勋表嫂外出，家中只留下两个小丫头。李妈妈坐了一会儿，忽见西面起火，黑烟滚滚，火势凶猛，正向姑母家延烧过来。两个丫头急得团团转。还是李妈妈有主意，叫她们赶紧上楼将重要物件、衣箱搬下楼来。两个丫头又怕又慌，催了许久，才搬下几只衣箱。在李妈妈帮助下好不容易搬到弄堂口，此时火势更旺，越烧越近，延至弄底，再也无法上楼搬东西了。我与母亲在家等李妈妈，到天黑还不见人影。这时父亲回来了，说闸北一带发生大火，可能姑母家会被殃及，于是父亲马上派两个男佣赶去看望。不多时，姑母、表嫂、李妈妈和两个丫头全来了。李妈妈告诉双亲说姑母家房屋全被烧光了，只抢出几只衣箱。姑母她们坐在衣箱上哭成一团。当夜我和姊姊搬到母亲房中，腾出房间让姑母、表嫂住。后来父亲劝姑母迁回海盐老家去住。不数日，她们就离沪回乡了。

第四章

极司非而路新居

从营建到迁居

父亲辞去南洋公学译书院主事之职，进入商务印书馆主持编译所工作，多年省吃俭用，加上每年股息的收入，略有积蓄。时商务营业蒸蒸日上，每年分红有万元之数。父亲辛劳半世，乃得有一栖身之地，在远离市区的"越界筑路"极司非而路（Jessfield Road，今万航渡路）买了一块二亩半的土地（约 1923 年，又添购四亩，修筑花园）。后来我知道每亩价为 2000 元。请一家英国建筑事务所设计一幢三开间两层楼洋房，三层是尖顶的阁楼。当时的洋房外墙一般用红青砖相间砌成，而我们的房屋则用清一色青砖，门窗用墨绿色油漆，颇有特色。设计完毕后，约一包作（今称建筑工程承包商）估价承包。业主另请一位监工，监督施工质量和用料多寡。从平整土地、铺设下水道到打桩砌墙，自 1913 年年初开始，一年完工。在施工期间，星期天如父亲有空，一早就偕母亲乘坐马车去视察施工的进度。我跟去过多次。

静安寺路见闻

自长吉里上车，由西藏路向南到泥城桥，转向西入静安寺路（今南京西路）。路上行驶一路电车。马路南侧是跑马厅（今人民公园），北侧一排小商店，其中有一家颇有名气的龙飞马车行，出售或出租马车。出租业务有包月的，有计时的，也有送到目的地即归的。经营方法灵活，生意兴隆。数年后改为经销汽车，以英国汽车为主，后来美国汽车渐渐也在上海销售。一路上，父亲指指点点，告诉我这是什么地方，那是什么地方。过了跑马厅，在马路转角处（今黄陂北路南京西路口）围墙内，树木高大。这是租界内第一座洋人墓地，人们称之为"外国坟山"，绿荫丛中隐约可见墓碑。再往西是斜桥总会（今上海电视台址），英文名 Country Club，译称"乡下总会"或"乡村俱乐部"，房屋建筑考究，式样新颖。洋人下班后成群结队来此游玩作乐，喝茶、饮酒、打牌等。后面是网球场，直通威海卫路（今威海路）。夏季打球的人特别多。

上海洋人为维护租界的治安，组织商团，经常操练。春秋两季组织会操。司令台设在斜桥总会大门口。各团列队经过司令台接受检阅。

斜桥总会稍西（从今青海路口起），有一条极狭极短的小路斜桥弄（今吴江路），只有几栋花园洋房，树木相当高大。父亲告诉我其中有两家是他的朋友，一位是前清上海道台袁海观，湖南人，与长子伯夔同住。后来母亲与伯夔夫人亦有来往。另一位是浙江兴业银行董事长、商务印书馆董事叶景葵。

麦特赫斯脱路（今泰兴路）口有一座花园。父亲告诉我这是上海开埠后最早最大的园林，原为一洋人所有，后为无锡富商张叔和购得。张系早期某洋行买办，将园取名"味莼园"，人们称之为"张园"。园内有大池塘，种满荷花，是夏日消暑乘凉之处。张君造一所洋房，全家居住其中，另按西洋建筑模式造一所相当大的"安开第"，中有大礼堂、商店、戏台。当时召开大型会议，很难觅得适当场所，而张园内"安开第"大礼堂较为适合，离市区亦近。清末民初上海一些团体常借张园集会议事。如

1907 年前后浙江保路运动，抗议清政府出卖路权的公众集会在此举行。父亲常来参加。1914 年 5 月 9 日商务印书馆总经理夏瑞芳先生追悼会亦在此举行。

一路电车行驶到王家沙，然后转弯到爱文义路（今北京西路），直驶到赫德路（今常德路），再弯入静安寺终点站。父亲告诉我，那里有几位有权势的英籍大富翁，可以左右英租界行政机构的意向。他们怕电车丁丁当当的声响惊吵他们宁静生活，于是租界当局只得让电车兜个大圈子。这几所住宅中有大名鼎鼎的哈同的爱俪园，俗称哈同花园（今上海展览中心址）。对面小沙渡路（今西康路）转角，一幢红砖绿顶大洋房，是汇丰银行大班的豪华住宅（解放后为新华社上海分社和《人民日报》记者站，现已拆除）。戈登路（今江宁路）、麦特赫斯脱路之间的麦边花园（McBain）的主人也是一位权势人物。后来他迁到法租界另建新居，这所住宅改为高级旅馆。大约 30 年代初，旅馆西侧建一豪华舞厅，号称"远东第一"（今美琪电影院址），蒋介石与宋美龄在此结婚。

电车终点站在静安寺门首，这座古刹传说为三国时孙权所建。不管确实与否，总之很早。我见到时，黄色照壁，寺前一口井围以石栏，上面刻有"天下第六名泉"，泉水清澈，水泡上冒。门前转角处还有两棵几人合抱的银杏树。

静安寺对面是第二座洋人公墓，比前面说到的那座要大好几倍。公墓门前有一条小溪，架一木桥通行。门口有一印度巡捕看守。一条通道直通到底，两旁种植法国梧桐，末端是礼拜堂。这块地就是现今的静安公园。

极司非而路新居于 1913 年年底建成，双亲决定第二年年初搬迁，在新居过旧历新年。这时夏瑞芳先生被刺身亡，父亲馆务极忙，早出晚归，难以顾及迁居之事，只能将所藏的文件、书籍等整理装箱，其余准备工作全由母亲主持。衣服被褥等装箱，家具则选择较好的打包，如祖母从广东带回来的大书桌、餐厅内的全套大菜桌椅，以及吾夫人遗下的方桌方凳都搬去，其余都处理了。母亲那只老式大床也没留，送了人。

我和姊姊忙着收拾玩具，装入小木箱。记得其中有几匣香烟牌子，一套"三百六十行"尤为名贵，印的全是各种小商小贩的人物图像，有卖糖粥的，有卖馄饨的，等等。一套京剧《三国演义》人物也是相当难得的。这些香烟牌子是李妈妈带我去长吉里附近小烟纸店陆续买得积累起来的。

商务印书馆派人来帮我们搬家。衣箱、大木箱、家具等雇榻车运去。这种榻车是当年唯一运输笨重大件货物的工具，一块平板两个橡皮轮，车前四人牵着粗绳拉，车后几人掌舵向前推。

迁居的确切日期无从查考。那天天气晴朗，很寒冷。父亲一早先去新居。母亲、姊姊和我吃了午饭乘马车去。不巧一只马脚的铁蹄脱落，须到车行重换一副钉上。我急得团团转，几乎哭出来。车来了，随母亲上车，姊姊和李妈妈同车。从此与长吉里告别了。沿路的景物已看过多次，现在不再感到新鲜，一心盼望早点儿到达新居——极司非而路 15 号 C，后改为40 号。

一到新居，我急忙一间一间仔细观看。底层、二楼共有十间房间，比长吉里寓所宽敞了许多。在长吉里用惯煤油灯，新居却装了电灯，觉得特别亮。把每间房间的灯开了关，关了开，觉得非常新鲜。

新居环境

极司非而路是英租界当局于 1897 年 9 月决定将租界范围向西扩建的"越界筑路"，东起静安寺，西至曹家渡。静安寺向西转入极司非而路，第一所红砖二层楼洋房是巡捕房，大门口有英国巡捕和印度巡捕站岗。印度巡捕头上绕红布，故称"红头阿三"。门内有一排马房，为骑警所用。从巡捕房到我家，空地之外，屈指数来只有十一二座洋人的大花园洋房。我家东邻是温宗尧（钦甫），西邻是周善培（孝怀）。再往西有一幢某洋人的红砖大住宅，四周大树林立，几乎把房屋围了起来。透过树影望去，洋房很老，或许是"越界筑路"开辟时所建。想不到二十多年后，竟成了著名的汪伪特务头目吴四宝的"76 号"魔窟。

新居对面向南是一大片荒地，杂草丛生。冬季叶落枝枯，可望见愚园路上的车辆行人。从三楼北窗望去是一片农田，间有几个村庄，都是破旧平房，与不远处新闸路上的洋楼成鲜明对照。

我家略西，南北向各有一片住宅群。南面的叫严家宅，北面的叫康家桥。严家宅内的房屋一般是砖瓦房，屋前有小园子，栽种蔬菜。有的砌有矮围墙，有的用毛竹片编成篱笆，种上各种藤蔓植物。居民以严姓为多。有条小路直通愚园路。康家桥内的房屋除少数砖瓦房外，大部分破旧简陋，以毛竹片编成涂上泥土就算墙了。看来多数是外地来上海谋生的贫苦人家。这里路狭，水沟池塘杂草丛生，比较脏乱。再往里转向东，路面渐宽，有几幢新造的两层砖瓦石库门房，有的还是略带洋式的楼房。那时住在市区的一些人士，觉得"越界筑路"一带树木多，空气新鲜，环境幽静，愿意自建小楼迁来定居，但沿路地价昂贵，就宁愿选在远离马路的地方，这样较为合算。这里有著名画家陈增寿的住宅，小巧玲珑。这位画家擅长青绿山水。后来夏敬观（剑丞）拜陈为师学画。若干年后，徐珂、夏敬观先后迁来康家桥建屋，颐养天年。

新居花园

新居占地二亩半，东面深，西面浅，所以不是一块正方形的地。父亲酷爱花木，在建新居时就亲自擘划了花园的布局。

大门设在西面，一进大门是门房，旁种罗汉松、垂丝海棠各一株。一条柏油路右侧种上四棵刺柏。五六年后，渐渐长大，枝叶遮挡住了住宅。底层中间客室有两座平台，平台外划出一长方形花台，专种牡丹。每年大雪后买两副猪肠埋在牡丹根部四周，第二年谷雨前后开花。由于培植、施肥得法，花朵大而鲜艳，有紫红、粉红、白色三种。父亲常邀友人和商务同仁来观赏。《张元济日记》内有很多次的记载。

住宅前是长方形草坪，四周种长绿书带草。草坪上种一种草（我不知其名），根深，叶子向平面蔓延伸展，初春转绿，一片葱翠。但杂草也一起生长，而且向上长，影响草皮的发展。母亲常常带一只小凳子和一把小

上海极司非而路宅院

草刀，坐在草坪上拔除杂草。杂草越长越多，母亲一人拔不过来，干脆到严家宅雇了几位老妈妈来一起拔。母亲和她们熟识起来。她们谈了严家宅的过去和现在。半天劳动酬谢每人一角钱。

草坪之南用松木围成一条长花廊，种上缠绕灌木，有紫藤、金银花（又称忍冬，黄白相映）、十姊妹（花呈深红、浅红色）等。从清明节起开花，直到芒种，历时两个月，开了一批又一批，到花残为止。母亲常邀徐干娘、夏姨母来赏花。从草坪看这批紫、黄、红各色花卉，虽不名贵却色彩鲜艳悦目。漫步花廊，花香扑鼻，心情舒畅。

花廊东南角，建一八角形茅亭，亦用松木与花廊相配。亭前花台按地形划成葫芦式，分为三个台。中间花台种双瓣罂粟花，不知怎么让巡捕房华籍包探看见了，对园丁说你们种鸦片烟，要重罚。我们怕得不得了，急忙将花拔出种在花盆中，拿上三楼藏起来，不到三天全枯死了。巡捕房华籍包探常常凭借洋人势力在本国土地上向同胞敲诈勒索。从此，改种芍药，有红色白色两种，当然比罂粟更美，品质更高。

住宅西侧有一狭长草坪，中间划一圆花台，种深红玫瑰，春秋两季开花，香溢四周。花谢时摘下来晒干，泡红茶增加香味。一两年后，在草坪末端建玻璃暖房，严寒季节要生火，把不耐寒的名贵花木移入过冬，记得有珠兰、白兰、仙客来等。仙客来父亲叫它兔耳花。30年后，王志莘先生（新华银行总经理）的夫人送一盆仙客来，父亲赋诗一首为谢。兹抄录如下：

> 兔耳翘翘花样新，红英翠叶绿苔盆，
> 廿年不见此花面，丰致嫣然逢故人。

诗前小序曰：

　　昔年居梵王渡路时，园中盛植此花。余为命名曰兔耳花，义取象形。有一盆开至百朵者。自移居后不复睹矣。今蒙赐觇，为之开颜。新花渐谢，送还原根。如培养得宜，明年定可盛开。仍乞赐我一观。先此预谢。

此诗作于移居上方花园后。字里行间透露出父亲对旧居的怀念。

室内陈设

新居底层向南三间客室。西面客厅面积最大，我们称它大会客间。厅中间放一套新式红木家具，计一只小方桌，一圈五把单人小沙发，靠墙是三人座长沙发。父亲说这套家具是商务印书馆同仁所赠。长沙发上端挂一幅日本富士山夜景油画，配以泥金镜框。其下挂一帧父亲 1910 年 6 月游比利时马士河的照片，配有黑木镜框。父亲在照片上以钢笔写一首七绝：

> 小小山河点缀多，居然名胜数欧罗。
> 故乡风景非无此，举目荆棘可奈何。

小序曰：

> 宣统庚戌六月至比利时，游马士河，书此志慨，兼示子琦。

父亲每游一处，由于言语不通，时时邀一位留学生陪往当翻译。子琦大约是留比利时或法国的学生，其姓已无从查考。

大客厅与中客室之间有一道拉门，拉开拉门则两间相通。拉门上镶嵌四幅柚木板。父亲亲笔以楷书录窆园公家训，另一面用隶书书写大白公家训，请高手镌刻于板上。

中间客室正中放一白色大理石面的红木棋桌，桌子四周嵌有铜丝花纹，是祖母从广东带回的广式家具。棋桌旁配有石凳两只。客室内另有红木茶几两只，靠背椅四把。墙上挂两幅六尺长、二尺阔的堂幅，从画镜线一直挂到护墙板。一系龚鼎孳手书，一系孙承泽所书，上款均为螺浮公，装以红木玻璃镜框。这两堂幅是同乡前辈徐用福先生所介绍，从某典当铺买来的。后来陈叔通先生见了，说："这是你们张氏的家宝。"向西的壁上挂四幅"涉园图"。原图早已散佚，这四幅是后人临摹的，比较粗糙。

东客室内家具不多。壁上挂的照片颇有价值。戊戌六君子照在正中，"谭嗣同复生"五个字写得特别大。此外有康有为、梁启超、严复、蔡元培、唐文治、夏偕复等。另一张 12 时照片引人注目：柯师太福医生穿了父亲的朝服，头戴蓝顶花翎帽，坐在中间，两旁是严复和伍光建，后排是父亲（好像穿西服，戴假发套），另一边是何人，记不起了。一位洋人穿上满清朝服的照片恐怕很少见吧！另有一张辛亥年夏，在京出席中央教育会议时全体人员的合影，后面挂两面黄龙旗。

大客厅后的西客室空着。父亲考虑迁居后离商务印书馆编译所较远，孩子不能再入爱国女校继续念书，况且我读完一年级不能升入二年级（因为仅一年级男女生兼收），经母亲同意，决定延聘家庭女教师。开春之后聘定教师，此室即作教师卧室，日间作为教室。

餐厅在东面后排，面积与大客厅差不多。新买一套大菜桌椅，质量比原有的好得多，另外添了两只碗橱、两只单人沙发。壁火炉架两旁各放一只约一英尺半高的陶瓷甏，是父亲从海盐买来的。据说是渔民在海塘退潮后从沙滩中发现而挖出来的。甏的来历众说纷纭，总之是家乡出土的两件文物。

底层中间过道相当宽敞，楼梯在中间，式样有如商务印书馆河南路发行所，弧形扶手，上走六级一平台，分向两面，各八级，再弯转上十二级到二楼。过道东西两侧各放两只书橱，是父亲量准尺寸订做的。时常见父亲来取书放书。橱下有若干抽屉给我用，课本、笔墨、字帖都放在其内，取用极为方便。日军侵占上海时，家境中落，住宅售去，这四口书橱送与合众图书馆。我前几年常去上海图书馆古籍组，见这几口橱内放满了工具书，觉得十分亲切。

二楼共有五间卧室，三向南，一向东，一向西。另有一浴室，一盥洗室。父亲的卧室在向南正中一间，面积不大。有床、衣橱、五斗橱各一只，中间放一只腰圆形桌子，两旁各有摇椅和小椅。靠西墙有一只书橱，是父亲量好尺寸请西式木匠赵贵生用柚木订做的，共有四格。书橱中藏有父亲最心爱的四册《永乐大典》和几种宋版、明版书。另一格藏往来书信，用大信封分类储存，每袋标明内容，有：1910—1911 年去欧美考察教育出版事宜，与商务印书馆同仁往来书信，辛亥夏在北京出席中央教育会议时的文件和信件，有关"浙路"事宜与汤寿潜往来书信，与傅增湘商讨为涵芬楼购书事等。上海沦陷时期，家中开支入不敷出，只得将四册《永乐大典》售去。

在壁火炉架上陈列的一批小摆设极为精致。父亲去欧洲，路过印度孟买时买了一对象牙雕刻大象，一只鼻子向上，一只向下，形象生动。五六只法国著名"茄利"彩色玻璃小花瓶，式样各异。记得一只是幅风景画，有五六种颜色。德国买的瓷狗，有狼狗、巴儿狗，种类不少。还有一只硬木雕成的狼。再上面有两只日本铜花瓶，色彩鲜艳，图案是红白紫三色菖兰，其工艺有如中国的景泰蓝而加以改进。从美国带回的一玻璃小瓶，装满巴拿马运河的沙土；华盛顿故居的木制小斧头；一幅美国印第安人手工制的牛皮画，图案是印第安人与小船。日本铜瓶两旁挂双亲两幅画像，是请一位美国画师照寄去的照片放大画成。父亲那幅就是当年旅欧时穿西服、戴假发套的一帧。壁火炉两旁各有一扇玻璃长窗通南阳台。夏季晚上洗了澡，父亲躺在藤椅上纳凉，有时讲些历史故事给我听，有时教我对对子，如"双亲"对"两老"等，对对子要懂得平上去入四声。即使这些小摆设，也被父亲用来做教材，如象牙雕大象，就讲印度产象，象高大，有蛮力，人们用它从森林中运木材，一只象可以抵许多人力。又如巴拿马沙土，就讲美洲地理，开通巴拿马运河可以缩短路程，不必绕道麦哲伦海峡。再如华盛顿故居的斧头，他讲述了一段故事：在故居门首有一棵樱花树，华盛顿幼年时用一把斧头将樱花树砍去，他父亲知道后，训斥一顿，并命其照样补种一棵。这个故事教育孩子从小养成爱护花木的习惯，懂得森林对人类带来的益处。父亲随时随地就一件件琐碎小事来培养我、教育我。

母亲的卧室向南，有门通父亲的卧室，面积很大。原来的老式床送了人，换了一只铜栏杆大铁床。床的右侧放一只镜台，左侧放一只大衣橱，床前的八角台上面覆盖一条红丝绒台毯。门再南一只梳妆台，有五只抽屉。最下面的一只，父亲用来放各种废纸，有大张牛皮纸，瓦楞纸，各种各样中国纸，如宣纸、石青、连史等，还有长长短短的绳子，谁需要都可以拿用。再南有两扇南窗，父亲的大书桌就在窗口。其实母亲卧室的前半部是父亲的工作室。

父亲天不亮就起身，在盥洗室煤气灶上烧一壶水，用来洗脸。脸盆上方挂一镜架，两旁各有小橱一只，专放盥洗用品，如牙膏、牙刷、剃须刀、雪花膏等。记得我那时身材很矮，洗脸时还够不到脸盆，父亲特为我做了一只踏脚板凳，这只凳至今还保存着。

盥洗完毕，父亲就开始工作。开了电灯，伏在书桌上批阅公文，写信，查资料，总之写个不停。等到天亮开了百叶窗，熄了灯，继续写。七时半吃早饭，一大碗大肉面，上面还要撒些葱花。吃罢，收拾公文包，把文件、书信等放入包中，出门上马车。临走，还要带两份当天的报纸，可在马车上阅读。

我时常睡在母亲床上，醒来叫声父亲、母亲，向双亲问好。父亲从书桌走到床边，摸摸我的头，叫我起床，要我养成早起的习惯。父亲最厌恶睡懒觉。在父亲的教导下，我确实养成早起的习惯。至今我六点起床，绝不拖沓。

母亲卧房的后面向西是孩子们的卧室，很宽敞。有两扇玻璃长窗，通西阳台。我和姊姊各有一只铁床，各人一只衣橱，中间一只方桌。我们三餐都在这桌上吃。火炉架挂一面大穿衣镜。另外有一只风琴。姊姊在爱国女校学过风琴，故而父亲特地买了一只，嘱其练习。

东首前后两间卧室都没有布置起来，向南的一间放一只小铁床，源哥放假回来睡在这里。向北一间空着，堆些杂物。两间之间是浴室，有浴缸、脸盆、小便斗。浴缸右角装上煤气热水炉。点燃煤气烧水，约需二十分钟，热了可用。窗下面装一个煤气炉，式样像水汀，点着后室内很热。冬季洗澡很方便。父亲一向重视卫生，装了这种新式设备，规定每星期全家洗澡一次。

二楼的过道与底层相同，中间突出，足够放桌椅。后来晚饭就在这里吃。1927年10月，父亲就在此被匪徒绑架。靠墙放一只三人座长沙发，壁上挂一幅意大利羊毛丝织挂毯，图案是两支马队比赛马球，球员手执木棒打球，英文为Polo，一队穿红色球衣，一队黄色，非常鲜艳。沙发旁边有一架留声机，机下为唱片柜，放的都是京戏唱片。母亲讲给我听，她年轻时凡是亲友家喜庆，举办堂会，外祖母总带她去，所以当年京中名角都见过。记得唱片中只有一张昆曲片，是张五宝小姐唱的《思凡》。源哥亦爱听京戏，时常听刘鸿声的《斩黄袍》，还学着唱"孤皇酒醉桃花宫"。母亲笑他沙喉咙学刘鸿声，真难听。

新居比长吉里寓所大得多，旧家具大多数处理了，所以必须添置新的。父亲一向节俭，决定去拍卖行选购。迁居那年正是第一次世界大战爆发，居住在租界的英、法、德侨民纷纷应征，回国参战。住宅卖的卖，出租的出租，或托人看管。宅内家具、地毯、书画、摆设，以及厨房用具、生活用品都托拍卖行出售。

当时上海有几家拍卖行，其中一家最大的，记得名叫"罗意斯摩"，信誉最好。一般做法是先在报上登广告，公布某日在何处公开拍卖，看货期三天，拍卖处门口挂出一面蓝白两色大方格旗。拍卖日仅一天，挂红白两色旗。次日出货。父亲从报上看了广告先去看货，认为适合，再偕同母亲一起决定选购。拍卖那天父亲独往。拍卖行的主持人立在台上，宣布这件货物的起价。客户纷纷表示愿出之价，相互哄抬。直到没有抬价者，主持人以木榔头敲一下，出价最高者即为得主。出货日父亲又去。拍卖行出一清单，按清单点收无误，即开支票付款，用运货车运回家。拍卖行亦备有运输工具，送货上门，酌收费用。新居的家具绝大部分是竞买来的。父亲认为这些家具质量和式样胜过市场供应的。父亲又买了十几条地毯，交洗染商店蒸汽洗涤消毒后使用。二楼过道所挂的意大利羊毛编织挂毯、厨房用的铁灶、大大小小的锅子，也是这样竞买来的。

越界筑路的管理

自从迁到新居之后，觉得环境幽静清洁，究其原因应归功于工部局和巡捕房的一套严格管理办法。在治安方面巡捕房每天派出巡逻队多次，直至深夜，有英国巡捕的马队、印度巡捕的步行队。在卫生清洁方面，黎明前粪车为家家户户倒马桶；穿红背心的清道夫扫街，还经常在路旁铲除野草，夏季洒水车冲洗街道，近午一次，下午二三次（先用马车，后用汽车），寒冬下雪清道夫扫雪。此外还派捉狗车捉狗，以防狂犬病的发生。对行人道树木亦极重视，每到冬季，派人修剪枯枝，补种枯死的树木。

与小二哥捉迷藏

吾氏表兄玉如拟投考圣约翰大学附中。父亲得知后即致函少汀舅父，表示赞同，并嘱即日来沪，住在我家。冯氏表兄树铭在约大附中，可为玉如办理报名手续。

玉如表兄来后，住在西客房。时圣约翰刚放寒假，树铭表兄尚未回海盐，两人同住一室，并帮助玉如温理功课，考试日陪去学校。玉如表兄在家自学多年，根底扎实，一考即中。父亲非常高兴，留他俩多住两天。

冯氏吾氏两表兄都排行第二，我就叫树铭为"大二哥哥"，叫玉如为"小二哥哥"。玉如考取之后，心情舒畅，陪我们玩儿了一天捉迷藏。楼下有五间客室和过道，可藏之处太多，就将大客厅和他们住的客房剔除。藏在何处全由玉如设计。后来他发现储藏小间有一只刚竞买来的大米缸，上面有一只木盖，我正好可藏在其中。这一招真灵，没有人想到缸里可藏人。最后还是我自己不耐烦，跳将出来，大家拍手称绝。

晚上父亲回家，知照厨房明天备一顿西餐祝贺玉如表兄考上学校。第三天一早，两位表兄乘火车到嘉兴，换轮船回海盐。我送到门口，捉迷藏的余兴未尽，临别不胜依依。

在新居过新年

搬家结束，转眼就是新年。在新居过第一个新年，总该过得开开心心，热热闹闹。搬来已有一个月，来往客人不断，家具、书籍等笨重物件搬来搬去，几乎没有停过。新年将到，还得全家动员来个彻底大扫除。

每年年终父亲特别忙。阳历年终结账，资产负债表已造出，下一步就是股东的股息红利分配比例，职员花红的原则和方案等，事事须陈董事会审议决定。在夏瑞芳总经理任期内，由父亲提出初步方案，经夏公研究，略加修改，即可送董事会决定立案。如今情况大变，现任总经理高凤池（翰卿）的办厂宗旨就是赚钱，主张公司少留，股东多分，与当年父亲和夏公订交时，共同许下"吾辈当以扶助教育为己任"的诺言，大相径庭。父亲每晚回家就得查阅历年分配方案，作种种比较，然后提出方案呈高公审核。董事会开会研究讨论，有时会有不少争论。

过年要办年货，要做年点心，要烧年夜饭，上上下下都忙碌起来。母亲派陆妈到市内买年货，我们叫作"上海去"。迁到新居，离市区路远，购物很不方便。陆妈很能干，熟悉市场行情，"上海"去一次总得花半天时间，买回大包小包一大堆，有水果、糖果、糕点等过年应景的食品。我特别记得有一批红红绿绿的广东干果，托十六铺冯万通酱园运海盐冯三乐堂（冯姑母家的堂名）账房收转冯姑母。广东干果是姑母幼年在广东爱吃的，父亲特别知照每年必须买若干斤送海盐。另外有几色年礼转交虎尾浜大伯母。冯姑母则交万通送来乡下土特产如走油蹄髈、卤猪头、团菜。大伯母送自己做的几甏咸菜。这都是年夜饭上的美味。父亲和我最爱吃走油蹄髈，香脆不腻。

年点心由大姐做。大姐是母亲结婚时从许府带来的小丫头，我们尊称她大姐。她长大后许配与上海人凌金宝，住在虹口。凌好赌，不事正业，输了钱就来找大姐要。所以大姐宁愿留在我家帮佣，也不愿随金宝去成家。她做得一手好菜，点心是她的专长。年点心做了好多样，而且漂亮，有火腿肉粽、中式糯米鸡蛋糕、年糕、冬笋春卷、鸡肉饺子等。

　　年夜饭由仁卿大师傅做。仁卿初来时只做西菜，后来也做中菜。年菜总是老样子，但他自称有两样是有名堂的，一是用胡萝卜丝炒豆腐干丝，叫作"金条"；一是蛋饺，叫作"元宝"。其实这两样并不好吃，只是过新年讨个口彩罢了。

　　除夕摆供祭祖，是追思先辈的一种礼节。仪式和祭菜年年如此。我见族人、亲戚家中的祭祀与我家大致相同，但不尽然，我们供桌前不挂祖先神像，磕头时不上香，祭毕不烧纸锭。

　　除夕这天，父亲下班比平时为早。祭祖前，我们把楼下四间客厅、餐厅和过道所有电灯开亮，全屋通明，颇有一些新气象。吃年夜饭，虽然菜肴与过去相仿，但情绪不同，兴致较高。双亲各喝一盅黄酒。父亲喝了酒，两颊顿时红起来。源哥也喝了些。父亲兴致特别高，饭罢他说买了鞭炮、高升和烟火。过去在长康里、长吉里，住户多，弄堂狭，不能放烟火，现在草坪这样大，可以放了。花匠和下灶几个男佣人，年夜饭吃得醉醺醺，知道后自告奋勇来放。我们站在南阳台廊下看。他们拿一长竿挂上一串鞭炮先放起来，再放三个大高升，最后放烟火。这是除夕的高潮。

　　放完烟火，回进室内，父亲取出一张"升官图"，摊在中间客室棋桌上，和母亲一起玩儿。拿一只碗，放入六粒骰子，轮流掷。看谁点子多，谁就按规则先走。我不懂，也不感兴趣。源哥站在一旁，边看边学。"升官图"表明一个芝麻绿豆官如何一步一步升上去，当尚书、中堂，直至宰相。无非是升官发财、光宗耀祖那一套，但也可以从中了解一些清代官职的名称。

　　庚子以后，清政府迫于形势，对中央官僚机构进行调整，乃有钦定君主立宪之举。记得父亲曾与高梦旦丈在光绪三十四年（1908）从日本回国途中共同设计一种游戏"选举图"。我想此图或许以"升官图"为蓝本，加以改进，也是父亲开明思想的一种体现。兹录戊申十二月二十八日父亲致梁任公年伯信中的一段："弟与梦旦归国时，海中无事，编有选举图，筹借新年游戏之趣，为补助教育之用。谨各寄呈一份，伏祈教正是幸。"商务印书馆出版此图，并在各大报纸登广告，使之广为流通。

拜年客人

元旦一早有十来位族人来拜年，他们是季臣、季安两叔，震声、川如、爽秋诸堂兄。父亲大伯父的孙女贞姊亦同来。他们除贞姊外，都在商务印书馆工作，家住宝山路宝兴路一带，约定清早乘头班电车到静安寺，缓缓步行来我们新居。父亲携我下楼相迎，先拜祖宗，互相拜年，请吃年点心。他们第一次来新居，父亲陪了参观，特别感兴趣的当然是两幅家训、涉园图和龚鼎孳、孙承泽两堂幅。最后去花园兜一圈而辞去。留贞姊吃中饭。她早年守寡，家境贫寒，父亲甚为关心，时时有所接济，所以她是一位常客。

父亲在商务向不举行团拜，亦不相互拜年。所以来拜年的都是亲戚，或者与商务无关的好友。

请年酒

请年酒历年差不多。这年提早几天，年初四祭祖结束即开始，连续多天。因为商务同仁都要来参观新居，邀请人数有些增加。房间宽敞了，餐厅换了新家具，每次可增几位，星期天日夜两餐。即使如此，两周才告结束。

正月十八日母亲请年酒。事前由母亲决定邀请对象和人数。父亲代写请柬、知单。邀请的都是母亲许氏方面的亲戚，如大舅母、南仲二舅母、寿丞舅母、远房七舅母（其子宝柱号良臣，喜爱京剧，拜谭鑫培为师，解放后进上海市文史馆）。大舅母长媳宝愉表嫂、夏二姨母（夏剑丞夫人）、徐五姨母（海盐徐直夫夫人，徐用仪之侄媳）、陈老姨太太（陈夔龙之妾）。记得大姨母的媳妇吴子猷表嫂亦应邀来过几次，听说母亲打的麻将赌注太小，她是大进大出，千元不足为奇，后来就不来了，母亲也不再发柬了。徐仲可夫人何墨君，即徐干娘，是母亲的挚友，许家亲戚她都认识，而且时相往来。仲可年伯爱说笑话，说他的夫人是"何许人焉"

（引陶渊明《五柳先生传》）。后数年袁海观的长媳伯夔夫人亦常被邀。下午客人陆续光临，舅母、姨母都带孩子来，其中有表弟许宝骅、宝驹、宝骏、宝𫘦等。舅母、姨母、表嫂开始打麻将，共两桌；如人数不足，母亲就凑一脚。

母亲选定十八日，因为晚有"刘大老爷出会"，从静安寺沿极司非而路，经过我家门口，转入康家桥到金家巷金司徒庙。为了孩子们要看出会，麻将早息，七时入席，用西菜。孩子们坐不下，另设小桌。八时前吃完，麻将继续打下去。孩子们急忙赶到大门口恭候刘大老爷的到来。先听得锣鼓声，越敲越响，渐渐见到两盏红灯笼，知道队伍就要过来。灯笼后面是人数众多的一队"小堂名"，再后是四个大汉，腰间撑一木棒，一只铁钩在手臂中间穿个洞，钩子下面挂一只大香炉。我们都不忍看，铁钩钩在肉内，怎么不流血，怎么不疼痛，还走这么多路。有人说人们患了重病，向菩萨许下愿，凭虔诚还愿，就能忍耐。我不信。这是迷信、野蛮。四个人过后是一队高跷。人数相当多，这是最精彩的节目。最后是刘大老爷坐的一顶八人抬的绿呢大轿。从轿的窗门中可以隐约看到，大老爷身穿清朝朝服，那么一定是清朝人物。我们只看热闹，没有兴趣去查对时代的背景。80 年过去了，现在回忆起来，看热闹的表弟们都已不在人世了。和我们一起看热闹的门房老聂、厨师仁卿、园丁阿春和下灶阿二，当然也早已亡故了。我是唯一的幸存者，故将这段小故事简略录下致念。

聘请家庭教师

双亲决定过了新年聘请女教师在家教我们念书，不再去爱国女校。第一位请来的，我的启蒙老师是王伊荃先生，江阴人，上海务本女校毕业的高才生，出身书香门第。她的父亲王希玉先生思想开明，是教育家兼实业家。

开学日期大约在正月二十之后。是日上午派马车迎接王伊荃先生。双亲在西大门口相迎，引入西客室。我和姊姊拜见老师，三鞠躬，叫一声

"先生"。先生问我们名字，姊姊"张勤"，我"张英"。先生称我们勤妹、英弟。晚上母亲对父亲说：我们请到了一位好教师。王先生举止大方，衣着朴实，说话温和，身体健康。父亲点头称是。

过了好几天，双亲正式宴请王伊荃先生于四马路（今福州路）一枝香西菜馆（后改建为大鸿运徽菜馆）。母亲陪同王先生，带了孩子乘马车前往，父亲则由商务发行所直接去。当年上海西菜馆甚少，"一枝香"恐怕是最负盛名的。一幢四开间二层洋楼，前面有一小花园，东侧边门进去，楼下好像是散座，楼上是大小餐室。商务常在菜馆宴客，所以上至老板经理，下至茶房，都认识父亲。我们包了一间小餐室。西菜有汤、鱼、猪排，末了是一只烤鸡，还有水果、咖啡。

西客室作为教师卧房，日间在此授课。近卧房有一盥洗室，教师专用。早餐由李妈妈备四碟粥菜送到卧房，请先生单独用膳，午晚两餐则请先生上楼全家共进。四时半下课，备有点心，母亲亲自在先生房中相陪。

是冬大冷，有一天盥洗室脸盆水管冻裂，全间水满，半夜王先生上楼见告，双亲当即穿衣起床，下楼去看。父亲立即唤起三个男佣人，将总水阀关好，用面盆除去积水，并烧煮红糖姜茶暖肚，另送辛苦钱。我睡在母亲床上，闹醒后想起来看热闹，母亲不许。父亲半夜未睡，一早照常上班。

王先生教了大约一年，回家与同乡章彬（质甫）结婚。章质甫先生是源哥交通大学同班同学，时在私立无锡某中学教书，后任校长。婚假一个月后，王先生仍来授课。一对新婚夫

王伊荃及丈夫章质甫，1956 年摄于北京

妇，鱼雁不断。邮局信差来送信时，高声叫"章彬信，王伊荃收"，至今印象犹深。王先生结婚，母亲绣了两双鞋面，一双用淡粉红缎，绣深红小花，备结婚那天穿，另一双是淡绿色缎，绣紫花。母亲已多年不拿绣花针，可这次兴致特别高，也算是为我的启蒙老师结婚，表示祝贺。后来王先生辞职回乡，行前推荐其同学倪凤珍先生接任。

1927 年秋，父亲被绑，王先生在江阴家中见到《申报》登载此事，特用红信纸致函母亲慰问。此信我保存多年，后来送与王先生之子章炎阳世弟留念。

1954 年年初女儿珑与李瑞骅结婚，家中备三席喜宴，仅邀至亲好友参加，亦邀王伊荃老师，坐女席首座。我带了珑儿、瑞骅为王先生斟酒，先生笑着说："我来你家教书时，你才是十岁的孩子，今天做了丈人，日子过得真快。"我请先生喝酒，先生答称："这杯喜酒一定要喝的。"

王先生辞职回乡，把一对镇纸铜尺送给我，作为纪念品，上款"英弟□□"（两字已忘），下款"伊荃持赠"。1992 年 10 月伊荃先师之弟美籍伊同博士回国探亲，由伊荃先生的长女章紫陪来看我。我找出这对铜尺，可惜只有刻有下款"伊荃持赠"的一根，送与章紫，请她留存。章紫见到她母亲的遗物，感到特别高兴。

第二位女教师倪凤珍先生，情况与王先生一样。她教了一年后辞去。倪先生的丈夫陈子帆先生系珠宝商人，常去印度购买翡翠、宝石，家境殷实，在南市和尚浜建有旧式四开间楼房，室内装修陈设很讲究。新居建成后，请母亲去吃年酒，我和姊姊都跟去。父亲 50 岁生日，倪先生送冯超然无量寿佛画一幅，上款为"菊生先生五秩寿辰"。

第三位女教师是周竣先生，爱国女校毕业的高才生。她思想开明。在蔡元培先生领导下，参与反清活动。

三位女教师前后共教了六年。父亲查阅我的功课，感到成绩平平，认为女教师太温文，必须另请男教师。母亲就介绍周竣先生到大舅母家教三表姊宝珈和四表妹宝香。

教师卧室空出后，改作客房。父亲先后邀请好友来住，梁启超来住过两次，蔡元培和傅增湘等也曾在此下榻。

第一位男教师董东苏先生来后，书房改设在东侧向南的客室。原来挂的大批照片全部收下。董先生大约是嘉兴一带人，很有学问，可惜不善教书。上午教国文、作文、写字，供午饭，独自在餐厅吃，由李妈妈侍候。下午一时半冯□□（名字已忘）先生来教英文、算术。冯先生好像是福建人，教书很马虎，英文咬字带福建音。在董冯两师处读了两年，得益不多。

后来，柯师太福医生劝父亲赶快送我进学校住读，可得到各方面的锻炼。父亲问他选何校为妥。柯师医生毫不犹豫说：“当然是 St. John's。”我非常高兴。在家读书有孤独感。姊姊脾气又怪癖，高兴时讲个没完，要不就不理我。

父亲决定送我进圣约翰附中，遂请圣约翰大学中文系主任蔡正华教授来，为我理一下中、英、数三门功课。蔡先生 1917 年圣约翰大学毕业，中英文俱佳，教学经验十分丰富，每天下午四时来，六时半下课。在他的督教下，自感学业有明显的进步，如英文的咬音矫正了，代数、几何原来囫囵吞枣，知其然不知其所以然，现在了解了来龙去脉。进校之后，我常去蔡师的房间，汇报功课的进展。他亦时常关心我学习有无困难，生活是否习惯。蔡师毕生好学，钻研诗词，有著作。

父亲与交通大学渊源深厚，为什么不送我去交大附中呢？母亲后来对我说有两个原因：一是源哥在交大读书成绩不好，学校内部管理不如过去严格；二是圣约翰离家近，回家方便。1923 年春父亲送我入学。我八岁进爱国女校，父亲送去，时隔八年，父亲第二次送我。现在回忆起来，感到多么幸福。

第五章
生活琐记

堂兄树源结婚

　　树源哥与无锡刘冠昭女士于 1916 年 10月 20 日结婚。父亲为树源完姻，告了假。婚礼在极司非而路寓所举行。几天前，大伯母偕冯氏姑母从海盐来。我们让出卧室，请两位长辈住。我睡在母亲床上，姊姊大约上三楼统间。

张树源婚礼合影（左一张树敏，左四张树源，左五刘冠昭）

　　大客厅拉门拉开，与中客室打通，作为礼堂。请伍廷芳（秩庸）证婚。父亲主持婚礼，刘姻伯书勋亦到，是坤宅主婚人。贺客不少，大都是张氏族人和至亲。

　　源哥穿大礼服，新娘穿粉红绣花短袄、裙子，是母亲办的。记得男傧相姓汤，是源哥同班同学，叫他阿汤。女傧相好像有两位，还有几个孩子。前些时据源哥的女儿祥保告诉我，她还保存着一张父母亲的结婚照。信中说，照片上有好多人，只认得姑母一人，即我的姊姊树敏。

为了吃喜酒，我们都做了新衣服。源哥为我从美国杂志上找来最新式的童装式样，照做一套。料选用藏青哔叽，衬衫用高硬领，打一条蓝地红格的领带，短裤与上装相配，白袜，黑皮鞋，挺神气。

晚上设几桌酒席。祭祖后见礼。第一位是大伯母，新郎新娘磕头；父亲母亲第二，冯姑母第三。大伯母坐着受礼，双亲和冯姑母站着受礼，平辈则三鞠躬。

新房设在二楼东面向北的一间。买了一只铜床。家具有衣橱、五斗橱、写字台、小方桌、四把椅子，全由木匠赵贵生做的。

不久源嫂怀孕，翌年冬产女祥保。记得母亲请了一位早期学西洋产科的助产士黄琼仙（名字恐不正确）为源嫂接生。黄医生的姊姊嫁与圣约翰大学校长美国人卜航济博士。

源嫂产后不数月患病，病情日趋严重。双亲决定另外租屋，将源嫂迁出极司非而路寓所。那时哈同在静安寺路安南路（今安义路）造一大片石库门房屋，就租下那里的民厚北里第一弄407号两开间房屋一幢。另派三个佣人侍候。源哥亦住在那里，祥保则雇奶妈仍住在极司非而路宅内。后来源嫂病情恶化，于1919年7月26日去世，年仅27岁。成殓后，暂厝闸北嘉兴会馆，准备运海盐下葬。可是源哥迟迟未办。1922年源哥去美国留学，入康奈尔大学，两年后得硕士学位，又工作了两年，直到1926年回来。1932年春，日寇侵占闸北，即"一·二八"事变。嘉兴会馆在战区，幸源嫂弟用臧（雄夫）冒险去会馆将灵柩抢运出来，葬于虹桥公墓。

源嫂刘冠昭，字石荪，出身书香门第。祖父刘寄沤能诗善画，父亲刘书勋（1871—1945）任无锡图书馆馆长。源嫂毕业于无锡竞志女学，后去北洋女子师范、上海务本女校、苏州苏苏女子学校继续深造，毕业后先后任教于吉林长春女子师范、保定清苑中学。幼承家学，善诗，兼工绘事，著有《石荪诗词钞》。

父亲曾选源嫂所作诗 11 首，刊入《海盐张氏涉园丛刻》续编之五《张氏艺文》，有 1928 年 4 月上海商务印书馆排印本。题为：

张刘冠昭诗十一首

家乘　张树源室，无锡刘书勋长女，苏州苏苏女子学校师范毕业生。

涉园丛刊中所收诗文，源嫂是唯一的女性，难能可贵。兹录四首：

夜雨不寐

连宵春雨酿清明，听尽江南杜宇声。
滴碎五更心转悄，唤回千里梦难成。
风窥窗隙长吟细，漏入苔阶冷咽清。
为问天涯旧知己，何时剪烛话离情。

秋　云　　时在塞北

白絮卷舒雁字笼，鱼鳞千叠夺天工。
轻穿客路八千里，半截寒山十二峰。
似雾偏随风力乱，非烟却伴月华融。
秋云漫说多浇薄，怎及人情到处空。

旅　思

浪迹风尘里，家书一纸迟。

梦回千里塞，肠断五更时。

雨滴乡心碎，云飞别意随。

故园何处是，冷月隔帘窥。

祥保复印源嫂另一首诗，题为《赠王君伊荃，时客鸡林》：

忆昔逢君髫龀年，同窗意气最相怜。

萤囊愧我荒芜久，雪案钦君才藻鲜。

七载风尘抛岁月，三年桑海几烽烟。

关山冷月梨花夜，回首当时景宛然。

王伊荃与源嫂系上海务本女校同学，而王是我的启蒙老师，兹特抄录，兼追思先师。

莳花会与"夏士莲"

由柯师太福医生介绍，父亲认识了几位英国朋友。回忆起来，往来较多、友谊较深的有两位：一位是康太太（姓名不详），一位是柯尔先生。

康太太是上海洋人中颇有地位的女性。她组织上海莳花会。父亲喜爱花木，搬到新居后，有了花园，公余就在园中种花，并雇了一位花匠，叫王阿春。康太太主持莳花会，拟在华人中发展会员，扩大影响。这样，父亲就参加了这个组织。莳花会每年春秋举行两次。春季以观赏名贵树木和花草为主，另外是插花艺术比赛。我家没有什么好的东西可以参赛，只好勉强选几盆小树送去。插花艺术当然是没份儿的。我家参赛不多，但双亲总去参观。秋季是菊赛，我们颇有实力，从1916年起，好像连续三年均在前数名。

有了花园，雇了花匠，还需要有种花的工具。工具繁多，大小不一，如锄头、铁锘、草刀、竹木器等。每年阴历四月初八是释迦牟尼诞辰，静安寺举行庙会。我们花园所需的用具就是在庙会中选购的。

花匠王阿春种花很有经验。为了参加秋季菊展，他从上一年冬季就开始准备泥土，用马粪拌和（我们用马车，马粪不成问题），晒干弄细，反复多次，然后放入小花盆，将菊花幼苗插入盆中，搬入玻璃花房过冬。春暖后再移到竹帘棚中，适度浇水，注意透气，阳光不宜太强。经过一定时间，选若干健壮花株，换上大花盆，精心培育。到夏末，再选一批，作为参赛的植株，到一定时候用铅丝把花朵扎平，固定在竹架子上。一棵花高约三英尺，有百来朵，好像一张圆台。

上海开埠以来，租界当局的行政机构集中在南京路中段，即今浙江路西、西藏路东一带，如工部局的议会场所"市政厅"（今新雅粤菜馆址），司法机关"会审公廨"（今第一食品商店址），警政机关"老闸捕房"（今大光明钟表店址）等，就都在那里（见《上海文史》1991 年第二期，第 23 页）。莳花会展览借俗称铁房子的市政厅二楼。参展的花卉插上由莳花会统发的卡片，注明参赛者姓名、地址，而姓名一栏用纸条封没，使评审者持公正态度。奖分三级，得奖的盆花在显著地位挂上奖牌，甲级红色，乙级黄色，丙级蓝色。展出前两天，父亲雇四辆榻车将花运去，每车装六至八盆，共 30 盆。阿春随车照顾，不使花朵碰坏。记得从1916 年起连续三年每年得二十多张奖状。阿春和两个副手辛劳一年得五六十枚银元奖金，在当时已不是一个小数。

1916 年那次花展，为期三天。第一天我们全家晚饭后都去看，源哥和新嫂乘电车去，双亲带了我和姊姊乘马车去。展厅内人头济济，洋人为多。康太太主持花展，见了我们特来迎接握手，并向父亲祝贺得奖之多。华人亦不少，其中有李鸿章的幼子经迈号季皋，排行第四。李亦是会员，与父亲寒暄一番，并问得奖若干。侯爷之子当然成为众人中最受注目的人物，洋人都请康太太为之介绍。

从参加莳花会之后，父亲与康太太更熟了。康先生从何事业，我不知道，好像在洋人中有相当地位，亦很富裕。记得康太太邀双亲去她家茶叙，我跟了去。柯师太福医生也在座。我们见到了宝威药行的柯尔先生和夫人。康太太的住宅在贾尔业爱路（今东平路），为英国乡间别墅模式，非常考究。我们在宽阔的廊下喝茶。花园极大，种了各种名贵观赏树木，还有一个日本式的池塘。后来她将住宅售与蒋介石，成了委员长的官邸。现为上海京剧院，上海音乐学院附中亦在其中。

柯尔先生经营的宝威药行是一家很早销售英国药物和化妆品的洋行。货物大批运来之后，分装成小包出售。在南京路四川路稍西（今沙市路口东海点心店隔壁）开一家药房（宝威药房）作为门市部。因为整箱成品运来，在沪分装，需要大批宣传品、说明书和纸盒等，就托商务印书馆承印。该行经销的 Hazeline Snow 是英国 1880 年就开始销售并久负盛名的化妆品。为了便于在中国推销，柯尔请父亲译成中文。父亲应其请，译为"夏士莲雪花膏"。我认为译得好，Hazeline 译成"夏士莲"，谐其音，很雅；Snow 则译其意。当年我们常用它，香味文雅，不刺鼻，每瓶价一元。目前高级商店和自选市场都有出售，包装与几十年前一模一样。

父亲在商务印书馆的经营方针上，向来重视承印业务，当然极愿承印宝威药行的印刷品。有一天，父亲去宝威访柯尔。柯尔对父亲说："所估之价比伦敦更贵，属设法改良。"（见《张元济日记》上册，第 126 页）至于如何"改良"，日记中没有记载。父亲既重视承印业务，又注意产品的质量，得此批评，必定要改变这个局面，保住商务声誉，谅必曾与鲍咸昌先生和有关人员商议解决此事。

装电话

迁到新居的第二年，公共租界电话公司派人来装电话。当时电话还是很新鲜的洋玩意儿，上海安装的人家并不多。电话装在父亲卧室墙上。这是一只淡咖啡色、高约一英尺的胶木盒，右侧是一个摇柄，上端有一个金属架，搁放听筒，盒前有两个铃，没有拨盘。打电话时，先将听筒取下，放在耳边，摇几下摇柄，很快就听到电话公司接线员的问话"接什么号？"于是告诉他要打的号码，等对方铃响，电话就通了。

当时电话号码仅三位数，按公共租界中、东、南、西、北五个区划分。记得我家的号码是"西385"，河南路商务印书馆发行所的号码是"中555"。过了五六年，电话机改用拨盘式，号码增加到五位数，不再分区了。

我家的电话是由商务印书馆装的，每月费用也由馆方支付，直到父亲1926年退休为止，以后的电话费全由我们自己负担。

看洋人出殡

大约迁到新居二三年后，我见到了一次洋人出殡的盛况，至今印象很深。那时，圣约翰大学校长卜舫济的原配黄夫人（华人）病故，将安葬在静安寺对面的外国公墓。我表兄树勋、树铭正在约大读书，事先特来告诉我们出殡的日期、时间和路线，队伍正好路过我家门前。是日下午二时许，我们在门口等候，要看一看洋人出殡仪式是怎样的。

出殡队伍从约大校园出发，经曹家渡、极司非而路直达静安寺公墓。队伍来了。一位英国警官骑着一匹高头大白马开道，四个印度巡捕骑着棕色马，两人一档，紧紧相随，后面两匹马拉着灵车。灵车四面玻璃，可以看见车内的洋式棺材。棺上安放着两个花圈。灵车后面是送殡队伍。卜舫济校长徒步走在最前面，神色凝重，身穿黑色西服，颈戴传教士圆领，身旁是两个儿子James Pott 和 Walter Pott。（我1923年进圣约翰附中时，James Pott 在约大任教，Walter Pott 已去美国。）一位圣公会主教身穿主教黑袍，跟在卜校长后面带领全体送殡者。大学教师在前，附中教师在后；再后面是学生队伍，先大学后中学。队伍整齐严肃，每人右臂套黑纱。两表兄亦在队伍中，见了我们微微点头。队伍中没有哭泣声，也没有一点儿交谈声，只有沙沙的脚步声，令人感到一种庄严肃穆的气氛。送殡队伍很长，大约一小时过完。两表兄送殡结束后，来我家稍坐，吃了些点心，随即返校。他们讲述了队伍走过我家门口之后的情况：队伍步入公墓，圣公会主教率领大家在公墓礼拜堂做安息礼拜，然后由八人抬了棺木徐徐放入墓穴。总之，整个仪式隆重简朴。

我在长吉里时，常常在西藏路上看中国人大出丧，那是另一番景象，与洋人出殡大不相同。出丧队伍前面是和尚、道士和小堂名，吹吹打打。灵柩起码四人抬，多一些的八人抬、十六人抬不等，这要看死者的身份、家产的多寡、后辈的社会地位。孝子穿白布大褂，上套一件麻衣，手执哭丧棒，走在孝帏中，有的还坐东洋车。队伍中必须一片哭声，以示哀伤。那时我是看热闹，但令人恐怖的是那口又笨又重的黑色大棺材。

写到这里，我联想到轰动全上海的盛宣怀（杏荪）的大出丧。盛宣怀病殁于 1916 年 4 月 27 日。出殡大约在 5 月。听说盛氏愿出一笔巨款，向公共租界巡捕房申请出殡队伍通过南京路。租界领事使团没有同意，但准许走福州路。在南京路出殡的，洋人我不知道，中国人只有庚子年为反对义和团而被那拉氏杀害的"三忠"，即徐用仪、许景澄、袁昶。盛宣怀开吊那天，父亲到宫保府第吊唁，下午在某处路祭。父亲与商务印书馆所属的中国图书公司商量，借一窗口与母亲和孩子们看热闹。图书公司同意让出一橱窗，并放了几把椅子。图书公司大约在福州路山东路以西，即现在上海书店所在地。是日我们提早吃饭就去。福州路上两旁人山人海，挤得水泄不通。巡捕房派出大批巡捕、包探巡逻，维持秩序。福州路两旁的中西菜馆，早已被来看大出丧的人预订一空。这批看客先在菜馆就餐，并付高价买一沿窗的座位。菜馆乘此赚了一大笔钱。据说邻近的县镇竟也有人赶来看热闹。出殡队伍非常长，二三小时才走完。队伍由英国警官和印度巡捕马队百余人开道，接着是两大蠡灯，上面写蓝色"盛"字。后面是行牌道子，第一排"肃静回避"四个大字。在封建时代，"行牌"是达官显要用以表示自己身份的一种方式。盛宣怀官衔甚多，一块行牌代表一个衔头，所以行牌的道子相当长。随后是若干班和尚、道士、尼姑和小堂名，敲敲打打，喧嚣过市。——要别人"肃静回避"，自己却闹得乌烟瘴气，哪里还有悲哀的气氛，倒好像在演戏！我本来怕看那口笨重的黑色棺材，但是宫保的棺材因为用绿呢盖没，并不可怕。棺材有 64 根杠棒，由 64 人抬着。这样的规模真给上海人开了眼界。灵柩之后紧跟着孝子的孝帏，孝帏特别长。宫保有七八个儿子，出进汽车代步，出丧路线这样长，少爷们哪里走得动，所以都坐在黄包车里，车身围以白布，真可谓开了一个孝子送殡的新例。队伍走完之后，父亲从商务印书馆走来，与我们一同回家。

父亲很早就主张治丧尚俭，反对浮夸和迷信，究其根源，可能与在国外见闻有关。宣统二年（1910），父亲去欧洲考察教育、出版事业，其时适逢英王爱德华七世患病，父亲有一天经过白金汉宫，"见民人之踵门问疾者，络绎不绝。医官频频宣布病状，闻一凶讯，则嗟叹之声相续。立宪国君民之相亲固如是乎"（见《张元济书札》，第 8 页）。英王逝世后出殡之日，父亲以五英镑买了一个沿街座位观看。父亲多次对我讲述当时情景。当时各国元首如德王威廉、铁血首相俾斯麦、沙皇尼古拉二世、美国总统都来送丧。还有王公贵族、将军大臣不计其数。他们身穿礼服、军装，佩戴勋章，一律步行，气氛庄重。父亲对"一律步行"强调再三。他观看之后一定很有感触，对日后提倡殡葬改革有所启发。

如果说，父亲观看英王出殡主要感慨于"立宪国君民之相亲"，那么，在两篇《告窆》文章中就清楚地表明对国人旧丧礼的不满，以及对西洋式俭朴礼仪的提倡。我极端钦佩父亲提议薄葬、改革丧礼的主张。1959年父亲谢世，即行火葬，骨灰葬于闸北联谊山庄。1966 年"文化大革命"开始，上海所有公墓全被破坏，人凤和庆侁冒险赶赴墓地，幸好骨灰盒墓葬未毁，即设法将骨灰盒取回，在家中保藏了八年。1974 年年初，"文化大革命"的狂潮稍见低落，即与父亲创办的海盐张氏公墓原址所在地的生产队负责人取得联系，请农民在当地挖一小穴，我们全家回乡，将父亲骨灰盒送去安葬，未作任何标志。据挖掘墓穴的老农说，墓穴的位置就在母亲的墓穴旁。我这样做，实现了父亲 1926 年 2 月 6 日在薄葬吾夫人时对我的嘱咐："余子树年侍侧，余已诏之，他日必以余所以葬夫人葬余及其母。"这是我回忆幼年时看洋人出殡有所感而追记。

参观先施公司

父亲生长在广东，能说一口标准的广东话。后来在上海认识了不少广东朋友，如南洋烟草公司的简照南、简玉阶、劳敬修，广东银行的李煜堂，怡和、太古等洋商华经理潘澄波、杨梅南以及韦录泉、潘明训等（有几位的大名恐有误）。

澳大利亚华侨马应彪、欧彬（欧炳）、黄焕南来上海筹建百货公司"先施公司"（英文名 Sincere），由简玉阶介绍，父亲认识了欧彬（见《张元济日记》上册，第 62 页）。

先施公司建在南京路最热闹的地段，浙江路西，广西路东（今时装公司址），三面临马路。一幢四层楼大厦，其西侧是百货公司，东侧是东亚酒楼（包括旅馆），又在屋顶平台上建屋顶花园游乐场。

父亲被聘为先施公司参事（见《张元济日记》上册，第 244 页）。当参事必须是股东，父亲购买了先施公司股票，股数不详。

为了使我们见见世面，开开眼界，在公司正式对外开张前几天，父亲写了一封介绍信致三位创办人，交与源哥，由他陪我和姊姊去参观。我们从广西路边门进去，源哥将介绍信递入，不久出来一位穿西服的招待员，很有礼貌地为我们导游参观。底层是食品部，陈列的商品极多，各种各样的糖果、饼干、调味品等，另外是瓷器部，如餐具、茶具以及厨房用品。仔细一看，供应的商品全是进口货。从底层乘电梯到二楼，是衣着用品部，有绸缎、呢绒、鞋帽等，除绸缎是国产，其余也都是舶来品。首饰部在二楼西北角。好像有两只柜，陈列了珍珠项链、翡翠、宝石、金刚钻等饰物。三楼是家具部，客厅、书房、餐室、卧室的整套木器以及地毯、窗帘，一应俱全，当然顾客可以任意挑选。总之，一切为顾客服务。四楼是办公处，我们未去。

三个小时的参观，确实大开眼界。虽然有的东西我们见过、用过、吃过，但这么多的商品集中在一所大楼里，不用说从未见到，也从未想到过。这确实是零售商业的一大进步。人们到这里，需要的东西都可买到。

先施公司生意兴隆，因而后来有三家大百货公司，即永安公司、新新公司和大新公司相继开张。

法国公园观看阅兵典礼

1918 年第一次世界大战结束，英法联军战胜德国，上海租界放假三天。法国当局于 11 月 23 日在法国公园（今复兴公园）举行阅兵典礼，以示庆祝。当局广发请束，华人名流应邀者不少。父亲收到请束，偕同母亲并携我同去观礼。公园草坪中央搭建阅兵台，台上都是各国高级将领及使领馆外交官员，两旁是来宾席。

阅兵典礼开始，以马队为先导，继之步兵、炮兵、海军，各兵种齐全，最后是装甲车队，好像还有坦克。坦克是第一次世界大战中出现的新式武器。当时我才 12 岁，似懂非懂，看得十分高兴。父亲与来宾席上不少熟人一一招呼。典礼两小时后结束。

法国公园面积很大，树木很多，我从未见过。但当时只限洋人游览、休息。

改坐汽车

父亲出入原先一直用马车，由商务印书馆提供。迁居极司非而路后，每天早晨驱车到闸北宝山路商务厂，晚上回来。那匹白色黑斑的老马年纪大了，有一天在途中前腿跪下，亏得小马夫及时把它扶住，父亲只得改乘电车回家。

这时社会上用汽车已渐普遍，如商务印书馆的经理李宣龚（拔可）先生买了一辆美国道奇汽车（Dodge），牌号 248。商务买了一辆美国 Hupmobile 敞篷车备父亲用，牌号为 1660，司机名叫阿四。原来的马夫励秀如从长吉里起一直在我家，我们亲友的住址他全熟悉，人又灵活，父亲很喜欢他，就留他当"跟车"（就是当司机的副手，随车打杂，回来后清洗汽车）。

秀如是个聪明人，看到社会上用汽车的人愈来愈多，应该赶紧改行，学开汽车。在当跟车期间，拜阿四为师，三四个月之后就学会了。后来到戈登路巡捕房考试，租界范围考驾驶汽车执照集中在此。考试及格，获得正式驾驶执照。一辆汽车当然不需要两个司机，商务就将阿四调回商务厂开卡车。

大约两年后，当时商务印书馆事业兴旺，业务联系频繁，一部汽车周转不过来。父亲就自己买了一辆青灰色美国 Buick 牌敞篷汽车，牌号为1626。车价大约 3600 元上下。车由秀如驾驶，工资由商务支付。再过了一两年，秀如的外甥乐志华从宁波乡下来上海，请娘舅设法学生意。秀如得到我双亲的许可，让乐志华当跟车学驾驶，膳宿在我家，不付工资。后来他考得执照，另谋职业，到一英国人家当"西崽"，不料上工仅三天竟被主人诬蔑他偷了 740 英镑，构成了一桩大冤案。此事以后专篇叙述。

姊姊过生日

树敏姊生于清光绪二十九年（1903，癸卯）阴历八月初四。1922 年她20 岁生日，双亲为她操办了很热闹的生日宴会。姑母、舅母、姨母都送了礼物，带了表弟妹十余人前来祝贺。晚上在花园草坪上放映电影。电影是商务印书馆活动影片部摄制的，一部是梅兰芳演的《天女散花》，一部是古装片《崂山道士》。《天女散花》是京戏，艺术片。我们小孩子还是喜欢《崂山道士》，因为这部以《聊斋志异》故事改编的短片，有"破墙而入"等特技镜头，十分有趣。电影是无声的，唱词对白用字映在影片上。

父亲很早就注意电影的社会功能。从他的日记中可以知道，1917 年年初他就提出制作"活动影片"的建议。是年初，商务的活动影片部成立，父亲主持制定了"目前先就教育、实业、风景三项拍摄"的制片方针。1920 年梅兰芳先生率团来上海演出，父亲与李拔可先生和其他同仁决定尝试拍摄戏曲片，以广销路。梅先生在《我的电影生活》一书中详尽记述了商务电影部特租天蟾舞台剧场和全套班底拍摄京戏《天女散花》和昆剧《春香闹学》的经过。是日父亲到场观看。难怪父亲为姊姊生日选中了《天女散花》这部影片在家放映。

父亲受名誉博士学位

1927 年元旦，我随父亲去苏州。苏州东吴大学授予父亲名誉法学博士学位。父亲带了我、树敏姊和内子昌琳去参加典礼活动。商务印书馆同仁张秉文是东吴大学毕业生，那天以校友身份陪同我们去苏州。记得是日一早我们到北站，他已买好车票在门口等候了。到苏州后，东吴大学的汽车接我们去学校。

东吴大学是一所美国教会学校。学校大楼的式样和校园的布置，都很像上海圣约翰大学，只是楼房较新，校园较小而已。典礼在大礼堂举行。受博士学位的共四人，除父亲外还有张一麐、马寅初和赵紫宸三位。台上中央坐着东吴校长（美国人，姓名记不起了）和几位贵宾，好像圣约翰大学校长卜舫济亦在座。四位受学位者坐在台的东侧。典礼开始，先由东吴校长起立致辞，随即向四位受学位者戴上有金色帽缨的方帽，挂上红白两色的博士袋（英文称 Hood）。接着，张一麐先生代表四位讲话答谢，来宾代表也讲了话。事过六十多年，典礼上各位的讲话内容记不起了，但给我留下的深刻印象，至今难以忘怀。会议开得庄严隆重，讲话人数不多，发言的内容却有的放矢，不尚空谈。礼毕，校方请四位受学位者参观学校各种设施，我们家属也沾了光。最后在校园草坪上摄影留念。当晚我们乘火车返回上海。冯姑母在我家特设宴席为父亲祝贺，这一天全家十分欢乐。

张一麐先生曾任袁世凯总统府秘书，袁策动称帝，张上谏劝阻。后任徐世昌内阁教育总长等北洋政府要职。1949 年 9 月，第一届全国政协在京开幕，时张一麐先生已谢世，而马寅初、赵紫宸和父亲三位均为政协委员，在北京再次相聚。

父亲避寿

父亲最忌庆寿。每逢正寿，他总是设法偕友好外出旅游"避寿"。

1916 年，父亲时年 50。生日前他偕傅增湘、蒋维乔去雁荡山和天台山等处游览。据《张元济日记》记载，10 月 16 日动身，11 月 4 日归沪，前后约三周。

父亲在这次游程中共吟有三首律诗，兹抄录其中两首：

竹庄坐石梁上摄影，沅叔赋诗赠之，用原韵为和。

横扫千军笔阵雄，登临今更气如虹，
已看险阻为平地，直欲翱翔到上空。
濠濮庄生原自乐，蒲团佛子此成功，
偶然游戏真豪举，我亦低头拜下风。

丙辰秋日游天台阻雨，匆匆返沪，桐柏圆明宫叶纯素道人追赠以诗，即步原韵奉答。

浪游山水客情赊，几首新诗写白麻，
绝胜林峦真福地，肯甘虮虱旧生涯。
巍巍岩石瞻孤竹（志称桐柏宫有夷齐石像），
寂寂丹房剩落花（闻道院昔年楼观宏伟，今多毁废）。
招隐不关逃世计，茅庵住处是吾家。

当时拍有照片，可惜已佚。但雁荡山灵岩寺龙鼻洞确有一幅石刻保存至今。1992 年承杭州蒋德闲先生寄我一份石刻拓片复印件，现抄录如下：

丙辰九月二十五日，蒋君冶哲游雁荡，宿灵岩寺。翌日观小龙湫，探天囱洞，登屏霞嶂，挹龙鼻水摩崖。题名曼殊，白廷夔记。同游者海盐张元济、武进蒋维乔、江安傅增湘。

乙亥夏偕贵阳邢端嵊、邢震南自黄山归，迂道来游。增湘记。

二十年后傅增湘重游雁荡时书此刻在龙鼻洞。

父亲 50 岁生日，冯姑母自海盐来沪祝寿。父亲仅有一只金打镰挂表。姑母特去南京路德商"双龙"钟表行（在今亨达利钟表公司略东）买了一只"C.Ismer & Co."的手表，还亲自翻了一条枣红色绸面的丝棉被作为寿礼送与父亲。从此父亲戴上手表，把那只打镰表放在床枕边。夜间醒来，把表打开，揿一下，表就报时刻，不必开灯，就可知道时间了。后来母亲告诉我，这金表是外祖母给父亲的见面礼。现在，那条枣红色被面颜色已变成深黄色，而打镰表在"文化大革命"中被红卫兵抄去，至今不知下落。

1926 年，父亲 60 整寿，他偕陈叔通、李拔可两丈去杭州避寿，仅耽搁三天，回沪主持我的婚礼。11 日复同年蔡元培暨夫人书曰："手教谨悉，猥以元济六十初度，宠锡绣屏，弥用愧悚，自维马齿徒增，何敢扰及朋好，谨当心领，原品奉璧。……"（见《张元济、蔡元培往来书信集》，第 60 页）父亲对友朋所送寿礼一般都不受，即使像蔡元培这样的老友也不例外。

《张菊生先生七十生日纪念论文集》，蔡元培、胡适、王云五编，商务印书馆 1936 年出版

1936 年，父亲 70 整寿，这次仍偕

陈叔通、李拔可两丈去杭州避寿，11 月 10 日赴杭，13 日返沪（见《张元济年谱》，第 427 页），其间父亲赴浙江图书馆观看全浙江省文献展览会。

商务印书馆为纪念父亲 70 岁生日，编印了两部书：一是《张菊生先生七十生日纪念论文集》，二是《中国文化史丛书》。前一种由蔡元培、胡适、王云五发起，内收张君劢、叶恭绰、蒋维乔、唐钺、胡适、孟森、谢国桢、傅运森、周昌寿、马衡、蔡元培、黄炎培、王云五等 22 位名人、学者的论文。蔡元培、胡适、王云五在"论文征集文启"中称：

> 我们现在提议一个简单而富有意义的祝寿方法，就是征集几十篇有价值的论文，刊行一本纪念册，献给这一位学者与学术界功臣，作为他七十岁生日的一点儿寿礼。

这真是一种十分有意义的祝寿方法。

第二部是《中国文化史丛书》，由王云五、傅纬平主编，共四集 80 种，书前用红色套印题识：

> 张菊生先生致力文化事业三十余年，其躬自校勘之古籍，蜚声士林，流播之广，对于我国文化之阐扬，厥功尤伟。《中国文化史丛书》之编印，实受张先生之影响与指导。第一集发行之始，适当张先生七十生日。谨以此献于张先生，用志纪念。

父亲对朋友们的好意，开始也是辞谢的。由于大家的坚持，加之出书有利于学术传播和交流才没反对。

1946 年，父亲 80 生日。他年事已高，体力衰退，不宜远行。生日那天就去合众图书馆避寿。顾廷龙（起潜）先生有回忆，他说父亲当时带了敦煌本《文心雕龙》，请顾续校。朋好所送寿礼，与以往一样一律心领退还。

第六章

随双亲两次游西湖

　　少年时代，我先后两次随双亲游西湖。虽至今时隔七十余年，许多往事仍然印象很深，特别是父亲在旅游活动中的言行，更难忘怀。现择要略述一二。

　　这两次杭州之行，在《张元济日记》中都有记录。第一次是 1916 年 4 月"二日至杭州，九日回"；第二次是 1918 年 4 月 16 日"请假赴杭州"，26 日称"昨日午车自杭州返"。可惜在杭州的活动没有留下片言只字。其实，那些日子是父亲难得摆脱繁杂公事，与家人同享天伦之时，也是我印象中父亲特别高兴的几天。

新新旅馆

　　1916 年春，是我第一次远游。那天双亲带领姊姊和我一早来到火车站，同去的还有帮佣大姐和她的女儿阿毛。当时沪杭甬铁路的车站在南市车站路。上火车后我坐在靠窗的座位，向外眺望，只感到车速不快，几乎每站必停，到杭州已近中午了。

　　我们下榻里西湖葛岭保俶塔下的新新旅馆。这是一所开业不久的新旅馆，四开间两层洋式建筑。设备齐全，客房宽敞。据说原是一位何姓宁波富商的别墅。旅馆经理也是宁波人，姓董，年轻有为，善于经营。"西崽"人数不多，却训练有素，讲话和气，很有礼貌。旅馆底层中间为大客厅，四周都是客房，有如中式建筑的走马堂楼。西侧有扶梯通二楼。我记得我们全家租的是二楼西边一大间。大姐、阿毛则住下房。当时外出旅游带佣人是常见之事，不足为奇。那时，旅馆不设餐厅，每膳由餐馆送到房中。可口的杭州菜，如醋熘鱼、油爆虾、响铃儿等我十分爱吃，至今仍感回味无穷。

下午双亲带了我们在旅馆附近散步。不远处是断桥。断桥之名始于唐代，宋代称宝祐桥。桥两侧的石栏好像刻有花纹。桥的中央有一牌楼似的门，桥的另一端连接白堤。

这时有一队香客，男男女女，三四十人，身上挂着黄布香袋，装满香烛等物。听母亲讲春季是进香的最盛季节，虔诚的信徒来自苏杭一带农村。带队的人俗称"香头"，是一个有经验的组织者。凡要去烧香的可到他那里登记，付一定费用，等人数凑足就起程。香头租一只大木船，香客自带粮食，住在船上，吃在船上，每天一早由香头带领去各大寺庙，如昭庆寺、灵隐寺、三天竺、龙井寺等处。

在西湖边，看见两个小姑娘坐着捕虾，手里拿一个网兜，身旁放一只脸盆，一网兜可捕到不少。我好奇地看了好一会儿，只见她们装满一盆，笑嘻嘻地立起就走。我想她们晚上可烧一大碗油爆虾助餐。又看见两个人在断桥附近垂钓，身旁有一只竹篓，只见鱼竿一动，立刻提起来，原来是个空。再钓，久之才得几尾，高兴而去。我心想，垂钓者要有耐性。这类悠闲生活，上海人是看不到，也享受不到的。

新新旅馆平日客并不太多。有一天回到旅馆，见到大客厅里聚集了二三十人，其中还有洋人。我们上楼休息，才知道这批人是上海圣约翰大学工程系学生，由主任 Ely 教授率领来西湖作测量实习，住宿、膳食包在新新旅馆，楼下客房全部占用。晚上八时前热闹非凡，有的打牌，有的下棋，有的唱洋歌。一到八时就回房学习，将一天的测量数据绘图、测算，全面核对。第二天一早，只见他们扛着仪器、拎着测绘箱，在洋教授带领下外出工作去了。秩序井然，纪律严明。

登初阳台

从旅馆东望，初阳台、保俶塔看得清清楚楚。这样高的山我没有见过，真想爬上去，但又想十岁的孩子能爬吗？于是就对父亲说了。父亲说选一天清早，他带我去。大约隔了一两天，父亲一清早带了我走出旅馆，向东，从一条小路弯弯曲曲拾级而上。父亲健步，我紧跟不放，爬到半山，在峭壁上有一座宫殿式建筑，父亲讲了这是南宋亡国宰相贾似道的府第"半闲堂"。这时我觉吃力，就在堂前的石凳上休息。那天父亲兴致特别好，说他能不停地一口气爬上山顶，又说你第一次爬，不宜急，放慢步伐，继续上去。将到山顶时我劲头来了，一口气爬上去。父亲有意放慢，让我先登上初阳台。

这天天气晴朗，凉风习习，更觉爽适，极目远望，西湖景色全收眼底。父亲告诉我这是"柳浪闻莺"，那是"三潭印月"，正南是南高峰，北西是北高峰，远处那座宝塔就是著名的雷峰塔。原想去附近的保俶塔，父亲说时间不早，赶快下山，母亲等我们回去，一同去别处游览。保俶塔下面有一片平地，建有一所洋房，父亲说杭州人都知道，那是一个外国传教士的住宅，姓梅（洋人常取一中国姓），人们就叫他"梅鬼子"。后来我去牯岭，当地人把外国人称"洋人"，如李洋人、甘洋人、柯洋人等，这种称呼就比较客气了。

奉林寺见闻

在新新旅馆与岳坟之间就是奉林寺。庙虽小，却是杭州足以骄傲的唐代古刹。我们从边门进入寺院，一位知客师出来相迎，让我们在小客堂坐下，小和尚端上四碟干果和几杯龙井茶。父亲看壁上挂的字画。知客师负责接待来寺院的香客和游客，擅于交际，看父亲的模样好像一位学者，就悄悄地差小和尚通报方丈。不一会儿，一位白须老方丈走进客堂与父亲合十相见。父亲取出名片递上，方丈恭敬地接过，随即请我们去大殿观瞻三尊佛像。佛像虽然塑得精致，可是贴金已经剥落。从大殿回到客堂，方丈取出缘簿，请父亲"乐善好施"，与佛门交个缘。记得父亲在缘簿上写上"四元"，但不署名，当场取出四枚银元交给方丈，方丈合十致谢。父亲又在四碟干果旁放了两元，以资酬谢。

奉林寺很小，香客游人不多。从门口的小客堂到大殿两旁各有四棵三四人合抱、高耸入云、枝叶茂盛的银杏树，极为稀罕。在古树之间疏疏落落的几枝修竹，增添了幽静舒适之感。

岳坟·玉泉·灵隐

到杭州，岳坟是必游之地，走进巍峨庄严的门楼，站在甬道上，抬头就能看到正殿中央头戴红缨帅盔，身穿紫色蟒袍的岳飞塑像，两旁是岳云和牛皋像。第二进殿上供奉岳夫人像。大殿西侧有一小花园，走过小桥便是岳飞墓园，圆形高大的岳王坟十分显眼，石人石马分立两侧。墓的对面地上跪着四个锈迹斑斑的铁人，约二尺高，三男一女。我看见几个妇人抱着孩子向铁人撒尿，我也想去撒泡尿，不过我觉得大龄孩子不可随便。我问父亲这四个铁人是怎么一回事，父亲说他们就是杀害岳飞的奸贼秦桧和他的老婆长舌妇王氏，两旁的是万俟卨和张俊。晚上父亲在旅舍房间里讲了岳飞的故事，从岳母刺字、大败金兵，讲到被卖国奸臣陷害与子岳云同被处死。父亲足足讲了一个多小时。我在书本上读过岳飞的故事，哪有父亲今晚讲得详细。我和姊姊听得出神，犹如上了一堂历史课。

从岳坟出来，我们到了玉泉寺。寺不大，有一间殿堂，中央供一尊菩萨。寺内有一长方形大鱼塘，养着数百条大鲤鱼，以金红色为主，青色、黑色的鱼也不少，据说有一二百岁了。我们坐在池边观鱼，和尚过来兜售喂鱼的烧饼。我和姊姊买来几只，把它们撕成小块儿丢入池中，鱼儿马上张开嘴游来吞食。我们看得十分有趣。

殿堂侧面有个小园，中间有一方形泉池，老和尚在池边以脚蹬地，池中有珠状的水泡冒出，就是著名的"古珍珠泉"，清澈的泉水自池底涌出，晶莹如玉，"玉泉"即得名于此。

到了灵隐，我首先随父亲去飞来峰看一线天。有一个导游和尚拿了竹竿，指点我们向上看，果然在黑洞洞的石缝里望见一线亮光。父亲给那和尚几枚铜板为酬。飞来峰峭壁上刻有不少大大小小佛像，那尊笑嘻嘻、袒腹露胸的弥勒佛最好看。

看完了石雕佛像，我们缓步进入灵隐寺。寺院特别大，修缮得也很新，大雄宝殿内香火甚旺。香客、游客集中在这里，挤得好像南京路先施公司大减价。母亲身体瘦弱，立刻走出大殿，来到冷泉亭休息，泡了一壶茶，喝了一杯，然后才慢慢出来上轿回寓。

翁家山之行

母亲是杭州人，生在江西宜春，长于北京。几年前为大舅送葬来过一次，但没有游湖。她带着深厚的故乡之情，决心要游个痛快。

杭州人都知道"横河桥许家"，它是"五世同堂，七子登科"的书香门第。

这次来，除游名胜古迹外，要去翁家山看看，因为许府几代先辈的坟墓都葬在那里。一天，父亲雇了几顶轿子，由旅馆出发向翁家山抬去。此山在杭州的哪个方向，我记不起来，大约在龙井西南烟霞洞附近，山路狭窄，盘旋而上，山峰似比葛岭为高。经过几个山头，轿夫说到了，我们下轿，边走边看，不见一座坟墓，向老农询问，都说不知道。不过母亲觉得能到一下曾是先辈墓地的地方，留下几个足迹，也不虚此行。

烟霞洞

翁家山离烟霞洞不远，父亲让轿夫向烟霞洞进发，晌午到达。大家都饿了，就在庙里吃素斋，四菜一汤，十分可口。好像有竹笋和豆制品。蔬菜和笋都是刚从地里采割下来的。双亲边吃边议，说上海著名的功德林哪里吃得到如此新鲜的蔬菜。一顿素斋付四枚银元。老和尚取出缘簿，父亲送了四元。这座庙宇在峭壁上，山后有几棵大樟树，庙前大片竹林，层层叠叠，郁郁葱葱，真是山中有山。烟霞洞口的两尊高大佛像雕刻精致，洞内有许多尊小佛像。洞很深，愈进去愈凉，和尚说当天吃不完的剩菜，端入洞内，第二天仍很鲜美，好像一只天然大冰箱。游罢，我们回到寺内品茗休息，就上轿回寓。母亲觉得很累，就睡了。

母亲给我讲：外祖父许庚身号星叔，官至军机大臣，谥法恭慎。外祖早年在江西任学政。母亲出生在江西宜春，刚满月，外祖奉召入京任职，即日起程。当时交通极为原始，从宜春乘轿到苏州，才能换船经水路入京，历时三个多月。奶娘病，无奶，母亲只能喝粥汤。从此留下后天失调的瘦弱身体。母亲说三个月的赶路生涯没死，还算幸运的呢。

游湖

连日乘轿登山和中午在外就餐，母亲觉得有些累，于是决定乘船游湖。一天清晨走出新新旅馆，登上一只划子船。母亲和姊姊坐在一排，父亲和我坐在另一排，倒向前行。船娘在船艄掌舵，助手在另一头撑篙。小船经断桥出里西湖，直驶三潭印月。在小瀛洲（当时是否用此名我记不准了）上岸，兜了一圈，重新下船。在三潭印月处仔细看了三个潭。父亲说这里是西湖最深处，水呈深绿色。是日天气晴朗，阳光明媚，湖上空气清新。母亲喜欢让船在湖中慢慢悠悠地荡漾，就请船娘放慢速度。我记得，湖水清澈，水草连绵，小鱼在水中游来游去。这既是游览又是休养。在湖上荡舟一个上午，回到旅馆已近中午时分。

饭后稍事休息，再乘船去孤山。双亲在平湖秋月眺西湖山水，带领我们姊弟俩在附近闲步。经过三忠祠和俞樾别墅。最后，走向孤山北麓的放鹤亭。这里路很狭，而且年久失修，高低不平，杂草丛生。父亲在前面开路，用手杖将没膝的杂草摆倒，辟出一条小径。姊姊搀扶母亲缓步跟上。

这座亭子是为纪念北宋诗人林和靖而建的。林是一位著名的隐士，喜欢养鹤，传说死后，所养的那只鹤在他墓前悲鸣而亡。亭虽破旧，而风格典雅，古色古香。我们稍事逗留，就回船驶向对岸，回旅馆休息。

晚上，父亲讲了"三忠"的故事。"三忠"即徐用仪、许景澄和袁昶。清末庚子年间为反对西太后利用义和团反洋运动，被处死于北京西城菜市口。三忠都是浙江人。徐海盐籍，官至兵部尚书；许嘉兴籍，太上寺卿，出使德国；袁上虞籍，章京。三人后来平反昭雪。浙江省集资建祠以资纪念。父亲讲了"三忠"之首徐用仪，谥号忠愍，是同乡前辈。父亲参加戊戌变法运动失败后，得到忠愍公资助二百两，举家得以南迁，父亲对此终身不忘，多次与我谈及。近年编撰父亲的年谱，搜得一些材料。父亲所撰《追溯四十九年前今日之交通大学》一文，提到庚子年在沪率领南洋公学师生路祭"三忠"的一段往事：

> 浙江三忠灵榇南下，道出沪上，吴君稚晖景仰忠公，建议于出殡时全体师生随行执绋。余以有荒业，劝勿去。吴君谓学生志有必往，且言若不许者，师生当全堂罢课。余不欲过违其意，遂允之，且率全体师生在道旁公祭。

父亲又讲了俞樾别墅。俞樾，字荫甫，号曲园，浙江德清人，清道光进士，官编修，提督河南学政，罢官归，侨居苏州，是清末著名经学大师，光绪末年卒，年八十有六。父亲继而讲了俞与我家的戚谊关系，曲园之孙阶清夫人系我母亲的堂妹。俞府住在苏州，后迁北京，故与母亲无甚往来。1918年夏，双亲赴北京，得与姨母欢聚多次。

自从游三潭印月和孤山之后，气温逐日上升。我们离杭返沪那天有如初夏季节，大家穿了单衫。午后上车不久，从西面推上一大片乌云。车抵嘉兴时，刮起大风，继之暴雨，不久下冰雹，到松江下雨夹雪，气温骤降。父亲把放在座位下的衣箱取出来，大家换上棉袄，顿感暖和舒服。只见几个旅客穿了单衣，冷得发抖，怪可怜的。气候骤变，火车误点一小时。到南站，马夫秀如正撑了雨伞迎接我们，急忙上车，到家已上灯。

第二次游西湖

1918 年，我 12 岁，第二次随双亲游杭州。此次仍住在新新旅馆。一进大门，就看见父亲书写的大幅匾额，中间是"大好湖山"四个大字，上款"新新旅馆"，下款"海盐张元济"。旅馆设备已大为改进，装上了电灯。客房布局变化也很大，底层除向南的几间保留外，其余都拆除，大厅变得很宽敞，并辟有中西餐厅，每餐不用"西崽"端到房间，旅客可去餐厅就膳。我们在二楼开了两间向南的房间，虽比两年前住的小一些，可是备有浴室，方便得多。父亲早上喜欢吃西餐，有火腿煎蛋、面包黄油、咖啡等。午晚两餐一般吃中菜，偶尔吃过几次西餐，烹饪手段亦不差。

这次重游杭州，去了奉林寺、岳王坟、玉泉、灵隐、烟霞洞、三潭印月、孤山等处。灵隐寺游人特别多，我们没有进大殿，在冷泉亭喝茶，看飞来峰石雕。父亲则独自上韬光，很久才下山。父亲告诉我们，韬光是唐代四川一位著名的诗僧来此建庙、说法而得名。韬光西南即北高峰。从寺向西可登上顶峰。父亲说上山的路很狭，两旁全是毛竹，一条清澈小溪流向冷泉亭，游客和香客很少，一路幽静得很。山路右侧有座山庄，围以粉墙，透过竹影隐约可见亭台楼阁，那就是贵州朱晓兰的庄院。朱与我家有亲戚关系，他的夫人是我母亲的同族侄女。他与前清遗老、后党人物陈夔龙关系极密，两家在上海孟德兰路（今江阴路）各有一所大洋房。

那天父亲兴致很高，从韬光返回，说三天竺就在灵隐相近，那里有上中下三座庙宇，风景幽雅，值得一游。说罢就去。沿途林深树密，一条小溪从冷泉亭流向西南，溪上有小桥。过桥有山路，通向寺院。下天竺的法镜寺，中天竺的法净寺，上天竺的法喜寺，规模大小虽不同，但格局大致一样。三座佛寺连绵十余里，颇为壮观，据说已有数百年历史。三庙是香客必去之地，故香火甚旺，不下于灵隐寺。但是我们到了那里，大失所望。山路两旁全被乞丐占据。有的手里拿了一条蛇，身上盘了一条蛇，向游客乞讨，如不给或给得少，他们就拿蛇吓人。另有一种乞丐躺在路上，腿上浇上红蜡烛油，装成患疮疖，身旁坐几个小乞丐，一双黑手拉住游客的衣服要钱。香客本着慈悲为怀、乐善好施的心愿，尽量满足他们，但他们欲壑难填，要数愈来愈高，造成恶性循环，把原来幽雅的三天竺糟蹋得很可怕。这种乞丐俗称"犟头叫花子"。我们哪里还有心思在此逗留，急忙上轿去龙井。

龙井是个圆形的泉池，池后山岩峻峭，清冽的泉水从山岩间涓涓流出，汇集井中，再通过石罅流入下面两个方形池，最后跌宕下泻，流入凤篁岭下的溪涧之中。龙井四周古木参天，藤萝遍布，空气清新，虽在夏日仍凉爽宜人。龙井泉旁有龙井寺，据说为五代后汉的建筑。庙宇不大，我对它印象不深。龙井四周依山傍水的农家，以种茶为业，著名的杭州龙井茶就出于此。来客无不在此买几斤茶叶带回去，我们当然也不错过这个好机会。

我们从龙井去理庵（"理庵"两字恐有误，记不准了）。理庵位于龙井、九溪之间，数条山溪横纵交叉，在庵的前后流过。庙宇很破旧，只有几个僧人在卖茶水。这里有一大片楠木林，父亲说这片林木至少有一二百年，是很少见的。林旁有一石塔，可能也是一个古建筑。珍贵的楠木林和石塔在日寇侵占杭州时全部毁去。

钱王祠在柳浪闻莺与净慈寺之间，面向西湖，背靠大路。钱王即吴越王钱镠，临安人，唐末任节度使，后又依靠武力扩展地盘，建立吴越国，以杭州为都城，号称吴越王。他在位时，大兴水利，疏浚西湖，修筑钱江海塘，为浙江做了不少好事，后人特建祠纪念。父亲带领我们乘船在祠前上岸。祠很破旧，殿内黑洞洞的。大殿供五座塑像，都戴平天冠。父亲在各处仔细地观看石碑上所有记载，我却有些害怕。后来父亲给我讲述了吴越王的功绩，他保全了半个浙江。大约1958年后，此祠被拆除，从此杭州少了一处古迹。

父亲这次在杭州，几次去城内清河坊商务印书馆分馆，由同仁陪同为涵芬楼购旧书。所购之书种类甚多，其中方志书不少，选定后由分馆径寄上海发行所总务处。此外，父亲可能还去图书馆看书，拜访友好。由于他很少向家人谈公事，所以详情我就不清楚了。

父亲进城的几天，母亲带了我和姊姊在新新旅馆附近散步，向西最远到奉林寺，进去看看那八棵高大的银杏古树；向东最远到断桥。母亲喜欢游湖，有一两次雇一划子船在湖中荡舟观景。记得去过三潭印月、孤山、平湖秋月、三忠祠、放鹤亭等处。我觉得这样荡荡湖、附近走走不过瘾，很想再登一次葛岭。但是没有父亲带领，一个人又不敢去。我也明白，提出来母亲也不会答应。

一天，父亲独自上茅草山，祭扫外祖父许庚身恭慎公墓。事前打听清楚去的路程，据说一定要雇横河桥许家熟识的一位叫老高的轿夫。老高熟悉去茅草山的路，与坟亲也很熟。茅草山在云栖西北，路很远，除老高外，还得加两名轿夫，中途要换班。父亲一早六时带了四色祭菜，乘轿出发，直至夕阳西下才风尘仆仆地回到旅馆。这时他已很疲惫，又觉饥饿，稍事休息即开饭。在餐桌上，父亲向母亲讲述了一天的扫墓经过。

父亲说，前几天听说云栖一带不太平，今天一路上毫无动乱的迹象，老农在田间、山沟里劳作，气氛宁静。只是到了茅草山，却是另一番景象，不免有些心寒。那里茅草长得比人还高，一片萧瑟。老高急忙去找坟亲，隔了好久，来了三四个无精打采的小伙子，据称老坟亲病在床上不能来。老高叫轿夫和小伙子们一起割草，开出一条小路，直至外祖的墓地。父亲说，坟墓保存完整，就将祭菜端放在供桌上，行了礼。父亲又说墓碑和墓前的翁仲已有些倾斜，应将基础加固，否则几年后必将倾倒。殡舍则破旧不堪，竟不能用，如要修缮，所费不赀。横河桥经管祭产的值年们恐无心于此吧。临走时，父亲将祭菜送给几位年轻的坟亲，另外送了十枚银元作酬谢。小伙子们一面道谢，一面向父亲倾吐了他们的苦衷。他们说，祭田是不少的，但都在山坡上，土质极差，收成有限。许家已多年没人来上坟，我们一无"外快"收入。父亲讲到这里，神态黯然，接着对比当年落葬时轰轰烈烈的场面与眼前的凄凉情景，使人为之泫然。如果墓主与坟亲的友谊渐见淡薄，并继续下去的话，茅草山将变成翁家山了。母亲只听，一言不发，内心定是无限的悲伤。父亲最后说历代皇陵岂不是毁的毁，盗的盗，能保全多久，何况一位尚书之墓呢！父亲这一席话含意很深，深刻地印在我脑海之中。

第七章

全家游北京

1918 年夏，父亲两次上北京，前后逗留近两个月。第二次我们全家同往，在京一个月。那是我第一次去北京，虽然岁月已历七十余年，但许多见闻记忆犹新。根据父亲日记中留下的线索，追忆那次难忘的北京之游。

北上的缘由

那时父亲任商务印书馆经理，主持日常公务。1918 年夏他北上所办之事甚多，主要为北京分馆购地建屋（即琉璃厂新屋）、借印《道藏》和整顿改进天津分馆业务等。据父亲日记记载，6 月 13 日"晚动身赴南京"。翌晨抵宁，冒雨入城购买志书若干种。午后渡江乘车继续北上。15 日到天津新车站，下榻于商务津馆。在津期间与同仁谈有关人事、奖励金和销售等事，并电邀总馆周锡三来"演讲西书推行事"。父亲在天津五天，除处理津馆公务外，还出门拜客、应酬。与梁启超晤见两次，商谈梁编史稿事。应王君九约在其寓所午饭。王出其远祖文恪公遗像、遗墨及同时人所与书札。又出示黄荛圃题跋、姚广孝《道余录》一册。父亲当场借得《道余录》，拟印入"涵芬楼秘笈"。除梁、王外，又拜访方药雨。方出示墓志类叙稿、宋钦宗授玺图，极精，劝其速印，并约其八九月间来沪。父亲随时注意搜集值得流传的史料、名贵的艺术精品，巩固和发扬商务印书馆一贯出好书的声誉。父亲日记有些琐事记得颇详，如上海到南京火车票价10.80 元，浦口到天津车价"交通京钞"（"交通京钞"系当时交通银行在京印的纸币，与银行差价甚大）38.05 元，又卧车 5 元。以及开车、停车时间等，不妨作铁路史料看。

6 月 20 日父亲到北京，住在北京饭店 19 号房。主要处理京馆之事，时蔡元培任北京大学校长，蔡特来旅舍谈：一是大学教员改订教科书，二是编通俗教育书。以上两项均由商务印书馆印行出版。父亲请蔡元培邀请北大教授座谈，到会者有陈独秀、马幼渔、胡适之、陈仲骞、沈尹默、朱逖先、钱念劬之弟号秣陵及李石曾。这样，商务印书馆与北京大学的关系有了牢固的基础。席间李石曾说，法国书业公共团体愿与中国出版业交换书籍。父亲以为"我寡彼众，且我书在彼无用"。李云他们愿意。父亲接受李的意见，并由商务赠送。李又建议商务最好编些浅近普通知识之书，供预备赴法侨工阅看。父亲以为这类书亦可供我国一般失学者之用，可以办得。这样一来，商务印书馆与法国同业建立了关系。

父亲正忙于与各方商谈公事，忽于 7 月 8 日得陈叔通、高梦旦信及电报，知李拔可病危。即复一电致拔可之弟李直士，询病况，并托京馆购车票。10 日起程返沪，11 日晚抵达，下车后直接到李宅，直士出见，知病情好转，方回家休息。翌晨再去李宅，直士言乃兄醒时忽明忽昧，又言危险已过，只需静养。

再次北上

由于京馆购地建屋和借印《道藏》诸事均未解决，父亲于一周后 7 月 19 日再次北上。这次母亲带了我和姊姊同往，大姐亦去。是日早晨六时许，我们到北火车站，乘沪宁路车去南京。午饭在车上吃，餐车供应西菜，用的调料、喝的红茶全是英国最有名的产品。下午二时半到南京火车专用渡江码头。我们下车步行上渡船，所带的行李交与脚夫（又称红帽子）挑上船，每件两角，每人付渡费两角，过江约一小时余。到浦口买津浦路车票。宁馆馆友到车站照料，并定卧车两室，每室两榻。天热口渴，父亲买来正广和汽水，那时叫荷兰水。我连喝两瓶。是夜天气甚凉有风，且下微雨。第二天下午四时半到天津新车站。下车换京奉路火车，晚八时一刻到京。从上海到北京须换沪宁、津浦和京奉三次车。行车 36 小时。这三条铁路全由英国人控制，可是各自为政，彼此不相干。

北京分馆经理孙壮（伯恒）先生等已在车站等候。我们就乘马车到北京饭店，在三楼开了 38、39 号两间向南的客房。母亲和姊姊一间，父亲和我一间。我第一次到北京，一切都十分新鲜，不仅马路、房屋与上海不同，连人们的穿着也两样，天气也比较凉爽。

北京饭店

北京饭店是法国人开设、建成不久的新式大旅馆，四层楼洋房，又处在热闹的长安街，比起东交民巷的六国饭店要新式、考究得多。一进大门是一间宽敞大厅，办理来客登记手续。东侧是会客厅，沙发桌椅排列整齐，供旅客休息或会客之用。西侧是餐厅，安放圆桌、方桌，每桌坐四至六人。如有盛大宴会，则按就餐人数另放大长台。北京饭店的西菜负有盛名，是正宗法国大菜，常有慕名而来的吃客。记得一个晚上四位外客进来，选了餐厅正中的四人方桌坐下，两男两女，女的一穿粉红旗袍，一穿淡绿，头上梳个满洲旗人的发髻。母亲说这是旗人上层妇女梳的，一定是满洲贵族。那时汉人穿裙，直至 20 年代旗袍才时兴起来。我和姊姊盯住这两个女人看，上海哪里看得到。

长安街是一条东西向现代化马路，可是旁边留出一条泥路，专行骡车。骡车是古老载客工具，车是木制平板车，上面盖有玻璃篷，左右两面各有一木轮，乘客须盘膝坐在篷内，车夫坐在篷外，手执一鞭。我常在北京饭店看骡车来来往往，心想它比马车慢，只可坐两人，而且要盘起腿来，多么麻烦。后来听说不久骡车禁止在市内行走，改为运输蔬菜，限在近郊使用。

几位来访客

到北京饭店来看望父亲的客人很多，如蔡元培、傅增湘等。来客在大厅，由办公室接待，将来客名片派员送上，父亲即下楼会见。有一天午饭后看见父亲在会客厅与一位老先生谈话，那人有些奇怪，一条灰白的辫子盘在头顶，惹人注目。身穿接衫，上身白夏布、下身是青灰色熟罗袍。这类接衫当时人常穿，父亲亦如此。夏季天热，穿接衫可以省去一件纱马褂，略为凉快。我好奇地走近去看他那盘在头上的辫子。父亲令我去见。他就是大名鼎鼎的北京大学洋文教授辜鸿铭。父亲7月22日日记有记载："辜鸿铭遇于膳室，约至客厅晤谈。"父亲与辜谈买书印西书事，如辜著的英美诗歌、英文正雅等。

父亲有一天晚上回旅馆，取出一柄团扇给母亲看，说是林纾（琴南）所送。母亲早已知道林的大名，母亲喜欢读林译小说，家里有两箱商务印书馆出版的林译小说。父亲6月27日日记应酬栏所记"琴南赠画扇一柄"，上有林的题词。我家还保存林琴南送父亲的一只铜墨盒，盖上镌有林的题词和一幅画。题词云：

> 候蛩凄断人，语西风岸，月落潮平江似练，望尽芦花无雁。
> 菊生先生雅鉴。弟林纾写赠。

可能与团扇同时所赠。此盒因是我家现存仅有的两件林氏赠物之一，所以与团扇一并记述于此。

中央公园与东安市场

到北京的第二天早上，父亲带全家到中央公园（今中山公园）。这里原是明清皇帝祭祀土地和五谷之神的社稷坛。1914年开始辟为公园，内有茶室，人们喜欢来此喝茶聊天。从中央公园出来，经西华门入故宫，参观武英殿古物陈列所。那时紫禁城还是清室小朝廷所占据。清室辟出紫禁城西南角的武英殿为古物陈列室，展出部分宫内珍宝。我们这次大开眼界。陈列的瓷器放在玻璃柜里，最为显著的有两种，一为红色，一为蓝色。红色称为妃红，从深红到浅红；蓝色称为"雨过天青"。另一室陈列品是用珠宝扎成的盆景，盆用白玉镶成。门票价格根据父亲日记值得一提：中央公园门票"每人铜元十枚"；西华门"每人票价铜元四十枚"；参观古物陈列室"每人交钞一元"。

几天后，全家游东安市场。市场在王府井大街。这里有些像上海城隍庙，商店鳞次栉比，店面不大，却各有特色。北京有名的工艺品绒花，用铜丝扎成各式各样，各种颜色的花卉，也有福寿字、双喜字样等。无论孩子大人都爱它。此外还有用牛骨染红做成的梳妆用品。各种颜色的绢花也是热门货。小吃店、食品店，一个接一个。进入东安市场好像进入迷宫，曲曲弯弯找不到出口处。竟要向商店伙计请教，他们很有礼貌地指点你如何出去。后来母亲又带我们去逛过几次，买了不少绒花、绢花及牛骨做的梳妆用品，准备回上海送人。

登长城

7月30日我们全家和崔奶奶、大姐赴南口。南口位于昌平县，是京郊一座古镇，京张铁路在此通过。早餐后，乘汽车至西直门火车站，买六张车票，每张五角。八时半开行，十时抵南口，投宿南口饭店。这家饭店是一座西式洋楼，为铁路所办。父亲开了向南的两间客房，每人每天食宿共计五元，仆人每天一元。饭时大雨，稍睡雨止。雇藤轿去明陵，父亲乘骡。父亲骑术不高明，从骡背上跌下，幸未伤，乃改乘轿。我们去的是明成祖永乐的长陵。规模大极，从牌楼至明楼轿子要抬半小时。大殿即祾恩殿，宏伟壮观，比我在长安街望见的天安门城楼要大得多。殿内有两排三人合抱楠木柱子，父亲和我从东数到西，每排12根。明楼后面拾级而上就是皇帝的陵墓。明楼中间竖立一大石碑，镌刻"大明成祖文皇帝之陵"。从皇陵下来，时已不早，即返南口。

晚饭后双亲和我们坐在阳台上乘凉，三面环山，正面山高，是燕山山脉西端，愈向西山谷愈狭，地势愈险要。我们看一列一列的火车来往，父亲说向东的是去京城，向西的是去张家口。他谈到京张铁路的设计者詹天佑，詹公安徽婺源（今属江西）人，生于咸丰十一年（1861），12 岁考取公费赴美留学，毕业于耶鲁大学理工学院，在我国铁路建设上作出重大贡献。父亲特别提到他的发明，即列车之间的自动挂钩，为中国人民扬眉吐气。

第二天早晨，全家去游长城，从南口乘火车到青龙桥站，出站就望见长城在山脊上起伏蜿蜒。从车站到八达岭有一大段路程，而且是上坡路。父亲已先在南口饭店预定轿子两乘在站相候，母亲带了我们坐轿，父亲步行。长城虽然伟大，但到处断垣残壁，杂草丛生，四周黄土山峰光秃秃没有树木，颇有荒凉之感。父亲爬到一烽火台，带回一块长城砖留念，砖上有花纹。带回上海放在极司非而路寓所花园的花坛旁。

汤山温泉沐浴

从长城回南口，耽搁一宵，次日去汤山。汤山在昌平县境内，是我们郊游的最远处。汤山又称"小汤山"，以温泉著称。泉水有丰富的矿物质，温度在 50 度左右，对治疗皮肤病、关节炎等均有良好效果。明清两代汤山温泉为皇家行宫。我们乘汽车到汤山饭店，开三间客房，室内有浴池，厕所亦洁净。浴池之水引自温泉，温度适当，水流清澈。浴池很深，两级石阶，卧在其中，仅露出头部。每天我们都要在水中泡上两次，午前一次，晚上一次，非常舒服。饭店后面有龙王庙，庙之北侧是皇室行宫，亭台楼阁，古木参天，风景幽雅。

在此父亲遇见一位熟人——林长民，带了姨太太和一个小女儿。林是福建人，常住北京，任张作霖的幕僚。

在汤山住了三天，雇车至玉泉，住玉泉旅馆，开两间卧室，终日大雨，闷坐旅馆两天。第三天放晴，父亲即欲入城处理公务，顺路游了万寿山（颐和园）和三贝子花园（今动物园）。为时匆匆，对两处印象不深。

许氏舅姨家

父亲很忙，不能同母亲和孩子去游览。母亲在京的许氏亲戚不少，既来了北京总应拜访会晤。记得第一家拜访的是母亲重堂兄汲侯大舅。他住东总布胡同玄通观，有三个儿子：宝驹、宝骎，第三位名字记不起来。宝驹大表兄在杭州工作，后任浙江省财政厅高级官员。俩表弟后来在清华大学读书，都成了有名的数学家。汲侯大舅的住房不大，典型的北京四合院，时身体不很健，说话亦不多，而大舅母很能干，十分健谈。重堂姨母共有六位，均系汲侯大舅的嫡亲姊妹。大姨母故世较早，我没有见过。在京的有二姨母、三姨母和六姨母。二姨丈王啸侯，很有学问，写得一手好字，时在京任一小京官，家境清寒，抗战时期迁居上海，二姨常来我家，与母亲交往甚密。三姨丈钱能训（干臣），浙江省嘉善人，在徐世昌总统期间任国务总理。他们的住所是一大院落，但室内陈设并不考究，家具、摆设、墙上的字画都很普通，与国务总理的官衔大不相称。三姨母见了我们很高兴，拉着母亲的手说，您这次来不容易，大家应多见见面。记得三姨母招待母亲两次。第一次看京戏。在一家老式两层楼戏馆，楼上为包厢，场内摆有方桌，看客围坐方桌的三面，每桌坐六人，桌上放有瓜果点

许子宜与张树年合影，摄于上海极司非而路老宅后花园

心茶具，堂倌经常来冲茶。所演剧目只记得两出：一为曾任内廷供奉著名青衣陈德霖的《六月雪》。这是一出传统唱功戏，一人唱到底，有深厚功底的才能唱得好。但我感到一个老头儿扮青衣，穿了大红袍，很别扭。另一出是梅兰芳演的《黛玉葬花》。梅出山不久，扮相极美。在戏台右侧出场亮相，手拎花篮，肩上扛一小花锄，动作轻盈，很是漂亮。三姨第二次招待是在什刹海某京菜馆，是姨母派一辆敞篷汽车来接我们去的。几位姨母都到，另外好像还有俞氏六姨母的大女儿和三姨的女儿两人。当时的什刹海是北京有名的游戏场所，饭馆、戏馆都全，十分热闹。六姨丈俞阶青系浙江德清俞樾之孙。他住南小街老君堂七号。世代书香，学人辈出。表兄平伯当年尚幼，小名"和尚官"。六姨母年龄较轻，好客，常邀母亲去玩，我们随往。俞家大姐为郭侧云（号啸麓）的夫人，系姨丈元配夫人林氏所出。郭系福建人，是父亲通艺学堂同学，当时任徐世昌大总统的秘书长。大表姐是郭的续弦夫人，曾邀母亲去她家，不仅住房宽敞考究，大门口站有好几个当差，可见其门禁之森严。

母亲几次邀请几位姨母和郭氏大姐来北京饭店茶叙，向饭店预定西点若干客，坐在卧室闲谈，也眺望长安街和东交民巷的景色。姨母们虽久居北京，但在北京饭店客房茶叙，尚属初次。大家有说有笑，喜悦万分，尽兴而别。

在京最后数日

父亲从汤山、玉泉回京之后，忙于处理公事。偕傅增湘访白云观陈毓坤道人，商谈关于印行《道藏》事。归后在旅馆拟成承印《道藏》契约，送傅阅看，附去一函谓："最好乘弟在京时定议，可省却许多周折。"

为涵芬楼购置善本书，在鸿宝阁购得《宋史》两本（元版）、《晋史》两本（翻宋本）、抄本《筠溪集》两本、《口谱集》五本、《云川阁集》两本。偕京馆孙伯恒至前门外大齐家天华锦缎庄观看端宅藏书，选购明嘉靖本《临川集》、天顺本《居士集》39册（缺一本）、抄本《金陀粹编续编》22 册，又《魏鹤山集》24 册，共 500 元。翌晨再去天华锦缎庄，询问所藏各书拟全数统购，其价若何，答谓二万有奇，亦可酌减，遂请其开示详目。

去崇文门内喜鹊胡同 4 号访福开森（John Calvin Ferguson，美国人，曾任上海南洋公学督学，1899 年接办《新闻报》），观其所藏字画，承出示沈石田梅花、九歌图、演乐图、勘书图、右军墨迹、宋名人 16 家真迹，共六件，以演乐图为最精。父亲在南洋公学任职期间，与福开森在推行教育改革上意见有分歧，因而辞职进商务印书馆，但私交仍保持良好。

其时，在京的通艺学堂同学尚有二三十人，知道我父亲在京，不日即将离去，就约在中央公园茶叙并照相，到者林胥生、郑沅（叔进）、姚大雄（俪桓）、黄敏仲（步军统领）、林朗溪、夏坚仲、雷曼卿、毛艾孙、戴芦舲、曾孟海（叔度）、陈钧侯、陈征宇、郭啸麓、王书衡、吴鞠农、范赞臣、夏虎臣。未到者孙宇晴、王希尹、冯玉潜。

父亲在百忙中，曾抽半天时间陪母亲带我和姊姊游北海。北海位于紫禁城西北，系三海中最北一个，1915 年辟为公园，因筹划费时，到 1922 年才正式开放。父亲托傅增湘介绍于徐邦达，请派一差弁导游。记得我们一早乘汽车前往，进入大门沿北海西边开到五龙亭下车。五龙亭建在水中，五亭之间有石桥连接。亭之西北有"小西天"，又名"极乐世界"。殿内有大大小小泥塑甚多，父亲说都是佛教故事。从"小西天"出来，向南望见山顶上的喇嘛白塔，我就想起每天在北京饭店三楼下面转弯处从三扇大玻璃窗向西望见的这座白塔，原来就在此地。这塔在琼华岛山顶上，建筑物甚多。山高，我们没有上去，乘原车回饭店。父亲酬谢导游京钞两元。

在京最后三四天，父亲天天外出，向友好辞行。晚上与京馆计算在京支用之款，须分公用和私人支借。又与北京饭店结算住房费。另外酬谢卧房茶房（今称服务员）30 元，洗厕所加 2 元，饭厅茶房 20 元，均为现洋。8 月 25 日自京起程，翌日晚到家。

关于崔奶奶

　　崔奶奶是南仲二舅的奶妈，北京人。父亲 7 月 1 日日记写道："外家女仆崔媪来见，给予十元。"此人是个当面一套，背后另一套，喜欢搬弄是非的人。外祖母在庚子前全家迁到上海定居，住宅好像在后马路（当时称北京路为后马路，因在南京路的后面）一个大院落。我家住在西华德路（今东长治路）隆庆里一幢三楼三底的石库门房子。一切家用都是东拼西凑的旧东西。外祖母有时烧了些菜肴令崔奶奶送来给母亲吃。崔从大姐那里打听我家平日伙食。大姐来自许府，当然认识崔奶奶，就说我家常吃牛肉。崔回去禀告外祖母说，送去的菜对姑奶奶真实惠，他们不吃鸡鸭，连猪肉也不常吃，只吃些便宜的牛肉。许府上上下下对这穷书生谁也看不起。

　　宣统二年，父亲去欧美考察教育出版事宜。夏季母亲患伤寒症，病势严重。南仲二舅来探问。母亲说自己病不轻，子女又小，菊生在国外，一时不能回来，没有亲人在沪，希望他最好暂缓去京，待她病情有转机再动身。南仲说，此去为售灵清宫住宅，一切都已讲定，票也已买得，不能改期。这段情况只有母亲最亲密的友好徐干娘知道。母亲病中干娘常来探问，极为关心。

　　1918 年父母亲同往北京，把崔奶奶找来北京饭店。崔见了母亲当然要问起由她喂大的二爷的近况。母亲讲了八年前急急来京售去灵清宫的大院，卖得多少钱不便问。那时外祖母已去世多年，二舅从后马路搬到牯岭路，租赁一幢五上五下的走马堂楼，续娶湖州南浔富商邱氏的八小姐，同时又纳妓为妾，买了马车代步，晚上去私人开设的小型赌场，还与不三不四的女人瞎混。恭慎公遗下的 30 万家私恐怕已经花完。现在嫡出有两个儿子，庶出两男两女。姑老爷答应男的大学毕业，女的中学毕业，学费全部由他承担。崔奶奶听了这番话，心酸一阵，泣哭起来，或许有些内疚，心想无人瞧得起的穷书生竟有翻身之日。

　　母亲留崔奶奶住在北京饭店，还带她去长城、玉泉等处，回京时坐了汽车。我常听到她在母亲面前唠唠叨叨地讲奉承的话，说托姑老爷、姑奶奶的福，我这老婆子乘过火车，坐上汽车，住在大洋楼，天天吃鱼吃肉吃白米饭，没有白活这一辈子。我们回上海前母亲送她 20 块银元和两段衣料，让她家人接回去。以后就不知这位崔奶奶的下落了。

1921 年父亲在京两事

（一）在京晤美国教育家孟禄博士

美国著名教育家、哥伦比亚大学教育学院院长孟禄博士（Paul Monroe，1869—1947）来华调查我国教育。父亲受商务印书馆董事会之嘱，于 1921 年 9 月 17 日偕英文部主任邝富灼（耀西）同赴北京，准备邀请孟禄担任顾问。在父亲与邝到京之前，董事兼储才部主任郭秉文（号鸿声、洪生）已先抵达。由郭与孟禄谈商务的意图，并约定 21 日在北京饭店会晤。父亲与孟禄寒暄后，即谈了我国教育体制尚未上轨，20 年的改革亦未见成效，今世界大势变更，不能不急图改良。商务教科书约占全国教科书发行量的七成，自觉责任甚重，愈感兢兢。邝主任介绍商务各类教科书的大略。孟禄就编书方针、内容、成本、销数、版税等提出问题，并云"须视四个月调查事毕，方可将意见陈述，略为赞助"。

会晤之后，父亲与郭秉文、邝富灼对孟禄任职后的几个问题，如期限、酬报、在华游历膳宿、旅费等，进行了研究。

（二）患病住院*

父亲于 9 月 26 日与邝富灼去汤山游览、休息，寓汤山饭店。时堂兄树源在京工作，陪往。是日父亲臀部生一小疖，竟不能坐，入夜痛甚。28 日邝富灼回上海。父亲疖痛如故，由树源陪赴中央医院。住院三天病情转剧，就转到东交民巷的德国医院。德医克利医术高明，认为小疖生在臀部的重要部位，实际是痈疖，如毒向下，可以流入大血管，极为危险。柯师太福医生在上海得知后，极为关切，每天与克利医生通电报（那时没有长途电话），掌握病情变化。有一天柯师医生来我家，告知母亲关于父亲之病的严重性，建议立即准备带领我去北京，真有"诀别"之意。母亲惊恐万状，预备了必需的行李，并邀徐干娘来寓照顾。幸亏第二天柯师医生又来，说父亲臀部小疖动了手术，将毒汁清除，危险已过，可以不必去京，全家松了一口气。父亲于10月23日返家。

第八章

第一次回家乡海盐

父亲出生于广东，清光绪六年 14 岁随祖母谢太夫人回家乡海盐，住虎尾浜故居，延师读书。光绪十八年 26 岁晋京会试，中试点翰林。以后就留京任职。父亲在家乡住了 12 年，在他一生中仅占八分之一时间，可谓短暂。但是，他对家乡，对张氏宗族有深厚的感情。他一生为张氏家族办过三件事：一是修族谱，二是建祠堂，三是建公墓。

修族谱

海盐张氏的族谱始于明天启四年（1624），岁次甲子四月。第一次重修于清康熙五十八年（1719）夏，第二次重修于道光九年（1829）仲秋。光绪十三年八月，家族中有人发起第三次重修，谱成后因绌于经费而未印，直到光绪二十五年四月书才印出。重修工作父亲没有参加，但印成与父亲有关。父亲与前辈族人共九人共同署名的《宗谱告成记》中有这样一段文字："丁亥本因己丑（1889）后，荒歉频仍，捐款或有中止，先辈又相继殂谢，几无人经理其事，迁延至今已十有二载，甫得告成，亦吾族之幸事也。"

1920 年，父亲发起第四次重修。父亲把重修族谱与建宗祠同时提出，并请堂兄元勋（字仲友）担任修谱调查主稿和建筑工程监察工作。张元勋

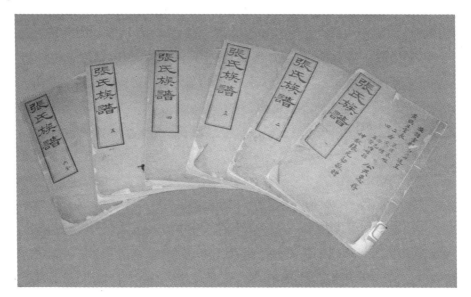

《张氏族谱》

我称他荣伯伯，秀才出身，办事认真，修谱主要由他主持。

　　父亲除发起外，还做了些调查工作。我曾听父亲说过，海盐张氏有一支迁往西北，情况不明，因此他委托商务印书馆西安分馆在当地报纸上登广告。大意为：海盐张氏现拟重修宗谱，希望族人提供辈分、经历、家庭及子女情况，以便刻于谱内。结果如何，无记录可查。

　　族谱重修脱稿后，由于时局不靖，延搁多年，直至1934年才印出，十余年间的内容核实后补入，如我的女儿珑的名字亦在其内。族谱封面题签"海盐张氏族谱"用隶书，扉页用楷书，均出于父亲手笔。元勋伯有一篇跋文记述重修宗谱原委甚详。全书共六册。据书后所附资料记载，印族谱由族人集资银圆483元，其中父亲捐100元，另捐1920年"第一次开办调查费"88.40元（西安登广告就用这笔款项）。纸张、印刷费494.10元，缺款11.10元由堂叔元杰垫付。凡族人领谱，每部收成本费5元。据此推算，当时共印100部。

建宗祠

在重修族谱的同时，父亲又建议建造张氏宗祠。

为什么建宗祠，建祠经过怎样，父亲有一篇跋文，刊于《张氏宗祠第一届征信录》（1920 年 11 月 10 日），可以说明。此文《张元济诗文》和《涉园序跋集录》均未收入，现抄录如下：

> 光绪戊戌政变，元济被严谴，奉母南下，侨居海上，从事商业二十余年。赖先人余荫，稍获温饱。追维慈训，思于敬宗睦族之事有所尽力，因议建设宗祠，罢各支轮管祭产之例，悉举所有，归宗祠管理。族中长老咸韪其说，乃赎回永思公祭旧宅，俾元济捐资修葺，并增建房舍若干，公推从兄元勋董其役。经始于庚申仲夏，秋末落成。从兄钩稽出入，制为是录。族众复核，佥曰可信。因印行之，以备考焉。
>
> 二十一世　元济谨识

"追维慈训"和"敬宗睦族"，是父亲发起建造张氏宗祠的宗旨。

张氏宗祠选址于海盐城内大街杨家弄西。这里原来是张氏永思房祭业，称作徐家牌楼（大约是很早以前的名称）。光绪六年由前族长源溥抵押于懋德四房大任，计钱 143000 文，旋由大任垫款翻造。后由父亲出资 300 元赎回，归为宗祠所有。后来又在这座旧宅基上修葺，并增建几间新屋。自 1920 年 6 月开工，经一年告竣。全部造价为 4276.74 银圆，《征信录》还有工程决算表。

所谓祭产，是家族用于祭祀祖先、抚恤族人的公产，如田亩、房屋等。以前各支管祭产，不免发生经济纠纷，影响和睦。父亲有感于此，建议自宗祠落成起，祭产由祠堂集中统一管理。为使之合法，特呈海盐县政府批准立案。

祭产、祭田全部划归祠堂后，消除了以往分散管理各自为政的流弊。

经费统一管理，用于修缮祖辈坟茔及安排族人的抚恤和子弟教育费等，得到族人的普遍赞同。

宗祠章程和图书馆

父亲常常戏称自己是制定规章制度的"专家"，商务印书馆的许多规章条例都由他亲笔起草，一手创建。他常以所起草制订的规章条例严密、逻辑性强而自豪。张氏宗祠有一份章程，同样出自父亲的手笔。章程共六章二十九条，主要内容有总纲、奉祀、祠产、恤养、职掌、禁制、附则等，从建祠宗旨、经费收支到具体措施，无不一一列出。此外还有关于入祠、祭祀、墓祭、值年办事、管理祠产、抚恤、聘用职员、会计、出纳九项细则，规定尤为具体。

关于经费使用，章程规定很详细。首先用于祭祀，一年大祭、常祭各两次；其次用于坟茔修葺；再次用于恤养族人亡故和孤寡无依的贫困者。关于子弟教育经费，章程亦有明确规定。据《张氏宗祠第二届征信录》（1921—1922）载，获教育费者共 11 人，分别在上海澄衷中学、浦东中学、华童小学、嘉兴第二师范学校，以及本县培风小学等学校肄业，一年共贴补学费 390 元（约合当时食米 65 石）。父亲一向以"扶助教育"为己任，建造宗祠，有专款用于子弟教育经费，也说明了这一点。

设立图书馆是宗祠建设中的另一创举。父亲对图书馆一向极为重视，建造宗祠时，特地在二楼辟出三间房，设立阅览室。第一年父亲就捐赠各种图书 812 种，共 2926 册，以供族人浏览阅读。据我所知，父亲后来常常向宗祠图书馆捐书，其中以商务版本为多。江苏常熟藏书家瞿启甲自行印刷《中原音韵》，他致信瞿氏，求得一部置于宗祠图书馆内。阅览室还订有《申报》《新闻报》《时事新报》《浙江日报》以及海盐当地的小报。报纸都放在大方桌上，供族人阅览。

祠堂楼上还设有一间展览陈列室，悬挂各种字画。据《征信录》载，有杨龙时山水立轴，何子贞行书屏，翁同龢大"虎"字，黄道周草书立轴，汪退谷九言对联，祁隽藻八言对联等。名家字画，琳琅满目。一个家族祠堂，能收到这么多名家作品，是很不容易的。

宗祠大祭

张氏宗祠于 1920 年 12 月 5 日落成。父亲回乡主持仪式，并献《张氏宗祠落成祭文》（《张元济诗文》收有全文，这里不再赘述）。

宗祠落成仪式我未参与，情况不详。翌年清明，我随父亲回海盐扫墓，并参加宗祠大祭典礼。我当时 16 岁，第一次回海盐，印象特别深。这次海盐之行，父亲日记中有记载。1921 年 4 月 2 日："本日回海盐。"4 月 16 日："本日由海盐扫墓返。"记述极简单，其实在海盐两星期，事情很多。

我记得去海盐那天一早，父亲带我从梵皇渡附近的火车站（即沪杭铁路上海西站，今长宁路火车站）乘火车到嘉兴，再搭乘海盐班小火轮，经沈荡、欤城两镇。沈荡镇有一座大石桥（今还在，为海盐一处名建筑），很高，小火轮从桥下穿过，我感到特别新鲜。近黄昏时到达海盐大虹桥码头，上岸后步行到姑母家冯三乐堂。冯家住宅很大，有四进，依次为轿厅、茶厅、大厅和堂楼。姑母住在茶厅东首东馆（东馆实际上是茶厅东侧的书房）。我们去后，姑母让给我们父子俩住。冯家有四房，姑母是大房，姑丈冯通伯 1906 年病故于上海闸北长康里我家寓所，当时我还未出生。二三房只有寡媳，只有四房子媳双全。"四老爷"体弱多病，不常出门。父亲到了之后，他出来寒暄应酬一番，没有多少话说。我初次到姑母家，跑前跑后，倒很有劲。我观察三乐堂房屋，感到很奇怪，四进大院，三进是空的，只有堂楼住人，四房三代约二三十人都挤在这两层十间房内。中国旧式住宅设计是多么不合理啊。现在这第四进堂楼尚存，由海盐县文化部门修葺一新，陈列了书画作品、工艺品等，与绮园一起对公众开放，成为县内文化生活的一个重要场所。

到了海盐，天天随父亲拜客，走了许多人家。记得父亲到祠堂与元勋伯商谈清明节祭祠安排，我在一旁听他们谈。元勋伯虽是老秀才，却懂得测量、绘图、计算那一套，在建设方面颇为内行。宗祠改建仅用了四千多元钱，全靠他的筹划。宗祠围墙颇高，大门两旁有一对大石狮子，雕刻精细，乃涉园旧物（今移至绮园门口）。大门上悬挂"张氏宗祠"金字匾额一幅。平时大门关闭，从边门进出。宗祠面对城河有座照墙，墙东西两侧有平台石埠，供船只停泊。围墙内是天井，墙旁有假山，花草繁茂，像个小花园。第三进是五开间楼房，两厢房分别为办事室和会计室，中间三间有桌椅，备族人来祠休息之用。后面屏风上有父亲楷书的《窀园公家训》，两旁挂有宗祠章程，白底黑字，也为父亲手笔。祠堂最后一进是享堂，中央高悬金边朱红漆底蓝字大匾，上书"清河世望"四个大字，为徐世昌所书（徐在民初任大总统，此匾系父亲去北京时求得）。堂正面有正龛、左龛、右龛，两旁各有偏龛，都供有历代祖先神位。龛前各置祭台。享堂旁有一小门通后园。那是一大片桑园，约三亩。

按祭扫规则规定，每年大祭两次，一是清明节，一是"十月朝"（十月初一）。春节和七月十五中元节是两次常祭。我参加的是清明大祭，又值祠堂落成不久，仪式格外隆重。上午十时开始，族长主祭，值年助祭，合族以辈分排列行礼。我记得有五六排，父亲站在第三排，我是第四排。堂内红烛高照，香烟缭绕，气氛庄严肃穆。父亲读祭文，读毕行跪拜礼。祭祀结束，全体参加者会餐。

清明扫墓

清明祭祀后，开始到祖宗坟上祭扫。附近的几处步行前往，远处则坐船。记得有一天，经过城南一处地方，林木参天，郁郁葱葱。父亲说这就是涉园，可惜现已荒芜多年了，从明代到现在，三百多年，树木怎么不高大茂盛呢？父亲特地弃舟登岸，领我踏勘这片故地。走近涉园，我就感到空气特别新鲜，树高叶茂，浓荫蔽日。只是除此以外，再也见不到当年的盛景了。园内有几间破屋，一些贫苦的族人还住在这里。园池早已废圮，亭台楼阁更是荡然无存，比父亲少年时见到的更为荒芜。父亲告诉我前几年得到的一枚"家住城南乌夜村"的印章，就是住在此地的族人从废墟中挖出的。父亲说，从其古朴的字体和无印钮等装饰看，很可能是大白公或螺浮公时代的遗物。父亲十分喜爱的这枚印章，至今犹由我保藏着。

螺浮公墓，在尚胥里南，墓前有一对华表，墓后数百步是螺浮公祠堂，供有神位。祖父德斋公、祖母谢太夫人墓在澉浦翠屏山（今海盐南北湖相近），坐船，约二三个小时才到。伯父元煦、四叔元瀛的墓在祖父墓一侧。其他祖先的墓葬很多，祭扫大约持续了三四天。父亲祭扫祖先墓十分虔诚，每到一处必跪拜行礼。

在海盐住了十多天，家乡见闻可谓不少。城内只有一条东西向的大街，很窄，过去用轿子，我去时已有黄包车。大街自东向西，有几处大户人家的院落。第一家是徐家大房，接着是徐二房、五房，最后是尚书厅，即徐用仪的故宅。尚书厅西是朱家，朱少愚（名字可能有误）家财富足，住宅建设恐为全县第一。朱家房屋没有保存下来，只有一棵古罗汉松现还矗立在海盐宾馆园内，至少有一二百年的树龄了。过朱家往西就是冯三乐堂，房后有一座花园，即绮园，园虽不大，布置却十分精致。据园林建筑家陈从周先生说，这座花园在江浙一带可称名园。

张氏宗祠在抗战时期毁损近半。解放初土改运动时，工作队进驻，房屋结构有了大的变动。据当时在场的海盐人士说宗祠所藏的图书、字画、账册、文件以

家住城南乌夜村印章

及祖宗的神位，悉数被堆在天井内焚烧，烧了不止一天，石板也烧得灰黑了。宗祠房屋陆续拆建。沿街房屋建成二层楼市房，开设商店、银行、菜馆和旅馆；第三四进做居民委员会办公处；最后一进二层楼，现在是教师宿舍。岁月沧桑，世道变迁，本是可以理解，最可惜的是那些珍贵的图书、字画，这是文化积累，何罪之有？

创建合族公墓

修宗谱、建宗祠后不久，父亲又提出创建张氏合族公墓。这在当时交通闭塞、风气未开的海盐，是一创举。父亲的创议来自于他一贯主张改革中国殡葬制度的进步思想。前面说过，1910 年他曾亲睹英王丧仪，后来在杭州茅草山看到外祖许庚身公墓地的凄凉状况，都是他提倡薄葬、改革丧仪的思想来源。当然，创建张氏合族公墓的直接原因，还是来自当时家乡的实际情况。

父亲常回海盐，发现家乡停棺（亦称"浮厝"）现象极为普遍，到了令人吃惊的地步。父亲对浮厝不葬的原因作了分析："民智蔽塞，惑于风水之说，吾邑尤盛。欲葬必先卜地。地师曰吉，则其值颇昂。力不逮者辄逡巡而止。起视郊原，浮棺累累，时见骸骼，令人神悸。即余同族未葬之棺陈于殡舍者，已五六十，其未为余见者，更不知凡几也。"（见《张元济诗文》，第 372 页）对于送殡仪式，父亲亦做过猛烈的抨击："至于举殡亦惟以浮夸相尚，仪仗虽废，代以他物，旌旆飞扬，箫鼓杂奏，乞儿千百，列队前驱，招摇过市，观者啧啧。凡此皆囿于虚荣之念也。习俗既成，群堕彀中，且以为非是于心有慊。此虽一人一家之事，然实社会之病。余以为亟宜湔袚。"最后父亲引了孔子两句名言："礼与其奢也，宁俭。丧与其易也，宁戚。"（见《张元济诗文》，第 374 页）

基于上述思想，父亲向族中尊长建议创立张氏合族公墓。承尊长赞同，公墓选在城南乌夜村西侧红木桥西塊，即涉园遗址之西。由季辅叔祖出资购地，父亲出资建筑。工程仍邀元勋伯主持。基地共 16 亩，另基地西侧有 11 亩 3 分，后来由族人笃心、廷臣购捐，以备扩充。

墓地的设计、布局悉由父亲一手操办。族谱印有公墓平面图。墓地四周开了一丈阔的河道，沿河种上香樟树。进门为享堂三间，堂东西两侧种植松树。墓地中央辟一条通道，中间有花圃。通道将墓地分为东西两片，每片再划为两排，每排有 48 块，每块两穴，共 96 穴。每穴均编号码。在公墓的规则中，明显地反映出父亲对殡葬改革的思想。其中包括：亡者不论男女长幼、富贵贫贱，均可入葬；明确限定墓葬的高度及纵横尺寸，不得超越；入葬者不分贵贱，一律按宗祠统一编定的穴号循号就穴；号召薄葬；破除迷信，不相度风水、不选择方位日时等；严禁停棺不葬。

父亲创建公墓，提倡薄葬，为海盐县树立新风。张氏公墓来葬者不绝，12 年间，共接纳棺柩二百余。此后，县内大姓冯氏、徐氏也纷纷效仿，相继建起公墓。1929 年海盐县府也在南门外购地 17 亩，建造了全县公墓。

公墓周围的香樟树，解放时已长得十分高大。1958 年"大跃进"时，海盐两个颇有权力的人来找父亲，说要砍掉这些树，用于制作水车。那时父亲已病住华东医院，不管这事了。树砍下后是否真的作水车材料，我不知道了。这座曾起过破除迷信，提倡薄葬，扭转全邑旧丧葬陋习的张氏公墓遂被夷为平地。

第九章

第二、第三次回家乡海盐

　　1922 年清明节，我随双亲第二次回家乡。父亲在日记中有记载："四月三日午后三句钟回海盐省墓，挈眷同行，赴海宁谒文忠公墓。"4 月 17 日记："四月十五日午后七钟自海盐返沪。"这次返乡共 12 天。

坐游艇返故里

　　父亲为商务印书馆在南方设印刷厂事，于是年 3 月中旬赴香港、广州考察。经过半个多月的实地调查研究，于 4 月 2 日返沪，即向公司提出一份报告，主张在粤省设印刷厂，先在广州租屋开办。而从长远计则应以香港为宜，利用其无税之便，同时提出具体购地建厂计划。这是商务历史上的一件大事。

　　父亲在向公司提出报告的当天下午，就领全家回海盐扫墓。母亲与父亲结缡后，这是第一次回海盐，因此格外隆重。我和姊姊同行，女仆大姐亦带去。父亲事先向柯师太福医生借了他的游艇。时洋人备有私人游艇的很多，集中停泊在四川路桥附近的船埠。我们动身那天，柯师医生船已摇到老垃圾桥内河轮船码头（在苏州河浙江路）挂上去嘉兴的夜班轮船。我们到码头即上船，夕阳西下开船。这只游艇相当大，亦很精致。船头是舵房，船后是厨房，侧面有两小房间。主舱很宽敞，两边沿窗各有一排沙发，中间有方桌，另有几把椅子。沙发可以折叠，放下即成四只床铺。晚饭在主舱吃，方桌上面挂一汽灯。饭后不久即睡。双亲和姊弟四人各占一只沙发床。

第二天一早到嘉兴，阴雨。父亲冒着蒙蒙细雨，上岸访王甲荣（步畇）先生，接洽编辑《槜李文系》事，未遇。后来父亲回沪后去函，提及此事。午前父亲归来，我们在船上一同进午餐，后即启行，用放在船艄带来的小汽艇拖行，速度倒也不慢，从南湖向东南驶，经沈荡、欤城到海盐。沈荡附近，汽艇发动机发生故障，停在河边修了好一阵，因此延误了抵海盐的时间。

船停在大虹桥塊，上岸行数步就到冯姑母家三乐堂。姑母率领儿、媳，开了正门等候多时了，见我们到来非常高兴。姑母的三房妯娌带了女儿、媳妇和老妈子、丫鬟随在后面迎接。时已上灯，每人手持蜡烛或煤油灯。那时海盐没有电灯，暗得面对面也认不出是谁。但迎接我们的烛光却照得通明。姑母引我们到她住的东馆。晚饭后，姑母让出东馆给父亲和我住，她则陪同母亲和姊姊到堂楼厅就寝。

赴海宁扫始祖墓

第三天，我随父亲外出拜客，主要是族中尊长。我称曾叔祖（张氏第十九世）的有两位，一位我称他六太太（已查不出名），一位称元太太，名骏、字元龙、号仲良，后来当张氏族长，与父亲交往较多。称公公祖辈（第二十世）的有南侨（名端方）、幼仪（名德培）、季辅等。称伯叔的则更多，其中最熟的当然是元勋（荣伯伯）。父亲每年回乡扫墓都与元勋伯商量行程。今年主要去海宁祭扫始祖文忠公墓。

记得去海宁那天，大家一早到宗祠集合，坐船前往。父亲邀辈分最长的两位曾叔祖和幼仪、南侨、季辅叔祖及荣伯父等乘柯师医生的游艇，其余则乘另一只船，共二三十人，并带了祭菜。这次游艇不用汽艇拖，雇了四名船夫摇。海盐河道比较狭，用游艇不方便，再说去海宁路不远，文忠公墓在海宁县城西约三里许，一早开船，中午可到。墓前有坊表，墓地不小，约三亩，墓后有数十株高大的古树。大家行了礼。祭罢去县城内稍稍浏览，即上船回海盐。

虎尾浜故居

在海盐有一天父亲带我去拜见大伯母。从冯三乐堂出门，过了大虹桥，沿一条弯弯曲曲的小巷，来到虎尾浜。这里是祖母当年率领全家由广东迁回家乡后购置的一所旧屋。父亲在这里生活了 12 个年头。我多次听父亲讲过故居的种种情形，特别是祖母勤俭治家、教育儿辈的嘉言懿行。

伯母迎接父亲，称"二兄弟"。谈起家常，父亲问伯母健康否，经济有无困难，并告诉她树源即将去美国留学深造，为期二三年，请伯母放心。伯母对父亲抚养其子，深表谢意。

父亲领我去看故居，房屋已十分破旧。父亲对轿厅特别注意。当年他读书的地方就在这三间堂屋，先就读于同邑廪生查济忠。祖母谢太夫人对儿辈读书从不懈怠。闻同邑朱福诜先生"丁忧"回乡之机，虽家境衰微，仍聘朱来家教读。后来，父亲学业大进。轿厅前有一小花园，种两株桂树，一金一银，树龄有百年。每当开花时节香溢四里。

最后一进是堂楼厅，楼上房间都空关着。大伯母雇一女佣住在底层厢房。堂楼厅后面有一座高墙，房有小门通往桑园，种满桑树。海盐向来是蚕桑之乡，很多人家都有桑园，自己养蚕，伯母是位养蚕能手，每年养几张蚕种，结茧后还缫丝，然后请人来织绸，一部分自用或送人，一部分出售贴补家用。那时有走街串巷来自湖州的织绸师傅，专门代客织绸。伯母姓金，老家在欤城。她常去欤城，住上三五天。家中尚有兄妹，他们来县城买东西，就耽搁在虎尾浜。这就是旧时海盐妇女们的生活吧。

吾氏舅父家

从虎尾浜故居回冯三乐堂，路过一所住宅，父亲说这就是吾氏舅父少汀先生之家。我们就进去，舅父出来迎接，稍坐即回。父亲与元配吾夫人清光绪十五年结缡，翌年二月初六日吾夫人病逝，年仅 24 岁。以后父亲每次回乡，总去吾家会晤，张吾两家关系依旧亲密。

吾氏舅父名鸿墀，字少汀（1870—1942），舅母金氏（1873—1935），有两子：长子家驹，号漱生（1896—1939），上海圣约翰大学毕业，长媳吴氏（碳石吴家浜人）；次子家骏，号玉如（1898—1951），上海圣约翰大学毕业，次媳查氏（1898—1940）。

第二天少汀舅特来冯府回拜，并请母亲出见。按过去的风俗，吾家认我母亲为"晚姑太太"，张吾两家仍保持原来的戚谊。隔了两天，吾家送来请柬，设宴邀请母亲去吾府会亲，父亲陪去，我和姊姊同往。舅父母率子媳开大门迎接，先在客室设茶席，上三道茶（莲子茶、白木耳羹、清茶）。稍事寒暄后，在餐厅设丰盛鱼翅席，十分隆重。父母亲居首席，我和姊姊坐两侧，舅父母及两位表兄同席作陪。表嫂们则另设一席在旁。记得当时舅母抱着一个刚满周岁的长孙"福福"，胖胖的脸，头戴有两只耳朵的狗头帽，帽中间钉一金弥勒佛。小孩是玉如表兄的大儿子。母亲备有礼物赠送与舅母，晚辈都有赆见礼。宴席将散，母亲取出装有十元钱的一只红封袋放在席上，称为"压席"，另赏仆人十元。一次隆重的宴会到此结束。

我两次回海盐，随父亲拜客，见过许多大住宅，比较下来，吾氏舅父家可算最好的一所。冯三乐堂虽大，毕竟呈现出破旧衰落的样子。吾宅既新又精致，不论设计、用料、保养，堪称一流。玉如表兄系上海圣约翰大学土木工程系毕业，此屋由他设计、监工建造。这是一座五开间走马堂楼。沿街（在民国前为城隍庙前，辛亥后改称教育局街）一排为舅父的起坐室、会客室、书房和藏书室。后排主楼底层为大客厅和餐厅，楼上为舅父母和大表兄住房，东西两侧为二表兄及侄辈居住。走马堂楼中间是个大天井，用磨石子铺成，上架玻璃棚，四周有小窗，夏季在玻璃棚上再搭一芦席棚，很凉快。房屋用料都是上等木材，门窗每年用桐油油漆一次，所以一进去就觉得像刚建成的新居。

抗战时期，海盐沦于日寇之手，吾府即被侵略军头目占用，作为住宅，所以房屋得以保存完好。日本投降后侵略军匆忙撤退，海盐城内混乱不堪，土匪、盗贼打家劫舍，出没无常。吾氏这所大宅院当然是个大目标，这批盗贼将屋内细软物品抢掠一空，藏书室藏书焚烧殆尽，最后竟把房屋拆毁，将柱子、门窗等用船运走，整个堂楼夷为平地，令人痛惜。倘若保存至今，海盐不仅多一处旅游景点，而且也是江南民居建筑史上的一个范例。

30 年代中，父亲闻悉吾氏舅母患病，特介绍在沪行医、颇有声誉的海盐籍张义诚医生（"义诚"二字恐有误）。他专程驾驶汽车去海盐为舅母诊治。张医生诊所设在卡德路（今石门二路）近爱文义路。1935 年舅母病故。后来父亲亲去吊唁。据父亲日记记载："晨七钟车来（李拔可先生所借之车，即送去汽油价十元）。赴青海路刘宅约程学川同行……到海盐已十钟二十分。余先去少汀家吊其夫人。"

那次在吾府宴上，舅母抱的那个戴狗头帽的孙儿福福，长大后取名用福，在海盐读完初中。由于吾家在抗战时期的损失，家庭经济拮据，大约在 1941 年，玉如表兄函请父亲为用福谋一栖身之所。父亲把信给我看，并嘱我为之设法。我那时任职新华银行，一向不随便荐人。我很同情吾家的不幸遭遇，又知道用福侄聪明勤快，于是向副总经理孙瑞璜先生推荐。大约因为我不轻易荐人，副总一口答应。不几天，用福来沪，派在某办事处当练习生。用福刻苦好学，体格健壮，派给他做的事认真完成，不懂就请教，上下间、同事间口碑颇佳。星期天，他来我处，留他吃饭，有啥吃啥，绝不客气，形同家人。用福觉得从小县城"铁海盐"来到大上海，初中毕业生在新华银行谋得练习生席位，非常满意。他知道银行职业层次较高，只要好好学习、锻炼，是有前途的。父亲也认为他是个值得培养的好青年。不幸的是，他下班后学骑自行车，摔了好几跤，竟跌伤肋骨。后来又吐血，不得不回乡养病，一年后病重而亡，年仅 24 岁。我与用福是至亲，是同乡，是同事，正希望他将来能为银行、为社会多做些事，岂料他这么年轻就遽然离开人间。每一念及，不胜黯然。

张吾两家在抗日战争之后，中断了联系。直到 70 年代末，海盐县在沪举办一个工业品展览会，在会上遇见了玉如表兄次子鼎新表侄，从此两家又恢复戚谊，而且更为密切了。海盐县于 1985 年建图书馆以纪念先严，举行奠基仪式，吾鼎新、吾用明两位表侄应邀参加。1992 年第二次张元济学术思想讨论会在海盐举行，用明表侄参加并作了学术报告。这是后话。

第三次回海盐

张氏合族公墓建成之后，父亲决定将浮厝澉浦翠屏山祖父母墓侧的吾夫人遗榇移葬于公墓。父亲带了我于 1926 年 12 月初去海盐，住在姑母家冯三乐堂。事先函请元勋（仲友）伯及祠堂管理员将灵柩雇船运到公墓，并按公墓规则呈请宗祠值年拨给第七号墓穴。父亲还在《海盐晶报》刊登告窆启事，大意如下：为了破除迷信、实行薄葬的素旨，将于 12 月 24 日下午二时举行先室吾夫人葬礼；邀请族中同辈以下枉临察视，庶明族葬之制，兼收观摩之益。戚友送葬万不敢当，馈送礼物一概辞谢。

举行葬礼前，族人亲友陆续来到。吾氏舅父少汀带领表兄先到。族中尊长有仲良叔曾祖、仲友伯父及伯叔等，约有三四十位。无一人送礼，大约是见了刊登《晶报》上的启事，或许赞同破除迷信、实行薄葬的举措。好像《晶报》编辑和记者亦来采访，还有几位社会人士前来观摩。

葬礼开始，父亲挥泪读祭文，我跪在墓穴之侧。父亲在祭文中叙述了薄葬的情况：不用石郭或三合土，仅"穴地三尺，纳棺其中，圬者数人，竭一日之力以营之，糜银币不逾四元"（见《张元济诗文》，第 372 页）。他在抨击了厚葬的陋习之后，说明他要以自身的行动改变陋习的决心。这篇祭文是父亲向旧丧葬陋习宣战的檄文，文字铿锵有力、掷地有声。

读完祭文，四名员工将灵柩徐徐放入穴中，撒满石灰，覆盖以土。翌春在墓地四角各种柏树一株，并树一石碑，碑的高低尺寸均按公墓规定制成。

礼毕，族人亲友陆续散去。时近四时。记得那天甚冷，父亲和我都穿皮袍、马褂。我跪在穴侧冷得打抖。父亲带了我和宗祠管理、工役四名一同走回城区，时开始下雪。走到三乐堂，衣服上沾满了瑞雪。第二天父亲到宗祠与账房结账，计《晶报》广告费、雇船运灵柩费、工役工资、当天膳食及石灰若干担共四元。然后父亲带我到各尊长家谢步，如仲良叔曾祖、仲友伯父、吾少汀舅父等。事毕即回沪过年。

翠屏山祖父母墓

大约 30 年代初，我去过海盐澉浦翠屏山祖父母墓。那时从上海到杭州已建有公路。父亲命我去翠屏山祖坟察看一下是否完好。我一早乘汽车出发到闵行，人与车一同摆渡到西渡，渡轮停妥，汽车驶上岸，即向西南行去。路面极粗糙，时速二十余里，中午到乍浦，找到一家小饭店就餐。菜肴不差，有新鲜海白虾。吃罢到镇上兜了一圈，市面萧条，遂登车沿海边续行。进入海盐界，路面更糟，车速再放慢。近海盐，见到一座小庙，名"敕海庙"，车向西转入城内。路狭只能容一辆汽车，黄包车、行人只好靠墙让路。到了冯三乐堂，见了姑母，说明来意。要去翠屏山，可是不熟悉途径。姑母思索好久，想到有一人可以带路。此人叫发顺，姓朱，澉浦人。当年树铭表兄打猎，每去必邀发顺陪同。他是一个土枪手，又熟悉山区情况，人亦忠厚。姑母又说他常来城里，即派人去找。过了一会儿，发顺果然来了。他说来城里已好几天，日内将回澉浦，正巧就请他明天一早陪同前往。第二天一早驱车出城，发顺坐在前排司机旁边，我坐在后面，向西南驶去。路左边是海，右边是农田，经过落塘头、秦山，渐渐进入丘陵地带。远远望去，见一座大山，似比秦山为高。发顺说这里是角里堰，那座山就是翠屏山。司机停车后，我们一起下车，过一小桥叫猫儿桥。上山坡约数十步，就是祖坟。四周一片荒凉，茅草丛生。发顺找来了坟亲王奎余之子，王领我们到坟地。祖父德斋公墓在上，两侧是伯父穗生公墓和四叔桐生公墓。我上前行了三鞠躬礼，采了一束野花供在墓桌上。坟墓规模很小，所用石料不是石质坚硬的岩石，而是就地取用的粗糙黄石。墓后有几十株松柏，相当高大，这是过去宗祠按章派人到各祖坟种植或补种的。翠屏山上树木很多，望去一片翠绿，形状像座屏风，左右两侧向外凸出，故而得名。坟亲王奎余之子说山地土质极差，只能种粗粮，而且这一带山区多狗獾，喜打洞，日间躲在洞内，夜间出来偷吃粮食，特别爱吃南瓜、山芋，所以他们生活贫困。我送了他十元酬金而别。不数年，抗战爆发，再也无人去那里扫墓了。

第十章
为乐志华申冤

1923 年 2 月的一个星期六中午，我从约大附中放假回家，母亲和姊姊就告诉我有关乐志华的冤案情况。乐被几个中西包探押到我家。听得大门口吵闹声，母亲命姊姊到西阳台看看发生了什么事，只见乐志华由两个包探扶着，站在门房间前，包探说来吊乐藏在我家的赃物。乐见了姊姊立即跪下，哀求说："请太太（指我母亲）和小姐（指我姊姊）借给 700 元钱，救我一命。"姊姊说志华已多时没来过，没有这事，挥手叫他们快走。傍晚父亲回家，知道了这事，非常震怒，认为乐一向老实寡言，绝不会行窃，其中必有蹊跷，即嘱志华之舅，我家司机励秀如去探听消息。励很快回来，焦急地说，包探从我家走后，即去其胞兄秀清家，翻箱倒柜。志华确属冤枉，现被押在闵行路虹口巡捕房。

母亲说这几天父亲为乐案打电话、写信，早出晚归，忙个不停。当天晚上即打电话给丁榕（斐章）律师。丁榕早年留学英国，攻读法律，获得律师开业执照。他是商务印书馆法律顾问，兼任董事。由于他是留英的法律专家，与租界领事团、工部局的一批人均有往来，可以自由到虹口巡捕房询问案情，并见到被关押在捕房一间暗室内的乐志华。他见乐头颅呈青紫色，面部红肿，双手弯曲，脚骨被敲断，解开内衣，则遍体鳞伤，惨不忍睹。丁律师对乐安慰说："我受你旧主人张菊生先生之托，为你的保护人，你必须说实话。如有半句谎话，就对不起菊生先生。"乐志华痛哭陈词，将经过情形及所受痛苦，据实以告。他表示痛苦和冤屈难忍，唯求速死。丁榕即以实情详告我父亲，并嘱捕房医生验伤。

丁榕义愤填膺，要包探出示乐志华行窃证据。包探们一件也拿不出。经过交涉，会审公廨同意两天后开庭讯案。

是日一早，父亲偕丁榕律师来到南京路会审公廨。乐志华在两个廨役的挟持下被拖上公堂，见到我父亲，泣不成声，说了一句："张先生，救救我。"父亲见状十分难过，安慰说："我请柯师太福医生为你治疗。"审理此案的两陪审官为英国人美德和中国谳员陆某。巡捕房代表充当原告，丁榕向法庭说明了被告乐志华被诬情形后说："请陪审官注意，被告乐志华的面部如此浮肿，两腿重伤，不能行走，你们见到不见到乐由两个廨役拖上公堂？尚有捕房医生所出示的验伤单一份在此。捕房虐待囚犯，公廨应追究其法律责任。"陪审官竟说："不在本公堂权限以内，不便处理。被告可另具呈申诉。"可见袒护捕房已到如此地步。丁律师连连追问，我父亲出庭作证，陪审官只能以"此案证据不足，公堂不能受理"为由，草草结案，宣布乐志华无罪当场释放。

乐志华释放后，父亲偕丁榕用汽车送他到北四川路 39 号柯师太福医生（Standford M.Cox）诊所治疗。柯师医生爱尔兰人，光绪二十六年来华，任海关医官，医术高明，与父亲相交甚深。柯师医生为乐仔细验伤，伤单如下（原文为英文，现录译稿）：

柯医生验伤报告 1923 年 2 月 7 日下午四时　本日曾检查

乐志华君伤势，见其无人扶助则不能起立或行动。又有如下诸种损伤：

（一）左眼之打扑伤；右耳及右手指节之小裂伤。

（二）左右臂悬垂如链条。右臂能有微力之外转及手指之随意连动，但两臂由肘部以下所有随意运动均完全丧失。

两肘中右肘尤肿且浮。

两臂受动的运动不致发痛。

（三）身体右侧自左肾部起超过右肠髋骨部延及右臀，有一大血瘤，因该处深部组织受伤所致。

（四）尿中含有血液。

（五）患者虽称呼吸时胸壁疼痛，但胸壁并无肉眼所能见之损伤。

（六）右髁部浮肿且有自空管溢出之血液。

患者该侧之踇趾第二趾内踝及踝部呈暗黑色，且失知觉。鄙意殆因髁部以上血液之供给阻塞所致。

患者现罹重笃之震荡症，即此等损失之结果也。因其伤势严重，右足有坏疽之虞，且因其右肾裂伤，发生血尿。鄙人意见应速就医院，即行疗治。

柯师太福医生（签名）
1923 年 2 月 7 日

父亲仔细阅看柯师医生的验伤报告之后，大为震惊。立即嘱励秀如将乐志华用汽车送西华德路蓬路（现长治路塘沽路）转角的同仁医院住院医治，一切费用由父亲负担。

父亲对乐志华案十分恼火，决心要为乐申冤，严惩凶手。但生活在租界的华人，向租界最高权力机构领事团、工部局起诉，必将遇到种种阻力，困难重重。经过周密考虑，只有依靠社会力量。既然乐志华是宁波人，何不请求旅沪宁波同乡会出面呼吁，而宁波同乡会是上海最有力量和声誉的团体之一，同乡中社会名流不少。于是他起草了致宁波同乡会一函，并亲自将此函送往西藏路 4 号该会办公楼。父亲在信中叙述了乐志华所受酷刑，对帝国主义分子迫害我无辜百姓痛加指责。他说：

> 据称除拳打掌击足踢不计外，迭受重刑三次。以两足分系方桌脚上，全身撤伏桌面，桌前又有人拉住两手，以皮鞭藤条痛打下部，晕而复苏，苏后复打。有时反系两手，紧缚两足，复以布

扎闭其口，横施鞭挞。鄙人昔官刑部时，清廷尚未停止刑讯，即审问重要盗犯，亦从无此种酷刑，何号称文明国所辖之捕房，乃竟如此！吾国今日业经禁止体刑。夫以有罪之人尚不许加以体刑之罚，何捕房对此无罪之人乃施以如此残酷之体刑，对无罪者尚如此，则真有过犯者更不知如何虐待。向尝闻捕房种种黑暗，终不敢信，今睹此事，证以昔闻。则道旁累累每日捕房系送公廨之人，正不知有几何惨受私刑、呼吁无闻之吾同胞在其中也。人非木石，能不动心？

最后他吁请宁波同乡会"为乡谊计，为人道计，为租界中数十万无告之民计"，予以援助。

当时租界洋人享有领事裁判权，必须延聘洋律师，方能起诉。诉讼费是一笔巨额支出，从何而来，势必向社会各界爱国人士募捐。父亲经济能力微弱，只能认捐 200 元，以表诚意。

据宁波同乡会的"乐志华案收支账略"，捐款收入总数为 4601.83 元，可分为三个方面：

一、社会团体，计广肇公所和四明公所各捐 500 元，长生会捐 300 元，洋货公司捐 224 元，洋务职业公会捐 200 元。

二、社会各界人士捐款总数为 1430 元。其中有：张菊生、姚慕莲各捐 200 元；徐凌云、黄楚九、刘澄如、刘翰怡、谢永森各捐 100 元；赵竹君、葛词蔚、胡筠籁、胡筠庵、胡筠庄、胡筠秋、郑松亭、吴麟书、吴继宏各捐 50 元；徐冠南、陆竹坪、沈燮臣、唐子培各捐 20 元。

三、宁波同乡会同人捐款总数为 1443 元，计 85 人。其中有：朱葆三、傅筱庵、王养安、黄延芳、周茂兰、鲍咸昌各捐 100 元；毛如□、戴承祖、虞洽卿、谢仲笙各捐 50 元。

发动社会舆论亦是重要一环。从保存的材料看，宁波同乡会会员等印发的《冤单·同伸公愤》散发面甚广，措辞强硬。

冤单开始详述乐志华被巡捕房包探非法拘禁、诬告偷窃钱财的经过，同乡会同仁采访乐志华，乐口述受刑经过以及伤残情况。继述我父亲委托丁榕律师去捕房实地查明真相。最后强烈呼吁租界华人："如欲求站足之地者，应当奋然而起，誓死力争。一经退缩，即永为人宰割。"冤单提要求如下：

一、乐志华或因伤毙命者，必须将西探六十二号等依法偿命，并抚恤其家属。

二、乐志华或因伤致残者，亦须照法律治罪，并给终身养活金。

三、华人在租界依法纳税，而租界事政独操于外人之手，以致任其鱼肉。自今日始，各处捕房、工部局，以及其他机关，大小职员必须中西各派一人。

四、收回治外法权。

冤单最后说："以上四条为同人等所抱之目的，务求完全达到而后已。否则虽赴汤蹈火，粉身糜骨，誓必奋斗到底。务求各界同伸公愤，一致援助。倘有意见，亦请登报发表，并请各路商界联合会、各团体迅即开会集议，速筹最后对待之办法。事关公理，幸勿轻视，不胜待命之至。"在冤单最后列名发起的是宁波同乡会会员、四明公所长生会会员、各路商界联合会会员、乐氏家族人一千二百多人。

《冤单·同伸公愤》散发之后，《申报》2月9日以显著位置刊登宁波同乡会的抗议信。上海英文《大陆报》以"虐待囚犯的控诉"为题，报道乐案情形。《字林西报》惊呼："如今世道变了，不可小看中国人的力量。"一时舆论哗然。但工部局企图采用拖的办法，将大事化小，小事化了。正如父亲所料，困难重重。巡捕房不择手段，暗中捣乱。兹摘抄两封来信如下：

一位具名"同乡代表王余明"者说：

> 同乡乐志华无辜被中外包探用非法酷刑，受此冤深海底，蒙诸大善士协助，少［稍］见文明。不意有杨、吴二探将柯探正□取销，是何原故，另［令］人不解。据闻柯探另行运动。

另一位具名王峰山者说：

> 现今有一名华探名柯振武，用钱运动乐志华，不要拖累他。工部局用特别手段，将各行［房］中国包探聚集戈登路捕房，又把三行凶包探夹在各探之中，叫乐志华认。指出方可算实，设或不能指出，此事可以作诬。刻下我听外面人言，乐志华受了包探柯振武运动，乐志华把其他二包探认出，有意不把柯振武认出……名叫有钱人得生，无钱人得死。此事下可做也。闻柯振武这个包探是安庆帮老头子，手下匪徒很多。请先生叫原告乐志华不要受他金钱。

父亲数次与宁波同乡会元老朱葆三、虞洽卿等商量，识破了工部局软硬兼施的花招，认为不能再拖延下去，决定由宁波同乡会出面延请上海有名的英国哈华托律师，帮办谢永森（华人），于 3 月 23 日在公共租界按察使署开审乐志华案。每次开庭父亲必偕丁榕律师前往旁听。开庭期间，上海市民特别是宁波同乡以及各界人士纷纷前往观审。按察使署公堂挤得水泄不通，窗台上也坐满了旁听者。六被告英人葛勃脱（Gublutt）、鲍尔卿（Balchin）、日人冈岛以及柯振武、吴如熊、杨子晋被押上台。每庭散场时，很多旁听者挤到父亲身旁握手，表示敬意。

原告律师哈华托、帮办谢永森上堂，陈述案情，并指出根据英国法律伤人案第十八款、第二十款，被告葛勃脱等人犯有"非法毒打罪"与"致人重伤罪"，必须严加惩处。三名华籍包探判罪。至此，这一巡捕房毒打无辜的惨案真相大白。

在社会各界的大力支持和社会舆论的强大压力下，代表公共租界最高权力机构的按察使将拖了五个月之久的乐案宣告结案，判定六名肇事巡捕有罪，革职查办，并责令工部局赔偿乐志华抚恤金 1000 元。英籍巡捕两名、日本巡捕一名押送回国，华籍巡捕三名治罪。

工部局于 6 月 26 日付乐志华抚恤金 1000 元，拨交哈华托律师，由父亲带领乐志华亲自去该律师事务所领讫。工部局抚恤金不得不付，但又不甘心，在付款上又多方刁难，说什么"免其滥耗"，本金存在工部局，每年给息。父亲认为工部局利息甚薄，于受抚恤人得益无多。后经朱葆三与工部局再三交涉，同意拨付现金。乐志华在同仁医院住了 34 天，经美国医生 Tucker 和吴医生的悉心医治，除右腿残废外，痊愈出院。

乐志华冤案结束，并领得抚恤金后，父亲再函宁波同乡会致谢。抚恤金 1000 元于 1923 年 6 月 27 日开一存折，由父亲保管。1924 年 3 月 3 日由乐励氏（志华之母）及励秀清、励秀如签押，悉数付讫，存折作废。至此乐志华冤案全部结束。

父亲一向不与家人谈在外活动的情况，这次对乐志华案却不同。公余回家在餐桌上详谈与各方面的接触，办了些什么事等。父亲说这次为中华民族出了一口气。胜利的获得全靠多方面的支持、合作和配合。两位多年的好友丁榕律师和柯师太福医生，尽了最大的力。他们两位可以自由出入工部局和巡捕房，深入了解实际情况。柯师医生的验伤单是最强有力的证据。宁波同乡会几位常董，如朱葆三、虞洽卿、傅筱庵等仗义执言，登高一呼，方有如此结果。此外，发动社会舆论是重要的一环，尤其是宁波同乡会会员等印发的冤单，印数多，散发面广，措辞强硬，引起租界当局的戒心。

父亲当年保存乐案的原始资料，至今仍在。我就这些资料，作如上记述。但这批资料仅是一小部分。记得父亲讲，当时商务印书馆收集全市各报登载的新闻、社论、评述，剪贴装订成册。看来这册资料已不在人世矣。1935 年 7 月有一位沈家彝者，致函商务总经理王云五先生。信中称："比闻馆中收得《上海字林西报周刊》，载有贵馆张菊生先生为甬人乐某惨受非刑交涉经过，文字皆中外社会表示同情之公评。时隔十年，沪人犹称道不衰，拟恳赐借该周刊是年二月至八月关于乐案记载之文，择要译录，以资考镜。"沈家彝为何许人，不详。云五先生有没有找到这批材料借给沈家彝，更无法考证。

第十一章

丁卯绑票

父亲一生阅历丰富，可"遇险"的事不多，1927 年那次遭绑匪劫持，留盗窟六昼夜，可算是最险的一次。这年秋天，我患伤寒症住院，双亲和昌琳每天按医院规定时间来院探望。有两天父亲没有来，我问怎么父亲不来，母亲说："你爸爸得了重伤风，发寒热，怕传染给你，所以未来。"我信以为真。其实父亲正是那几天被绑架，家里人怕我着急，有意瞒着我。直到我病愈出院，才知道父亲被绑经过。

被绑架和盗窟来信

1927 年 10 月 17 日晚，一辆汽车开到极司非而路，车上下来五个人，到我家叫门。佣人刚开门，这伙人就蜂拥而入，先把开门者用手枪顶着押往门房间，接着疾步穿过花园，持枪冲上楼梯。这时父亲正与家人在二楼吃饭，见有这么些人上楼，刚想起身问话，一个绑匪已用手枪顶住饭桌旁的堂兄树源，大约他们见只有树源一个年轻人，怕他抵抗。有个头目模样的人指指我父亲，说："不是那个，是这一个！"于是，绑匪不由分说架起父亲走了。母亲、树源和家里所有人都被这突然发生的事情惊呆了。

这时家里乱极了。还好有树源在，他先向租界巡捕房报警，后又告诉了商务的几位同仁。大家知道，绑匪不是要人，而是要"赎票"的钱，总有消息来的。家里人都提心吊胆地等着消息。

第二天，10 月 19 日，高梦旦老伯匆匆赶到我家，对母亲说，他收到父亲昨日写的信，绑匪开价 20 万元，让大家快想办法。这封信大约高梦旦当时就留在我家，信封上盖着寄发局南翔的邮戳，信的全文如下：

> 以弟资格，竟充票友，可异之至。此间相待颇优，请转告家人放心，惟须严守秘密。票价二十万，殊出意外。以弟所有家产，住房道契，非弟签字，不能抵款。商务股票兄所深知，际此时局，售固不能，押亦不易。但弟既到此间，不能不竭力设法，请兄为我帮忙，并转告内子向亲友借贷，愈速愈妙。再此事切不可宣扬于外，如已报捕房，即速设法销案，告知系由自己商妥了结。

> 夜寐不宁，口占数绝，写成两首：

> 名园丝竹竞豪哀，聊遣闲情顾曲来，
> 逐队居然充票友，倘能袍笏共登台。

> 岂少白裘兼社厦，其如生计遇艰难，
> 笑余粗免饥寒辈，也作钱神一例看。

有两点要说明：（一）"要价二十万"不是最初的索价。据父亲后来在复汤尔和的信中称，第二天早晨绑匪头目来开议，"先索三十万元，指商务为余一人私产，并称去岁嫁女奁资值三十万"。显然，他们没有搞清情况，把董事会主席当成了大老板。父亲当即大笑，叫他们派人调查。这样，赎票价才减至 20 万。（二）信中的两首七绝诗，是父亲在盗窟第一天、第二天所作，没有收入后来他自己编订的《盗窟十诗》之中。但是诗意的平和与幽默感是一致的。

父亲关照"严守秘密"希望"自己商妥了结"，但 20 万不是小数字，哪儿来呢？高梦旦也不是富翁，帮不了多少忙。接信后大家还是一筹莫展，不知如何是好。

营救谈判

在收到父亲盗窟来信前后，家里也接到绑匪打来两次索钱的电话，可又不说地点，更弄得家人坐卧不安。其实，这两天绑匪也在等消息。经过调查，他们发现目标确实不是"大老板"，对父亲说："实出误会，惟事已如此，总望酌量补助……"他们当然不会轻易放走到手的猎物。

父亲被绑的消息，先是一些小报捅了出来，后来各大报，连日本报纸也刊出了有关报道。亲友们来信来电，探询父亲下落，络绎不绝。忙坏了树源，里里外外，到处奔走。母亲拿出股票、首饰，勉强凑了 5000 元。商务印书馆同仁也纷纷想办法营救。我曾听说一段小插曲：商务有位编辑张世鎏（叔良），平时与三教九流都有些交往，听说父亲被绑，挺身而出，冒冒失失要独闯匪窟，营救我父亲，后来被大家劝住。

绑匪又来电话，约家人到爵禄饭店谈判，商议"赎票"价格。谈判事当然落到树源头上。为防不测，张世鎏自告奋勇当树源的保镖，一起前往。爵禄饭店在西藏路福州路转角处，其北即为一品香旅馆。上海人都知道爵禄为恶势力盘踞之所，绑匪选中此地与"肉票"家属谈判，看来是有道理的。绑匪方面出面的两个头目，一个姓叶，一个姓李。他们把赎金减至 15 万元。可是这笔钱，我家当然无法承担。这样的秘密谈判继续了好几次，尽管绑匪们将"票价"减了又减，终因索要过高，无法达成协议。

父亲在给高梦旦的信中，要家里人到巡捕房"注销"报警，其实那时巡捕房根本管不了此等案件。据现存的几份刊有父亲被绑新闻的小报报道，父亲被绑的当天，盐业银行经理倪远甫也被绑架；次日，宁波巨绅薛顺生又被绑架；连刚上任的上海特别市土地局长朱炎之，也未能幸免。租界上恐怖事件接二连三，捕房束手无策。父亲愿意"自己妥商了结"，看来是早日脱险的良策。

盗窟六昼夜

父亲盗窟六昼夜的生活，从他后来的回忆和所作《盗窟十诗》中可以得知。父亲说那天绑匪把他架出大门，推进汽车。汽车向郊外开去。绑匪用黑布把父亲的眼睛蒙上，还把他双手捆扎起来。父亲很镇静，只感到汽车七转八弯，驶了好一阵。车停后，绑匪把他带进一屋，取下黑布。父亲看出这是一所破旧的农家小屋，桌子上点着一支蜡烛，墙边有一张破床，看得出用绳绑着床腿。屋里有三四个持枪的汉子。那匪徒头目让手下人解开父亲手上的绳，匆匆走了，留下三个看守。看守们对父亲倒还"优待"，抱来被子，让他睡在那张破床上，他们自己则和衣睡在地上。

父亲在盗窟中作了十首七绝，脱险后将诗稿托商务印书馆排字印出，并将印件分送亲友，表示谢意。诗中不仅描述了盗窟的环境和生活，还反映出父亲在彼中镇定自若的心态。今将这十首诗及注文抄录如下：

> 丁卯九月二十二日夜，盗入余家，被劫而去，留居窟中凡六昼夜。口占十绝，聊以自遣。
>
> 　　数椽矮屋称幽居，布被绳床体自舒，
> 　　还我儒酸真面目，安然一觉梦矇矇。
>
> 　　牺易久严天泽办，而今旧习待更张。
> 　　料应到此无阶级，谁识犹分上下床。
> 余高据一榻，守者皆席地而卧。
>
> 　　寂寂深宵伴侣多，篝灯围语意偏和，
> 　　微闻怨说衾裯薄，只为恩情待墨哥。
> 第一夕天气寒甚，守者终宵瑟缩，自言为银钱，故不得不尔。

频烧银烛漏声长，陡觉熊熊焰吐芒，

惊起披衣同扑救，犹虞玉石烬昆冈。

守者不慎失火。四周门窗紧闭，无可逃避。幸即扑灭，否则为熏穴之鼠矣。

眼加矇矓耳充绵，视听全收别有天，

悔被聪明多误我，面墙从此好参禅。

守者强余戴黑眼镜，并以绵塞余两耳。解释良久，始允撤去。

静听邻家笑语声，池塘鸭子更喧鸣，

闲中领略皆天趣，隔断尘嚣万虑清。

天高只许隙中窥，一线晴曦射入迟，

偷得驹光分寸好，有书堪读不多时。

室中有板窗一，糊以厚纸，仅于屋顶启一小穴，方五六寸，借通光线。

摩西十诫传来久，愧未研求到福音，

马太路加齐卒业，可能穿出骆驼针。

余索书消遣。守者畀以耶教新约马太路加福音两册。翻阅一过，所获其微。骆驼针孔即用新约中故事。

鸭栏豚苙贫民窟，安得三迁母教行，

堪诧夜深人静后，邻童偏有读书声。

四邻皆贫家小户，儿童叫呼异常喧杂。不意夜间书声忽起，令人神往。

> 一之为甚何堪再，闻自此中人语云，
>
> 我是塞翁今失马，评量祸福尚难分。

还有两个细节是我听父亲讲述的。一是父亲当时里面穿的绒线衣有破洞，为看守们所惊讶。他们想不到心目中的"财神爷"竟也穿着破衣服。二是看守中一名年纪稍大者，常常咳嗽。父亲劝他去看医生，还为他开了张治咳嗽的药方，那绑匪感动得掉了眼泪。

一万元赎票

爵禄饭店的谈判不很顺利。绑匪们见"油水"不足，也不得不让步。第四天，10 月 21 日，父亲写信告诉树源，劫持者已答应把"票价"减至二万元，让家中快想办法（可惜此信没有保存下来）。

当天，叶姓头目又约树源等到爵禄饭店谈判，出示父亲的信，逼树源交钱。树源交去 5000 元，仍通不过。第五天（10 月 22 日）树源写了复信，通过绑匪递给父亲。这封信现存我家，从中可以得知当时营救谈判的大概。信的全文如下：

> 菊叔钧鉴：顷由叶君转来二十一日手谕，欣悉颇蒙优待，而叶君与部中（对绑匪组织的称呼——注）均能帮忙谅解，婶母等闻之，尤为感谢。自叔离家，已近一星期。百方罗掘，典当、借贷，勉强仅得五千元。所示两万元之数，万难设法。公司预借利息，亦不易设法。公司开办三十年，向无预支利息之事，例外要求非得董事通过不能支借。今年公司生意远不如前，明年是否发息亦一问题。纵使董事会为此事开会，亦难决其必可通过。吾叔前以意见不合辞职，则此时不能希望各董事均能帮忙。徒使多数人知之，彼此均极不利。高老伯方面已向伊恳求。彼一寒士，何能立措多金。此事情形紧急，吾叔久居在外，不能安宁，且有病

在身，婶母等万分焦急，无如走投无路，以致延搁如此之久。自昨日与叶、李两君一度接洽之后，知五千元尚不足以酬诸位之盛意。故又四出设法。但征之前数日之成绩所得仅五千元，假使复有成就，为数必极有限。惟有仍恳部中诸位，格外原谅，俟侄与叶君晤面，当再泣求其代为疏通。婶母等深望起居慎重。所需夹马褂及票洋陆拾元亦已面交叶君带呈。专此敬禀，并叩钧安。

侄源叩上　十月二十二日

当时树源又四处奔走，在亲友处借贷到 5000 元钱，送到绑匪手里。大约他们知道确实榨不出更多的"油水"，第六天（10 月 23 日）晚上，就用汽车把父亲送了回来。

一万元赎票，父亲终于脱险，结束了这六昼夜的"奇遇"。

"被劫关涉各信件"

父亲遭劫的六天中，有六十多位亲友来家慰问，留下一大叠名刺。脱险后来访或来信来电慰问的更多，留下许多信函。父亲生前十分珍视这批纪念品，收集在一起，装入一个大信封，亲笔写上"被劫关涉各信件"字样。慰问者除亲属和商务印书馆同仁外，还有教育界、实业界和文化界的老友新朋。这些函札和名刺，富有史料价值。择要介绍一二如下。

在一叠父亲书以"被劫友朋慰问名刺并谢信"的名刺中，有商务同仁郁厚培、鲍庆甲、陈笃义（培初）、蒋维乔、庄俞、徐珂、王云五、江伯训、杜亚泉等；有常熟藏书家宗舜年和瞿启甲、瞿旭初、瞿凤起父子；有乡试及戊戌时期的老友叶柏皋、章一山、王式通、夏偕复、钱绍桢；有文化教育界的知名人士陶葆廉、陈懋治、刘崇杰、汤尔和、姚虞琴、汪伯奇、陈筱庄、张宗祥、胡适等。蔡元培夫人周竣、伍光建之子伍庄、傅增湘之子傅忠谟、徐珂之子徐新六、高梦旦之子高兴（谨轩）等也留下了名刺。有一张外国人的名刺，名字叫坎勃尔（F.G.Campbell），是工部局稽查处的西探。父亲在名刺上注有一行文字："16／10／25 上午来访。本区捕头为佛利。"显然，他是来了解父亲被绑脱险之事。遭劫持六天，巡捕房没有反应，回到家里，他们才上门来，这也可算那时租界治安状况的一个写照吧。

慰问信很多，大概有三类。第一类，友人致李拔可、高梦旦，打听父亲被劫情况的，共两封。第二类，商务印书馆各地分馆负责人，或以个人名义，或以分馆名义，致函商务总务处盛同孙，慰问我父亲的。其中有开封分馆何季良、南昌分馆杨越屏、天津分馆周国恩、南京分馆王邦达、芜湖分馆武云如、安庆分馆谢立民、吉林分馆周承莘，以及保定、云南等分馆。第三类，张氏族人、亲戚、同乡和友朋的慰问信以及父亲复信底稿。这一类数量最多。现介绍几封如下。

广东银行董事长李煜堂的信最有趣：

> 菊生先生惠鉴：敬启者，世衰道微，乱象日深，人民固无安枕，即鸡犬亦觉不宁。奈何奈何。昨月先生无端遭此非横，煜当时惊闻之下，爱莫能助，且风声鹤唳，煜迁往外国饭店多日，随即买舟南下。现闻先生脱险，庆□不胜雀跃。吉人天相，自古皆然。但萑苻遍野，此后出入，加意珍护为盼。此上，顺颂公祺。
>
> 弟煜堂上　十六年十一月廿一日

李煜堂，广东人，同盟会会员，辛亥革命时曾任广东军政府财政部长，后来沪主持广东银行。父亲那时是广东银行监理，两人来往颇多。此信一是有趣在写法：竖写，却自左至右，前所未见；二是有趣在内容，李听到父亲遭到绑架，躲进外国饭店，后来又去香港"避风头"，可见当时上海绑架之风到了何等严重的地步！

丁文江同年 11 月 5 日来信说："前闻吾兄厄于掳匪，为之惊叹。昨得沪函，知已出险，可谓不幸中之幸矣。前辈中能为我辈先导者，屈指不过数人，尚望善自珍重，勿立于危墙之下。幸甚。"

当时胡适旅居沪上，住极司非而路，与我家仅一街之隔。他读了父亲的诗，特作绝句一首奉和：

> 盗窟归来一述奇，塞翁失马未应悲，
> 已看六夜绳床味，换得清新十首诗。

第二天，父亲复信胡适，并"依韵试撰白话诗一首奉和"。还纠正胡适一个小小的错误，说明《盗窟十诗》"非归来所作"。

父亲的奉和诗是：

> 世事遭逢未足奇，本来无喜亦无悲，
> 为言六日清闲甚，此是闲中学赋诗。

父亲对被绑事处之泰然，精神上没有受到太大的影响。脱险之后，立即投入《百衲本二十四史》的校勘工作。回家十天之后，即与瞿启甲商谈借印铁琴铜剑楼藏书，并亲自起草了合同的文稿，为日后商务出版《四部丛刊·续编》做好了准备。

11 月 14 日父亲致丁文江信的底稿中，有这样短短几句话，说出了他对绑票这一社会现象的见解："若辈……如有生路，谁肯为此？呜呼！谁实为之而令其至于此哉！人言此是绿林客，我当饥民一例看，未知我兄闻之又作何感慨也。"

1937 年许宝骙表弟在（南）京杭（州）公路上被绑，脱险后父亲去杭州慰问。父亲为此写了《谈绑票有感》，发表在《东方杂志》上。这篇文章进一步阐明了他上述观点。文章最后说：

> 国家管着教育，为什么使他们得不到一些知能？国家管着工商、路矿、农林，为什么使他们找不到一些职业？蝼蚁尚且贪生，狗急自然跳墙。人们饥寒到要死，铤而走险，法律固不可

恕，其情却也可怜。我们中国是个穷国，人口又多，出产又少……政府几次明令提倡节俭，我还盼望在位诸公常常牢记这两个字，最好以身作则。不但私人的享用，就是国家的大政也要估计估计自己的力量，分个缓急，定个先后，不要拿国民有限的汗血来作无限的挥霍，或者可以多留下几个钱给这些乡下的穷民，多吃一两顿米饭，买些盐来蒸些菜，这也就是无量的功德了。

第十二章

七上匡庐

庐山一称"匡庐",相传殷周时有匡姓兄弟结庐隐居于此而得名。山中群峰林立,峦嶂嶙峋,林木葱茏,云海弥漫,自古有"匡庐奇秀甲天下"之誉。父亲一生到过许多名山,庐山可算去得最多,先后共有七次。1929 年 7 月第一次上庐山,住了两个月。1932 年 6 月、7 月和 9 月,三次上庐山。1933 年、1934 年、1935 年连续三年盛夏都在庐山度过。父亲对庐山留有极好的印象。1932 年,我在美国留学,没有随父亲上山,其余四次我都在父亲身边,所见所闻,记忆犹新。

上山缘由

父亲 1926 年退休后,一直主持商务印书馆董事会,并揽下古籍印行工作。1928 年 10 月,他由商务编辑、日本留学生郑贞文等陪同,东渡日本访求古籍,借影回来许多珍本,于是辑印几种古籍丛书的计划得以逐步付诸实施。但是在上海安静不下来。父亲想到庐山,环境幽静,既是避暑,又能摆脱杂事,专心校书。于是,决定 1929 年 7 月初动身上庐山。

初次去庐山,情况不熟悉,就托上海银行所办的中国旅行社(在四川路惠罗公司北)代办。当时长江航运有四家中外轮船公司,即英国的"怡和""太古",日本的"三菱"和中国的"招商"。英国的两家势力最大，船只多，设备好，管理严。父亲乘的就是怡和洋行的"公和"轮。我与树敏姊、昌琳、珑儿随同前往，另有大姐、潘妈和照料珑儿的朱阿姨三名仆人。那时出吴淞口的船，大多在黄浦江退潮时启锚。我们在公和祥码头上船，大约晚上九十点钟开船。船行很平稳，头等舱房间宽敞。用餐在船上的大菜间。大菜间除用膳外，平时人很少，桌子大，光线好，父亲就在这里看呀，写呀。我们的行李中有一只书箱，父亲上山所需的书籍、文件和纸墨笔砚均在其中。船上几天，他也不停止工作。

船上行程三天，沿途停靠南京、芜湖、安庆三处，最后抵达九江。记得船过芜湖，见江中有座小山，山头有小庙。船上茶房告诉我们，这叫荻港，庙叫张大帝庙。张大帝是谁，茶房说不清。我问父亲，父亲说，就是元末割据一方的张士诚。父亲又说，再过去就是江西地界，元末时"汉王"陈友谅的地盘。朱元璋就是打败张、陈两人后称帝，以应天（今南京）为京师，开明朝天下。父亲有时也同我们走上甲板观赏江上风光。船过湖口（鄱阳湖通长江的出口处）小孤山，见江北有一座小山，树木茂盛，隐约可见一片房屋。父亲说这就是彭泽县，晋代大诗人陶渊明在此当过县令。当时郡遣督邮来县，县令须束带求见。陶不愿谀奉上官，"不为五斗米折腰"，即解印绶去职，为官仅九十余日。父亲随即朗诵陶的名篇《归去来兮辞》。姊姊、我和昌琳都读过这首辞，就跟着父亲一同背诵。当念到"舟摇摇以轻飏，风飘飘而吹衣"，我感到特别有味。心想我们乘的是现代大轮船，而一千多年前的大诗人，则以一叶扁舟，穿过长江，从湖口沿庐山山麓，回到了家乡栗里。船过彭泽，我们各自回到船舱，收拾行李，准备上岸。

上午船到九江，旅行社接待人员早在码头等候。见到我们，就说即刻上山，如果下午到，就得在公事房（庐山的管理机构）设的招待所过夜。从码头搭乘汽车，沿公路上山，大约半小时，到达莲花洞。下车后换乘藤轿。所谓藤轿，实为一藤椅，上有遮阳篷，前有踏脚，前后四人抬，另两人随行换肩。开始山路尚平坦，行约半小时，山坡渐陡，再行一段，越发陡了。轿夫说，这里叫"好汉坝"，过得此坝，方称好汉，可见登山之难！沿途树木蔽荫，清凉无比，山上山下真是两个世界。过好汉坝约摸又走半小时，到庐山市区，道路宽敞平坦，两旁商店林立。向西弯入牯岭租界，不数步就是预先租定的 39 号屋。

我们到了牯岭，打听栗里在哪里，从庐山怎样去。熟悉庐山的人说，栗里在西南方，从牯岭出发，经过芦林，到含鄱口下山，向西南方向走，沿路风景极佳，可远望五老峰、三叠泉，过观音桥，桥旁有三五株千年古松。过了归宗寺，就到陶渊明故家。路远，当天来不及回牯岭，必须在栗里觅一住所。父亲对这位古代诗人的高尚人格极为崇敬，但上山主要为编辑《四部丛刊》和《衲史》，不愿花两天时间去游山玩水。我们当然也没有去。

39 号屋

庐山确实美，是避暑的胜地。早在 1895 年，俄国人首先在北麓的九峰寺租地建房。后来英国传教人士李德利（Little）向清廷"租借"牯岭，将土地分块出售给英、美、德、瑞士、芬兰、瑞典、意大利、葡萄牙、日本等二十多个国家的传教士和商人建造别墅，从此成为蜚声中外的游览胜地。20 年代末，也有中国人在此买地建屋，但为数不多。

39 号屋主是一位英国传教士，自己多年不来了，就委托一位经营房地产业务的英国老太甘师母（当地人称她甘洋人）出租。旅行社即向甘为我们租定下来。房屋很宽敞，家具用具一应俱全，只需携带床上用品即可住宿。进门有个小花园，走上三四级台阶，进入客厅。东房父亲住，客厅后有两间卧室，一间我与昌琳住，一间姊姊和珑儿住。后面有佣人房、厨房和两间浴室。旅行社还为我们雇了一名当地的男佣工。但因生活习惯差异太大，他做的红烧肉放酸醋，所以做了一天就辞退了。我们一到就收拾卧室，我和姊姊、昌琳也一齐动手，打开行李，取出被褥，忙了一阵后才坐下休息。父亲则取出书箱内的书籍、文件、校稿和文具，摆到桌上，伏案开始工作。

午饭后，珑儿吃了奶睡了，父亲领我们到附近散步。牯岭有两条大路，一条叫河东路，一条叫河西路，中间是很宽的山溪，泉水淙淙，清澈见底。满山翠绿，空气极为新鲜，令人心旷神怡。我们沿河西路西行，见到不少外国人的别墅，其中有圣公会主教 Waperfield 的住宅，都为绿荫所围抱。不远处是英国医生伯利（Barrie）的医院，两层楼房，颇为显眼。还有一所更为高大的别墅，房屋较老，但很有气派，那就是开辟牯岭的英国人李德利的住宅，据说是牯岭别墅中最大的一所，门牌为 51 号。园内种满杜鹃花，有深红的、淡红的、白的，最多是淡紫的。每当花开季节，游人都要前去赏花，成为牯岭一处景点。李德利别墅后面，是一耸立的峭壁，当年李在峭壁近峰处，开辟了一条东西向约三米阔的路，种满松树。此路取名松树林（Pines Road）。松树已有三四十年树龄，凡到庐山的旅客都要去松树林走一走。当地老乡告诉我们，在峭壁上用手镐凿开岩石，开辟这条路，又种上松树，实在很不容易。每届严冬，松树上落下枯枝松针，年复一年，路面好像铺上一层厚厚的地毯。人们在松树林迈步，时时闻到松香味。走到路的西端，被三四块大石挡住，约有十几级石阶向下走去，就是陈散原老人的"松门别墅"。后面是牯岭中谷（Central Valley），前面是中国人自己开辟的西谷（West Valley）。如逢天气晴朗，极目遥望，可以看到长江。李德利的别墅大约在 1933 年年初售与国民党要人孔祥熙。

我们走了一圈，回到 39 号，珑儿已醒，大家坐在客厅闲聊。父亲则又伏案继续工作。一天下来，大家已很疲劳，晚饭后就上床睡了。那时庐山没有电灯，更无煤气，水质虽好，却要靠人挑（只有个别临山溪的房屋可用竹管引水），上海去的人对此颇不习惯。晚上点起煤油灯或蜡烛，四下幽静极了，只有山风吹动树叶的阵阵响声，真有世外桃源之感。

山居校书

父亲上山主要是为校书，白天大部分时间都在临窗书桌边校阅书稿，晚上也常常在煤气灯下工作。他工作时，我们从不去打扰。每天邮局送来一叠叠信件，一包包书稿、校样，一天两次，从不间断。父亲发往上海的信件、邮包几乎与收到的一样多。庐山有一个邮局，

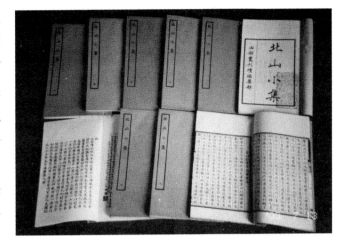

《四部丛刊·续编》本《北山小集》

局长姓祁，江西人。父亲到庐山后不几天，就去拜访了祁局长，就是为寄送邮件的事，请邮局给予帮助。祁局长读过商务出版的书，一听父亲的名字，就表示敬意，满口应允。以后邮件往返，从未出过问题。父亲后来几次上山校书，往来书信更多，邮局服务照样周到。

父亲在山上的工作，以前我是不清楚的。近年编写父亲的年谱，看了许多材料，才知道1929年他在庐山忙的主要是《四部丛刊·初编》重印的事。1928年10月，他从日本访得好几种珍本，加上自国内各地借得的初刻本或全本，决定更换《四部丛刊》第一次出版时的部分底本。校样印出后，每页都经父亲审阅并签字后付印。

另从一批通信中知道，父亲在山上曾与吴梅、叶恭绰、丁文江等友人通信。与吴梅是为编印《奢摩他室曲丛》，讨论曲目增删事；叶恭绰来信是为成立古籍保存会、合股收书事；丁文江来信是为梁启超集资造像事。时值南开大学创办人严修（范孙）逝世，父亲的一首挽诗就写于庐山。兹抄录如下：

铜驼荆棘今何世，北学星沉已十旬。

忽诵遗诗来远地，更怜吾党失斯人。

弦歌百里声犹在，山木千秋道不沦。

白马素车长诀别，临岐愧我未躬亲。

几位新朋友

牯岭镇上有不少商店，避暑季节更是生意兴隆。上山的人都得到镇上买粮食和各种日用品。我和昌琳、姊姊经常往镇上跑，与各店铺都熟了。父亲有时也来镇上走走。有家普济药房，老板董公泽，浙江嘉兴人，原先在嘉兴美国教会办的福音医院当药剂师。因为是同乡（海盐属嘉兴府），"他乡遇故人"，董先生跟父亲很谈得来。经过他的介绍，我们结识了镇上的米店（好像叫"胡鼎昌"）、洋酒店（即食品杂货店，叫"瑞康"）的老板。他们都送我们一个折子，买东西记账，下山时结清。那时的商人很会做生意，服务态度挺好。他们老早就懂得了市场经济中和气生财的道理。

街上瓷器摊子很多，有碗盆、花瓶一类，也有笔筒、笔架、镇纸等文具，品种丰富，都是景德镇出产的。产品底部都印有烧窑者的名字。有一家"雷大茂"，摊子大，货也精良，我们常买他的货，逐渐熟识起来。后来几年我们上山，这位姓雷的小老板常常挑着担子上门兜售。至今我家还有几件印有"雷大茂制"的瓷器呢。

父亲上山后，经老友俞寿丞介绍，认识了久居庐山的李凤高（钜庭）先生。李是一位旧学造诣很深的学人，又是第一位发现唐代诗人白居易在庐山遗下"花径"石碑的人。白居易在庐山居住颇久，留下《庐山草堂记》等名篇，时隔千年，白氏草堂早已毁坏，连遗址也不见了。幸亏李钜庭先生在锦绣谷附近的一处泥土中发现了白居易当年所刻"花径"二字的卧石。他邀父亲去观赏，父亲那天兴致很高，带了我们同去。那时附近还很荒芜，只有这块"花径"石竖立在草丛之中。后来人们以"花径"为中心，开辟了"花径公园"，种植了各种花卉，成为庐山的一个著名景点。李钜庭的名字应该铭刻在庐山风景开发的记功碑上。我在山上曾拜访过李钜庭先生。李居西谷大林冲 19 号，是一般山村小屋，比较简陋，可是书室明亮，书桌书柜放满线装书和报刊。李老身材矮小，灰白头发，湖北乡音浓重。

我现在保存有李钜庭致父亲的书信，从 1930 年到 1943 年止，共 16 通，内容大致可归纳为：

（一）托父亲购买《四部丛刊·三编》。讨论推敲校雠学。

（二）李老于 1930 年冬来上海，父亲在家宴请，并陪同参观涵芬楼。回家后来信道谢："在沪上得聆教益，并叨扰郁厨。在贵馆参观，琳琅满目，广我眼福，惜不能尽观为恨。"

（三）李老编辑《庐山志》。1933 年 4 月来信，详述编辑情况："积两年余之考求，颇费经营。其中如古迹、行政等类经陈敬雯及鄙人参校。至地质、矿物、植物、动物等均经各专门家编辑，似为必传之作。但此次来申办理印刷、发售等事务，恳格外指导。"此志是否出版，往来书信中未提及。

（四）1932 年"一·二八"事变，商务印书馆闸北总厂和东方图书馆被毁，李老特来函慰问。

访老友陈三立、俞寿丞

在匡庐，父亲拜访了两位老朋友。一位是陈三立老人。陈老字伯严，号散原，江西义宁（今修水）人。戊戌变法时助其父陈宝箴在湖南推行新政。后来陈老创办江西铁路公司，兴建南浔铁路。他又是著名的诗人。民国后，隐居上海、南京等地。1929 年，他来到牯岭居住，后进山买地建屋。

父亲另一位老友是俞寿丞。俞老先生是曾国藩的孙女婿，曾任商务董事。南京政府军工部长俞大维就是他的儿子。俞老在庐山的寓所叫"片叶庐"，大约在 Princeton Rd.或 Poyang Rd.一带，门牌号大约二百多号，环境也十分幽静。俞老常年居住于此，很少回上海。那天父亲带我去拜访，谈庐山四季风光的一节给我印象很深。俞老说，庐山春天多雨，是观赏瀑布的好季节，其状确像李白名句"飞流直下三千尺，疑是银河落九天"的气概。夏天山上凉爽之极。南京、汉口是全国著名的"大火炉"，夏天气温常常在华氏一百度以上，九江也很热，而山上最热也只有华氏八十三四度，而且只有三四天。只要下一阵大雨，气温立即回落，凉爽无比。秋天的庐山，避暑者大多回去了，显得格外安静。9 月至 11 月是山中天气最佳季节，雨水少，日照强，气温反而比山下高。当然庐山的冬天很冷，多雪，一下就是半个月，积雪盈尺，一片银色世界，漂亮极了。山河被冰雪封住，人们可以坐在一张草席上从高处向下滑行。久雪之后，空气湿润，树枝上水淋淋的，如翌日放晴，在阳光折射下，光彩夺目，全山像是玻璃世界。俞老先生常年住在山上，熟悉四季天气，说起来绘声绘色，父亲听得十分高兴。

陈、俞二老是儿女亲家，陈三立的女儿嫁给俞大维。陈老的儿子、著名学者陈寅恪是清华大学教授，陈寅恪那年也在庐山，我们见过一面。

再上庐山

我于 1931 年 7 月赴美留学，离国一年多，在这期间父亲曾三次上匡庐。兹就家人日记、书信等材料，略记三次登山情况。

1932 年"一·二八"之役，商务印书馆总厂被日寇炸毁，东方图书馆也成一堆劫灰。我在国外得知后，想象得出父亲半生心血，毁于一旦，该有多么心痛。父亲在愤懑中为商务的复兴奔忙，时感晕眩和胸闷，乃于 6 月初上庐山休养。先托人在西谷大林寺租得一屋，上山后觉得太简陋，无法居住，又托那位甘洋人另租中谷北野路（North Field Rd.通称中路第三横路）99 号。牯岭最大最著名的仙岩饭店（Fairy Ginn Hotel）就在 99 号的斜对面。父亲上山后，即邀我岳丈平湖葛嗣浵（稚威）先生来避暑。据父亲翌年所撰《甲申合郡同集鸳湖修禊记》一文记载，两亲家追忆五十年前一同在嘉兴府考试秀才之事，"追谈光绪甲申同试郡城事，忽忽五十年，如在目前。历数侪辈，大半化为异物，为之欷歔者不置"。就在这时，商务印书馆将召开股东年会，须邀父亲去主持会议，父亲即于6月底返沪。

被日本侵略军炸毁后的上海商务印书馆总厂

为散原老人祝寿

父亲开完股东年会和董事会，于7月中旬携昌琳和珑儿乘"公和"轮去九江。这是第三次上庐山。住到8月下旬，因商务召开临时股东会，讨论重要问题，又一次匆匆下山。时伍光建先生与稚威岳丈的孙儿冰谷留在山上。商务公事处理完毕后，父亲于9月初特为陈散原老人80寿辰而第四次上山。

10月，散原老人80寿辰，子女们都上山祝寿，各地亲友纷纷寄来贺诗、贺联，久居庐山的几位老友当然亲临松门别墅颂祝。

父亲作四首贺诗，抄录如下：

散原先生卜居匡庐，弥见矍铄。今岁欣逢八旬正寿，谨集查初白庐山纪游诗成四绝句，借申颂祝。

人间难得好林泉，气爽风清秋景妍，
扶老安心就闲散，依然冰雪照苍颜。

先生旅沪时有小疾，山居后返臻康复。

> 行尽悬崖接翠微，林深谷暗人更稀，
>
> 相逢不谈户外事，惟有松柏参天枝。

先生结庐在松树路侧。

> 此间临池颇自可，一灯照壁犹吟哦，
>
> 想象先生旧游所，矧乃手泽存岩阿。

重修白香山花径，新辟黄家坡，先生均有诗文，勒石纪胜。

> 六朝风景独留松，突兀西南五老峰，
>
> 有此林峦应著我，他年终伴采芝翁。

先后三次亟思追随，终老于此。

　　父亲祝散原老人华诞后即返沪。不久陈三立前辈定居北平，从此两人没再见面。1937 年，"七七事变"后，散原老人不为日伪所拉拢，在贫病中去世。父亲闻讯后作七绝挽诗四首，以寄哀思。

　　七绝第三首，父亲重提庐山庆寿事，有"八十生日时帅有献千金为寿者"句，那位献千金为寿者，乃当时亦在庐山的蒋介石先生。抄录如下：

> 衔杯一笑却千金，未许深山俗客临，
>
> 介寿张筵前日事，松门高蹑已难寻。

君隐居庐山数年，八十生日时帅有献千金为寿者，峻拒不纳。余同居山中，时相过从。自是秋别后，遂不复见矣。

王志莘上山

　　王志莘 1915 年在南洋公学（今交通大学）念书，与树源堂兄同班，虽不同学科，交往却较频繁。王毕业后于 1923 年，赴美入哥伦比亚大学攻读银行学。30 年代出任新华银行总经理。1933 年秋，王去汉口与树源

张元济致张树源信（国家图书馆藏）

相晤。源哥一向关心我谋职之事，就与王志莘谈及我回国后闲居牯岭，王闻之表示愿意上庐山一会。树源即函告我，接待王志莘。我们急忙安排一间最宽敞的房间。王于数日后到达，稍事休息，即与我谈了新华银行的历史，1930 年的改组，王任总经理，首要革新人事，拟聘新人，开展业务。他直截了当邀我进新华。我当然接受他的好意，唯一时尚难下山。王表示不必急于决定。

翌日我们雇了三顶轿子，请王游览庐山风景。因王下午要下山回沪，只好到较近的几处看看。第一处观赏庐山十人合抱千年古木，人们称它为"宝树"，旁有一小庙。再游黄龙潭、白龙潭，后即返。饭后王志莘乘轿去九江。我即函禀父亲，愿入新华银行任事。另致函源哥，谢其为我谋事之美意。

买屋

父亲对庐山非常喜欢。他在贺陈散原老人 80 寿诗第四首中，注有"先后三次亟思追随，终老于此"语。可见其喜欢非同一般。父亲决定乘我在山时购置一屋，须在中路，地段要适中，过猴子岭较冷落，购物亦不方便。

于是，我就在中路从东到西来回走了好多次，仔细观察。从图书馆、电影院到仙岩饭店（即从 60 号到 106 号），是牯岭的精华所在。路东侧有两所国民党要人的别墅，一所据说是蒋的得力助手陈诚的，还有一所是何键的。过了哈佛路（Harvard）则坡度平坦，直至猴子岭。牯岭很多道路均以英美著名大学之名命名的，如 Yale、Oxford 等。对地形有了数之后，即去找相熟的房地产经营商甘师母。我看了 118 号 A，觉得地颇宽广，树木高大，房屋式样亦满意。屋内家具齐全，厨房用具如盆、碗、锅、灶等亦不必添置。不足者房屋太靠近中路。索价 4000 元。当日详禀父亲，附牯岭地图一份。不数日奉父亲回信，决定按 4000 元买下，手续费则由售主负担。屋款由上海电汇，一面交款，一面交契。甘师母陪我到牯岭公事房（Estate Office，门牌 26 号）办理过户手续。

公事房是全牯岭，包括西谷、芦林大约七八百幢房屋的管理机构，其主要任务有两项：一是办理房产地契登记、转让手续；二是房屋维护。是日，我和甘师母进入一大间办公室，只有一个英国人主管。我们向这位四五十岁的英国人说明来意后，他给我们一张表格，逐项填写买主姓名、国籍、常住地址等。我填了"张元济""中国"和"上海极司非而路 40 号"。售主一项则由甘师母填。洋人看了表格，即从书橱取出中路 118 号 A 房屋的档案。118 号 A 从开辟租界时起全部契据转让案卷均保存在夹中。洋人又从保险箱中取出编好号码的空白地契，取下一张，填上父亲的名字、上海地址及国籍。一手将地契交与我，并与我握手，表示欢迎我们常来牯岭居住；以后如有事可来公事房找他。办理过户手续仅五六分钟，收费一元。办事效率之高，态度之和蔼，令人佩服。

关于房屋维护工作：凡屋主下山，须将门窗关好，总门上锁，把钥匙交与公事房，公事房出具收据。下次来时凭此取钥匙。公事房把牯岭划成若干小区，每区派一巡查队，约四五人，每天到小区巡视一番。他们选定一树钉上小木箱，巡查后把公事房发给的巡查卡投入箱内。由公事房的英国人和一位华籍助手（好像姓姜）轮流到各小区视察，开启钉在树上的小木箱，取出投入的卡，核实张数。这个制度使屋主感到放心，有安全感，乐于每年缴纳巡查费十元。

整修房屋

购进 118 号 A 房屋后，我们忙了半个多月。首先打扫新居，先内后外。门窗原漆白色，年久泛黄，重漆一次，焕然一新，又添做一批花布窗帘，最后将被褥、衣箱、日常用品从 99 号搬来。退租后将钥匙送交甘师母。后又雇一男工清理花园，锯树除草，沿东南墙边种好几株松柏。时商务印书馆在街上开设分店，由南昌分馆经理单祺汉主持。我们上街必去购买图书、文具，故与单很熟。他知道我们新居门窗油漆剥落，建议用桐油加黑漆调匀，自己动手，并表示有空来帮忙。就这样，单君和我一起动手，女佣雷妈亦参加，不到一星期完工。新屋气象一新，可以迎接双亲来避暑了。

母亲上山

山上买了别墅，全家除母亲外都去避过暑。为免母亲独守老家，忍受酷暑高温，我决定于母亲生日 6 月 10 日（阴历五月十八日）前回上海。到达之后，先为母亲准备行李，添制两件夹衫、绒线衫，买了一条羊毛毯，又提议邀徐干娘做伴同行，母亲大为高兴。我即往徐府邀请，正好她的儿子新六（振飞）在家，鼓励其母去。时新六任浙江兴业银行总经理，是上海租界华人纳税会的主要人物。

五月十八日母亲生日那天，虽非正寿，仍备宴席，邀请舅母、姨母、徐干娘和刚从海盐来的冯姑母等热闹了一天。——哪里料到第二年的这一天，母亲已安葬在海盐张氏合族公墓了。

我买得 6 月 20 日怡和洋行的"德和"号船票。是晚动身前，父亲对母亲说："太太（父亲称母亲为太太），我今年为商务印书馆印《二十四史》，恐不能去了，这也无法。你去牯岭，少喝些酒，一天一次，香烟最好戒除，对身体大有益处。"回过头来对我说："你听得我的话

庐山仙人洞（前排：张珑；后排左起：葛昌琳、许子宜、徐干娘）

庐山别墅正影及小屋（张树年夫人葛昌琳与女儿张珑在此合影）

么？劝劝你母亲少喝酒，少吸烟。"

晚上登轮，母亲和干娘一间。三天船上生活极为安静舒适。一早抵达九江，立即乘汽车到莲花洞，换轿登山，近午到牯岭。昌琳和珑儿在新居门口欢迎，下轿后，搀扶入室。

我们请母亲住在"白房间"（房间墙壁漆白色），干娘住绿房间（漆绿色）。中间隔一浴间。下午行李运到。铺好床铺，让母亲、干娘睡个午觉。

我们担心老年人登上海拔一二千米的高山不习惯，可是两位尊长并没有任何特殊感觉，每天上午在园中散步，看看各种野花，有时在附近走走。过了几日，我们雇了轿子请母亲和干娘游山，所去之处就是邀王志莘去的三处，即庐山最古最高十人合抱的"宝树"、黄龙潭和白龙潭。母亲要买瓷器，我们上街，近公事房一带有不少瓷器摊贩。我们找到雷大茂的小老板，第二天就挑了两筐来。母亲、干娘坐在廊下细细选购，买了花瓶、饭碗等，如此者有好几次。两位老人都觉得是有趣的消遣。有一次我们上街，遇见普济药房董公泽的夫人，她介绍清凉饭店的名点萝卜丝饼。我们想请母亲、干娘去尝尝。选了无风无云的好天，雇了轿子陪两位长辈去一试。我们坐在沿窗的方桌边，除萝卜丝饼外，还点了几盆菜，两盅花雕。极目远望，可以看到长江和公路上奔驰的汽车。待红日西下，乘轿尽兴而归。是晚没再备酒，遵父亲临别时的叮嘱。

另建小屋

去年买了 118 号 A 之后，父亲详细看了我的信和地图，觉得房舍太少，而地面甚宽，拟另建屋数间，人多可分居两处，否则可出租，并嘱我在山上招一包作，绘图估价。我将包作黄老板绘的图纸寄呈父亲。父亲用红笔略作改动，寄还与我，另一份径寄源哥。选定建屋位置，但觉得地势较陡，须填平之后可动工。正好对面 117 号熊式辉府第建游泳池，挖出大量泥土，须雇工挑去。就与熊府管家联系，土可挑到我们园中，一拍即合，双方都得益，挑土费用由熊家付。数天挑完，等下几次透雨，松土下沉，即可动工。小屋有客厅一大间，大小卧室三间，浴室两间。后面厨房、下房两间。

父亲忙于编校《百衲本二十四史》，但仍抽暇上山清静一番，于9月3日乘太古洋行的"吴淞"轮离沪，5日到山。这是他第五次上山。我们让出大房间请父亲住，自己搬到正屋后面的下房，珑儿与祖母同住一间。三天后源哥自汉口来山，没有正式卧室可住，只好安排在客厅外三面装有玻璃窗的阳台上，好在有窗帘，勉强可住。父亲此来只住了十天，但很高兴。看见母亲来山一个月，气色大有好转，对山居亦满意，对身体确有益处。又仔细察看了新买的别墅，添建的小屋虽未完工，但雏形已现，嘱咐我们今冬多种杜鹃，这是庐山的特色。父亲未去拜访久居山中的老友，只是在家畅谈家常。记得所谈都是婚事，一是树敏姊与孙逵方婚事，二是源哥的婚事。夏二姨母（夏敬观夫人）介绍许小姐。许家与我们有世交，其父许鼎霖（九香）在清末为建铁路与父亲时有联系。双亲对源哥续娶一再敦促其成。

父亲对衲史事仍不放松，主要与丁英桂通信。丁将《鲁之春秋》《元史》《南史》《魏史》《宋史》《南齐书》《陈书》等毛样寄来，父亲校阅后寄还。同时开始写《记百衲本二十四史影印描润始末》和附件三种，即《修润古书程序》《修润要则》和《填粉程序》（见《张元济诗文》，第247—250页）。

《衲史》定于1937年出齐，有大量工作要做，父亲急于回沪主持。树敏为婚事屡次来催母亲回去。时珑儿有微热，亦须就医检查。干娘同时回家。9月16日一早下山。昌琳留在山中。

母亲去世以后

母亲于1934年5月2日（阴历三月十九日）逝世，6月17日落葬。是年父亲编辑、印行古籍特别繁忙，《四部丛刊·续编》《百衲本二十四史》两大巨著交叉进行，在致树源信中说："我近来身体甚好，唯校书事太忙，无片刻之暇，殊以为苦。然商务印书馆为此是一家养命之源，我虽不拿一钱，然我若放手，恐大家从此松散，真觉得进退两难也。"

双亲情谊素笃，母亲去世，父亲在校史休闲之时，抑郁不欢，孑然一身，有孤独感。时我在新华银行静安寺办事处工作，离家颇近，公毕如无应酬或行务会议，急忙回家，陪父亲同进晚餐。一天我凭傅增湘沅叔丈来信，婉言劝父亲去牯岭休养。傅信中说："敬维贤夫人鸿案相庄，历数十年，克勤内职，俾公得以专于学问事业，发挥光大，薄海咸钦……且婚嫁已了，向平愿毕，亦可以无遗憾。切冀我公放怀达观，勿过为悲悼……闻公近来校书过劳，似宜少节，或得年少之人相为佐理，我公但督视之，则事亦可举。"父亲紧握我手，一言不发。久之长叹一声说，想不到你母亲60未到就离去了，倘若活到70该多好呀。逾半月傅沅叔丈又来信，他游罢长沙偕邢冕之到九江，去牯岭。信中称"遵命诣新居小住。朱性存照料极周至（朱系我家园丁，派往牯岭管理房屋）。侍与邢君各住一室，耳目怡悦，心神舒适，胜于客邸十倍。当夕仙岩晚餐，排日清游，归来眠食俱安。拜公之惠，匪可言喻。刻定于明晨下山，乘轮船西上，即作归计矣"。信末注："新构精舍似可用公家'松下清斋'四字以榜之。"父亲看了沅丈写的"松下清斋"横幅，十分喜悦。所谓"公家"即我家涉园也。

父亲感到沅叔丈信中所言各点诚恳坦率，决定去牯岭休养，当然以校书为主。昌琳携珑儿先去。房屋空关已达半年，打扫清洁，父亲再去。同时父亲手头校书之事亦须安排妥当，方可离沪。

6月29日母亲忌辰摆供后，当晚，昌琳、珑儿乘"公和"轮去九江上山。在船上遇穆筋清先生，带了如夫人和两女儿去庐山避暑。他们初次去，情况不了解，亦无熟人照料。昌琳就将新建小屋租给他们，租金400元。后来知道穆老先生浙江湖州人，办丝绸厂，因年近古稀，将厂交与女婿蔡声白经营。厂名美亚绸厂，是著名丝绸企业。穆老不吸烟，在名片反面印有"诸君莫吸烟"字样，颇有远见。

父亲于 7 月 10 日动身。临别前我向父亲说，我进新华才半年，母亲患病，办丧事请假多日，不便再启口陪父亲同往。父亲说："汝应恪尽职守，方不负王君之知遇。"昌琳来信，知父亲于 13 日清晨七时半到山，身体不如以前强健，时有半度微热，去伯利医院就诊，查不出任何病源，认为上山乘轿受颠所致，应多多休息。阅信颇为焦虑。自母亲病、亡、安葬，历时半载有余，加诸校印古籍事重于往年，父亲精神上体力上处于紧张状态，一旦松弛下来，体力支持不下。即复一信，请琳多加注意，备些适合父亲吃的东西，食补重于药补。同时函禀父亲，对校书请勿过于劳累。父亲亦知体力远不如前，乃分别函约亲家葛稚威先生和伍昭辰先生来山相叙。有如三年前在 99 号拍摄照片上所题"仙山重逢"之句，重温旧事。两位老友分别于 7 月 31 日和 8 月 3 日到山。父亲有挚友相伴，身体渐见康复，兴趣亦随之而来，与久居山中的俞寿丞、李钜庭时相往来，并函告树源："出门访友，安履甚好，往返约行十里。"来客亦不少。8 月初的一天，徐新六来访，送来我托带的药物。新六来牯是参加国防会议。会议就在我家对面 117 号熊式辉府第举行。国民党要人如蒋介石、陈诚、宋子文、孔祥熙、杨永泰等集中在此。来访者还有上海大业印刷厂主李屑清先生。大业厂与商务印书馆虽无业务关系，但亦属同行。李有一女佩菏患肺结核症，知道昌琳在山休养，效果甚佳，托我租屋，使其女在山安静养病。是夏亲自上山探视其女，特来访问。

8 月下旬天气转凉，避暑者纷纷回去。李屑清先生、许良臣表兄下山前均来辞行。岳丈亦在此时离山回平湖。十天后昭辰丈返沪。父亲山居近三个月，身体康复，决定 27 日下山。动身前一天，应一德国人柯拉志之约，到其家茶叙。昌琳、珑儿同往。柯君久居牯岭，住上中路 174 号。从我家去，先过猴子岭，转入横路（Pennsylvania Road）向上走。柯备茶点四盆，边喝茶边聊天，他能说中国话。柯喜打猎，严冬曾去铁船峰，在陡坡下打得一豹；又从含鄱口下山，打得麂、野鸡等。讲得有声有色。

27 日一早父亲乘轿下山，带回庐山松三小盆、野栗一小筐，均放在轿子的踏脚上。10 月 1 日我在船埠迎接。

最后一次上匡庐

1935 年夏，岳丈病重，入上海医院治疗。7 月 23 日父亲携嘉兴沈君所画《鸳湖修禊图》前往医院探视。时岳丈睡着，父亲即留函放在床侧。录信如下：

> 前日造访，见清恙向愈，欣慰无似，然精神尚未恢复，不敢多谈。沈思翁来信并《修禊图记》未敢呈阅，仍携之而归。兹嘱小儿代存，俟贵体康复再行呈上。留颂稚威仁兄痊安。

时珑儿微热不退，医嘱去牯岭静养，而昌琳因父病重，不克离沪。父亲决定送珑儿上山，树源之女祥保与珑儿做伴同行，于 7 月 23 日乘"隆和"轮动身。到山之后时时来信询及岳丈之病，得悉病情日趋严重，于 8 月 8 日逝世，即拍唁电，同时拟就挽联两则，待开吊时悬于灵前。两联录下：

（一）

续命恨无方，岂坐垂堂，终惜千金轻一掷。
怀才嗟未遇，遥瞻泮水，且迟九载靳重游。

（二）

匡庐小住，泰华攀登，胜迹追随今不再。
同学少年，缔姻晚岁，知交零落我何堪。

父亲到山不久，忽然牙痛，导致高烧，入伯利医院治疗，住院三天回寓，感觉疲乏，两足无力，看书稍多，便觉困倦。我闻悉之后，很不放心。时祥保在约大读书，开学在即，于 9 月 1 日回沪。我乃向银行请假，幸蒙批准，遂即偕昌琳乘沪宁夜班快车到南京，改乘太古洋行"黄浦"轮到九江。这样可省却两天时间。

　　抵达牯岭，见父亲颇健，唯校书忙甚。《百衲本二十四史》扫尾工作极繁。9 月 16 日回上海，我随行。昌琳、珑儿在山过冬。这是父亲第七次亦是最后一次上匡庐。

第十三章
我的求学、婚姻、谋职

求学

我先是在家延聘教师念书八年，后来父亲听从其友英国爱尔兰医生柯师太福之劝告，送我去学校就读。1923 年春节后开学，父亲亲自送我去圣约翰。我的卧室安排在思怀堂（通称"钟楼"），四人一间。父亲临别时叮嘱数语：首先用功读书，闻此校洋教师较多，授课均用英语，汝应用心听取。其次是择友，应与人品正、成绩优的同学多接近。再次应注意学校制定的各种制度，遵循不误。最后，应选一二种时间、体力适合的课外活动，适当参加。

当时学制中学四年，除国文、作文外，其余各课均用英文。在家最后半年，经蔡正华先师督教，英语听觉尚可，困难不大。唯教师点名提问，须起立回答，则感紧张。好在教师了解初学英语者的水平，提问比较浅近，答一二句即可。

在择友上，遵循父亲的教导，在同班同学中认识了功课较优的六七人，相互切磋。课余在校园散步，了解彼此家庭情况、个人爱好等。学期结束，各自回家，与其中三位同学约定用英文通信，以资练习。

按照学校规定，同班同学可以自由选择同住一室。秋季开学时，我和张椿元、杨元恺、葛中超同住。我们自己制定了室内规则：（一）每晨起床，叠好被褥。（二）清洁书桌，整理好书籍。（三）床铺下衣箱、杂物每周清扫一次。中学部主任 Norton 先生每周不定期检查学生宿舍。我们的房间经常评为一级，受到表扬。

记得椿元有一恶习，惯说脏话。我们三人联合起来，警告他每说一次罚铜元一枚，由元恺保管。两三个月果然见效，革除了恶习，所收铜元如数归还。椿元感谢我们的好意，在校内小卖部（大家称它 Store）请我们吃了两次肉丝面，彼此更见融洽。

学校规定开学时各班级学生每人缴付班费一元。我愿任财务，收齐后存入上海银行设在校内的服务处。存折由我保管，支取时我和班长会同签字，放假前公布账目，受同学监督。这是我第一次参与社会活动。

约大每年出一册《约翰年刊》，由学生会推选《年刊》编纂委员会，计有总编辑一人，中英文编辑各一人，美术、体育、摄影等编辑若干人，总干事一人。1926 年的《年刊》总编是大学毕业班中英文俱佳的严家淦同学。总干事管理年刊经费事宜。我任班级财务三年，未出差错，得同学们的信任，推举我担任此职，因而常与严家淦交往。严为苏州人，出身书香门第，其长兄严家炽与父亲相识，所以他知道我与商务印书馆的关系。经父亲介绍，我多次往闸北商务总厂与史久芸先生联系。《年刊》由商务承印，准时交货，价格十分公道。再通过父亲请著名教育家蔡元培先生为《年刊》题签。年刊编纂者得知此事，都感到十分欣幸。

约中毕业可直升大学。大学采用学分制，课程比较少，着重培养学生的独立思考和写作能力。教师提供若干种参考书，学生课余常去图书馆查阅，积累资料后撰写文章。另外，校方还邀请名人、学者向高年级学生演讲，内容为时事、各国议会制度等。记得曾邀王云五来校讲述"四角号码"编制过程及其用法。

我因患伤寒，辍学一年，推迟于 1931 年毕业。约大每届毕业典礼，邀请社会名人演讲，我这一届邀请的是外交总长王正廷先生。毕业生家长也应邀参加。双亲按时而来，坐来宾席，看我戴上方帽子，取得经济系的学士文凭，当然十分喜悦。典礼结束后，父亲与素相认识的王总长会晤。王曾在商务印书馆工作过。父亲言明我将去美国深造，拟请王出具介绍信与驻美公使施肇基先生。不数日即收到介绍信。

是年 8 月偕同学葛中超前往美国，在西雅图登岸，沿途游览了黄石公园、尼亚加拉瀑布，9 月初抵达纽约，住国际留学生公寓（International House）。翌年春假，公寓特为外国留学生安排去华盛顿观光旅游四天。最后一天自由活动，傍晚我持王总长的信往公使馆拜访施公使，由一位官员接待。他十分殷勤，但称我国正受日本帝国主义军事侵略，施公使外交活动频繁，不在华盛顿。寒暄之后，此君告诉我公使馆经费短缺，向国内函电催促，竟无回音，出于无奈，将公使馆房屋向银行抵押，现在借款到期，银行限期赎还，否则没收。我听了为之吃惊。既然施公使不在，而馆员们处境窘迫，随即告辞。走出门外，我回头仔细观察了使馆的房屋和四周环境，不胜感慨。

由于日军侵占我国东北，纽约市留美学生联合会组织募捐活动，支援东北流亡学生。这是海外游子应尽的天职。联合会规定只向华人募捐。旅居美国的华侨绝大多数是小商人，开设洗衣店、小饭馆。参加募捐者两人一组，随身携带募捐筒、宣传品等，华侨见了都慷慨解囊，但限于经济能力，所捐之数甚微。也有同情我国的美国人，主动以五元、十元钞券捐助，我们热情地道谢。

美国在波士顿有一家颇有名望的出版公司金恩公司（Ginn & Co.），专出中小学教科书，业主名普林姆敦（George Plimpton）。商务印书馆经销该公司的书籍。我在约中读书时，所用的英文、数学课本均为这家公司的出版物。普林姆敦先生曾两次来中国，并参观了商务总厂和发行所。1932年暑假，我和葛中超去波士顿，并函告普老先生。他来电话邀我们去他乡间别墅度假四天。别墅有土地 600 公顷，大片森林。住宅前有游泳池，晚上时常宴请亲友。他和我大谈其二十多年前到中国游览，参观商务印书馆，与父亲的友谊等事。他说他的公司规模和出版物种类，绝不能与商务相比。可是商务在几天之中竟被日本侵略军毁灭，言下不胜愤慨。他的一位亲戚还大发议论，说一个腐败的政府，无力抵抗敌人，不能保护国人，使人民受苦。

1932 年 9 月，我取得纽约大学硕士学位。原想取道欧洲回国，但考虑到日寇侵华，商务被毁，家庭经济衰落，乃择最省、最短之航程回国。

婚姻

受父母之命，我 10 岁即与平湖葛嗣浵（稚威）先生三女昌琳订婚，20 岁结婚。婚礼在大东旅馆举行，请蔡元培先生证婚。

岳丈稚威先生与父亲早年在建设沪杭铁路筹集资金时即认识。两位尊长有搜集古籍的同好。葛府祖辈建有传朴堂藏书楼，父亲则为商务印书馆涵芬楼收购古籍，故而交往更密。岳丈在家乡办了稚川学堂，培养了不少优秀青年，他们毕业后继续深造，后来成为各方面的专家，如冶金专家邹元爔、留德妇产科名家金问淇、古籍编辑周振甫等。岳母系海盐徐用仪之女。

我们共生两子两女。长女懿、长子传均未满周岁而夭折。传儿出生，父亲异常喜悦，在日记中有记载："新孙生五日矣。命其名曰传，取'七十曰老而传'之义。余将以七十年来所得之知识尽传之

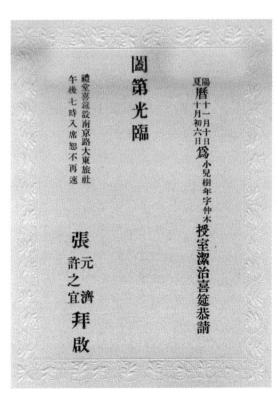

陽曆十一月十日爲小兒樹年字仲木授室潔治喜筵恭請

禮堂喜筵設南京路大東旅社 午後七時入席恕不再速

闔第光臨

張元濟
許之宜拜啟

张树年、葛昌琳结婚请柬

于彼。"不幸传儿不足半岁即殇，葬于庐山安乐公墓。父亲撰碑文："长孙传以民国二十六年一月二十五日生，至七月十日而殇，既葬而铭曰：生来半期，天遽夺之，瘗汝于斯，长相离兮长相思。"

懿女六个月时，去兆丰花园（今中山公园），正值初夏，受暑不数日夭折。传儿上高山，气候不适宜，到山即亡。这是我们缺乏婴幼儿保健知识所致。每思及此，为之伤心。

母亲逝世后，家中人少，觉得冷清。父亲编纂古籍，疲劳时躺在摇椅上闭目养神。次女珑儿跳跳蹦蹦来陪伴祖父，扫去老人一时的孤独感。记得晚饭后常吃葡萄。有一次吃完未买，珑儿四处寻找，边找边唱"葡萄哪里去了"，逗人嬉笑。

谋职

回国之后，首先考虑的当然是就业谋职问题。源哥对我的职业颇表关心，他在致父亲的信中曾提出应谋一公司经理或工厂副经理之职。父亲复信中说："我意薪水固不宜计较，地位亦不当争。所云公司经理、工厂副经理，此时谈何容易，且徐徐再看机会。"

记得我在圣约翰大学毕业前夕，与几位同学谈论毕业后谋事的问题。有一位同学知道我家庭情况，他说你毕业后即将去美国留学，得了硕士回来，再凭你父亲在商务印书馆的地位，你必然会进去工作，找事对你来说是不成问题的。我从美国回来后，为谋职事曾与父亲做过一次详谈。我向父亲表示，一、不愿进政界，因为在政府机关任事，全靠人事关系。所谓一朝天子一朝臣，职业不稳定。二、不愿进洋商企业。在美国留学时看到歧视华人的种种情况，不愿在本国国土上为洋老板效劳。父亲同意我上述主张。接着他说："你不能进商务，我的事业不传代。"他还分析了我进商务有三不利。第一，对我不利。由于父亲在商务的地位，我进去之后必然有人，甚至有一帮人会吹捧我，那就使我失去了刻苦锻炼的机会，浮在上面，领取高薪，岂不毁我一生。第二，对父亲不利。父子同一处工作，在公司内部行政工作上，父亲将处处受到牵制，尤其在人事安排上，很难主持公道，讲话无力。第三，对公司不利。这将开一极为恶劣的风气，必然有人要求援例。人人都有儿子，大家都要把儿子塞进来，这还像什么样的企业。最后父亲说："我历来主张高级职员的子弟不进公司。我应以身作则，言行一致。"回忆当年我们父子一席话的情景历历在目。六十年前的旧社会，子承父业是天经地义的，而父亲却主张"不传代"，冲破了千百年封建思想的束缚，难能可贵，至今仍给我留有深刻的印象。

最后，由源哥介绍其南洋公学同学王志莘（时任新华银行总经理），我于 1934 年 1 月进入新华银行，开始了我几十年的银行生涯。

第十四章
母亲去世前后

　　母亲在牯岭休养了一个多月，心情舒畅，胃口增加。如果不因树敏姊婚事，很想住到初冬，那将对她的身体大有益处。

　　回到上海，忙于办喜事，不像山居那样清静。姊姊要求妆奁办得十分齐全考究，家具就要四套，包括卧室、客厅、餐室和书房，最后竟提出要冰箱和汽车两大件，全然不顾父亲已经退休、商务印书馆遭日本侵略军战火的巨创以及父亲遭绑架等现实情况。母亲对这"两大件"感到十分为难，明知家境远不如前，一时拿不出这样一笔巨款，但由于爱女心切，只得东拼西凑，允其所请。考虑到今后的生活，母亲精神紧张，闷闷不乐。

　　双亲对姊姊的婚事早有考虑，曾先后托至友作伐，介绍的对象有学者、医师、银行家和政府官员，而姊姊却自称独身主义者，一一拒绝。直到 30 岁时，她认识了留法学法医的孙逵方。1933 年 11 月 11 日结婚，礼堂设在大东饭店，请蔡元培先生证婚。新居设在静安寺路（今南京西路）西摩路（今陕西北路）转角的一幢高级公寓内。

　　喜事办完之后，母亲疲惫不堪，精神萎靡，全身不舒服。稍后有微热，黎明前出虚汗。至 1 月 15 日热度骤升至 40℃，退尽后又复发，每日在 38℃左右。父亲邀逵方来治，称心肺俱好，不致有危险，每天打一种针药，4 天一个疗程。一个月过去，并无起色，热度时升时降，精神尚好，惟日渐消瘦。逵方邀其法国同学邝安堃医生同来会诊，仍难确诊何病。父亲不主张乱请医生，全托付给孙、邝两人。

2月14日年初一，因母亲有病，全家无心过年，除供祖宗外，年夜饭也没吃。父亲情绪很不好，认为母亲"平日吸烟饮酒过度，颇为可虑，只有尽大力，以待天命。"（摘自致树源信）我函告昌琳，要她即携珑儿回家。昌琳于4月9日回沪。

我见母亲病情日趋严重，不得不向父亲提出更换医生的意见。我把父亲请到他卧室，跪在他膝下，我说我见母亲如此痛苦，父亲一向主张不乱投医，病家应与医生合作，这是对的，但所请医生必须医道高明，针对病根治疗，而逢方学的是法医，两个月来还诊断不出所患何病。我今天为母亲请命，如父亲不同意，我就不起来。最后父亲亦流了泪，问我那么请谁呢？

我请教两位亲戚，留德医学博士金问淇和沈谦，再与约大学医的同学商议。他们提出两位：一位是德国医生布美，另一位是我国名医牛惠霖。我向父亲禀告，得到同意。4月14日，我向银行请了半天假。下午布美来，诊治后约我至楼下客室，严肃地说："你母亲所患的是肺癌，已到晚期，危在旦夕，剧痛时注一针吗啡，稍减痛苦。"第二天请牛惠霖医生，也断为肺癌。癌是不治之症，而且已到了晚期。牛医生不开处方，劝吸鸦片，以减轻痛苦。我即将两位医生的诊断向父亲禀报，父亲似感内疚。回想年初逢方尚称心肺俱好，现在却知病根即在肺部。如果早动手术，或可多活一些时日，悔之晚矣。

不数日母亲感到胸部疼痛，忽然吐出不少脓血，反而舒服些，可以喝几口薄粥汤。大家松了一口气，希望能有转机。这时，母亲要看看孙女小珑，即叫昌琳抱到床边。母亲张开眼睛看了一眼。珑儿见了祖母，与半年前在牯岭时判若两人，勉强叫了一声奶奶，别转头，急急逃开，从此再也不肯进去。过了两天，热度又高至40℃。我在银行开行务会议，接父亲电话，命我即归。银行派车送我回家。翌晨母亲腹泻两次，精神疲乏，病情时好时坏。这大概就是俗语所说的"回光返照"。

我每天下班回家，晚饭后坐在床侧。母亲面目浮肿，昏昏沉沉。我叫她，她知道是儿子，张开眼睛，面露微笑，握着我的手不放。我陪到深夜，等她入睡，方回房休息。

冯姑母闻知母亲病重来沪，见状即私下与昌琳说，应办后事，先做寿衣。昌琳即去先施公司剪衣料，交裁缝赶制。又需母亲放大照片，悬挂在灵前，就将我 1931 年去美留学时所摄合家欢的照片，就母亲头部放大，配以镜框。

这几天来，问病的至亲络绎不绝。来后必到母亲病榻前慰问几句。父亲正赶写《衲史》各史序跋，对问病者还须应酬一番。而姊姊因改请布美、牛医生，大为不满，每天只来转一下，问个好，即乘她的英国 Hillman 牌汽车走了。

5 月 1 日（阴历三月十八日）晚，母亲昏迷。父亲校史事毕，走到母亲床边，轻轻问母亲有无痛苦。母亲突然清醒，张开双眼，对父亲说："我今天不会去的。记得我三月十九日来归，我要忍留一天，凑足三十九年。你快去睡。"果然，翌晨（5 月 2 日，阴历三月十九日）八时十五分，母亲去世了。享年 59 岁。

双亲感情素笃。父亲痛悼之时，尤甚镇静，伏案写致族人及至亲的报丧条，电话请中国殡仪馆（在海格路，即今华山路）派灵车来接遗体，并定 4 日大殓。此外，他还起草《张元济谢、告亲友启事》，送《申报》于 5 月 6、7 两日刊登。启事如下：

先继室许夫人不幸于本年五月二日病殁沪寓。业经成殓，即运柩回海盐原籍，袝葬本族公墓。始丧，除在沪至戚近支外，均未赴告。成殓之日，乃蒙诸亲友枉临垂唁，宠锡多仪，存殁均感。现在宅内不设灵堂，亦不在寺庙举行何种仪式，更不敢循例开吊，多所惊扰。归葬有期，亦不渎告。赙礼一概辞谢。无论何物，万勿见贻。即寸香片楮，亦不敢领。务祈矜允。再逝者卧病数月，叠承存问，衔感万分，兼代告别致谢，统乞垂詧。

上午十时许，殡仪馆灵车开到，全家和至亲送母亲遗体到车旁。我和昌琳上车，坐在遗体后面的小凳上。

我想 1914 年 1 月下旬，随母亲乘马车来到极司非而路 15 号 C（后改为 40 号）新居，今 1934 年 5 月 2 日，送慈母遗体出 40 号，整整 20 个年头。我当年是个跳跳蹦蹦的八岁孩童，如今留学回来，在银行任职，结了婚，生了女儿，将进入而立之年。在车上，我感到昏昏沉沉，随汽车颠簸和摇晃，思索着母亲 20 年中一幕幕欢乐和忧伤的情景。到了殡仪馆，遗体停放在大厅后面的殡房。昌琳把带去的寿衣和照片交与殡仪馆经理。该馆系江西富翁陶星如所办，殡仪馆大厦是陶的家产，陶本人住在后面一幢小洋楼内。父亲与陶相识，故照料特别周到。

近午回家，客已散去。下午将母亲的床褥搬出，全室大扫除一番。提到这张床还有一段往事。我进新华银行第一个月领得薪水，找了一个西式木匠，为双亲做了一对新床，每只价 50 元。原来的那张床，还是当年新居建成后，父亲从拍卖行买来的。新床送到时，母亲已病，但尚能由两人搀扶着起来，坐到旁边的沙发上，等更换好之后，上床躺下，对我说："舒服得多。"

4 日大殓。上午，父亲仍在忙于校书，并致函丁英桂，谓："明后两日，公司放假，如有校样，务请今日尽数发下，为荷。"我和昌琳上午去殡仪馆，先去静安寺一家花店，当场特装两大竹编花篮，全部用白色花朵，以康乃馨为主。花篮白缎带上写"子媳敬献"，供在灵前。午饭在殡仪馆侧面小客室叫了四盆素菜。

父亲一时到达，二时大殓。宾客陆续来到，人数不少。二时整，灵柩从后面抬出，放在大厅中央。我在盖棺前看了母亲最后一面，就和昌琳跪在灵柩下首。只听得木匠在钉钉，最后用斧头在灵柩头部钉最后的大钉，这声音使我怔了一下，眼泪直流不止。有人扶我起来。有八名工人抬棺送入殡房。父亲走在前面，我和昌琳随后，来宾鱼贯而入。一个半小时后，宾客散去。

大殓之后，父亲强抑悲痛，处理商务印书馆诸事。父亲明白肩负各事不应推卸。社会需要他，商务需要他，保存和发行古籍需要他。丧事结束之后，父亲仍忙于商务公务和影印古籍事。我已请假多日，6日去银行销假。7日是星期天，我和昌琳去至亲家谢步。

母亲于6月17日下葬，葬于海盐张氏合族公墓。15日灵柩从殡仪馆起运，至苏州河内河轮船码头，雇一艘"无锡快"，挂在平湖夜班轮船后面。我和昌琳护送，冯姑母同行。下午五六点钟开船，第二天早上到平湖东湖。岳丈特来船上祭奠，并嘱事毕到平湖耽搁一天回沪。午后船从平湖摇到海盐，祠堂管理人员来接，雇人将灵柩抬到公墓享堂。我们住在冯姑母家。

17日父亲携树敏、逵方、树源及许宝骅、许宝康乘汽车来海盐。下午在公墓举行安葬仪式。我跪在墓穴旁，父亲宣读祭文。

父亲在祭文中倾诉了他的哀思，又再次陈述了他对旧丧仪的批评和提倡薄葬的决心。

安葬仪式很简单，一个多小时结束。父亲及树敏、逵方、树源和许氏两表兄弟当天返沪。我与昌琳到平湖，吃了当地有名的江西带汤鸡面，确实别有风味。下午回上海，到家已晚上八时。

树源在上海耽搁了几天，临别前父亲依依不舍。他对源哥说："汝妹一嫁，耗费不少。我年来出多入少，景况渐难支持。祥保学费仍由我负担，其他日常生活费则由汝存款中拨付。"

第十五章

父亲两次远游

父亲于 1935 年春远游陕西，翌年又去四川。我未随往，父亲亦未留下游记，仅有一些致亲友的书信及几首诗，但可以勾勒出其游踪，兹分别略述如次。

陕西之行

1935 年，父亲忙于编校《四部丛刊·三编》和《百衲本二十四史》。母亲逝世已有一年，一幢住宅内只住了四人。父亲校史余闲，不免追思母亲。我只能在晚上陪陪他。可恨我对古籍一窍不通，无法插话，父亲说："父子相对无言"，足见生活之枯燥。

平湖徐眉轩与我岳丈既为同乡，又有戚谊，所以过从很密。他知道父亲生活寂寞，便提议作西北之游。眉轩与当时陕西省主席邵力子有旧，由他从中联络，岳丈函约父亲。西安、咸阳古迹中外闻名，向往已久，父亲立即同意，乃约浙江兴业银行董事长叶景葵。叶与邵力子系同乡，由叶再约浙兴银行董事陈理卿。我的襟兄刘培余，一向爱好旅游和摄影，得知各位尊长有长安之行，请求陪往。

一行六人于 4 月 25 日乘津浦路火车到徐州，换乘陇海路车西行，翌晨抵达郑州。时源哥在郑，到站迎接，偕往旅舍。住一宵，继续西行。原拟先游华山，由华阴登山，不意叶景葵之弟幼达到潼关后，在车上探得庙中驻兵，投宿不便，遂改赴西安。28 日到达古都，邵力子派武权吾在车站、城门招呼，故未验行李。中途先以电话告知商务印书馆西安分馆，到达分馆时经理、馆员、茶房出迎招待，同至西北旅店下榻。

邵力子先生系父亲南洋公学时的学生，招待周到，并陪同父亲一行游览全城及附近各处。他们在西安前后共十天，其间去了咸阳。5 月 9 日乘汽车到华阴，县长马子翔迎于驿中。遂登华山，在山上共住三天。在山上遇到无锡人过霁云女士，其家在郑州。回到华阴后，马县长在县衙设午宴招待。即日乘火车赴洛阳。

次日游龙门，当天到达郑州。过霁云设家宴招待。当晚上车离郑赴徐州，转津浦路车回沪。

在徐州受到陇海路工程师兼站长何公华的热情接待。何君苏州人，留学比利时，学工程。学成回国后在铁道部工作。陇海铁路系比国投资建造，何在该路任要职。公华之母系杭州许氏，是我母亲的远房侄女。公华夫人系上海时报馆主狄平子（楚青）长女。

父亲此行留下 11 首七绝，抄录如下，以补资料之不足。

摄于陕西华山玉女峰无根树前（后排右二张元济，右三叶景葵，右四葛嗣彭），1935 年

咸阳道中口占

王侯将相今何在，满眼累累尽一抔，
底事群雄犹逐鹿，拼枯万骨委蒿莱。

骠骑勋名万古留，长将马足踏胡头，
同仇敌忾差堪取，不灭匈奴誓不休。

咸阳古道丰桥岸，虞美人花白间红，
倘许项王窥国色，当年应悔让关中。

我车轻驶逐红尘，稳坐飞行百里程，
堪叹道旁牵索者，犹随牛马作劳人。

谢马子翔县长

由西安乘车至华阴。将登华岳，县长马君子翔迎于驿中。下山后招至衙斋午饭。情谊殷拳，赋此以谢。

管领名山吏亦仙，花阴栽遍县堂前，
他年若遂买山志，更愿为氓受一廛。

游华岳

游华岳毕，乘轿下山。山形陡峻，特倒坐以避其险。拈此解嘲。

游尽三峰两日程，去时无限别离情，
好山未许回头看，故使舆夫对面行。
千岩万壑争奇秀，归去难忘此画图，
倒退看山看不厌，漫嗤张老又骑驴。
胜境重来在何日，欲将真面更参详，
山灵笑我贪痴甚，特展层云一敛藏。

注曰：是日将午有云，群山尽掩。

谢过霁云女士（二首）

至郑州，过霁云女士偕其弟永昭见访，翌日招饮，登堂拜母，并晤其季弟永昌。既饱盛筵，即席赋谢。

道韫能工咏絮词，更觇介弟凤鸾姿，

名门母教超恒俗，旧学新知并女师。

画稿诗囊收太华，又来厨下作羹汤，

我闻彼美多才艺，未许西方独擅扬。

回沪之后，父亲致函商务印书馆北平分馆经理孙壮，谈到西安之游，对当时国内一片贫穷衰败的情况，颇多感慨。信中说："西安之游，乐不启苦。所增人兴趣者，只有古迹。但一片萧条残破景象，令人为之不怡。沅叔《秦游日记》道及城南韦曲、杜曲如何秀美，未免言过其实。华岳确是雄秀可观，值得一游。但沿途庙观，无一可观者。西安碑林确是辕迹，其他不过凭吊之资耳。"父亲还写谢信，对西安等地所遇新旧朋友所给予的招待或宴请表示感谢。共计有 41 人，其中有邵力子、杨虎城、武权吾（陇海路潼关西段工程处）、王子元（武功县国立西北农林专科学校）、长安县长翁圣木、陕西省府秘书涂星灿、华阴县长马子翔、陇海铁路局长钱慕霖及过霁云、过永昭、何公华等。

父亲藏有一份"西北旅行费用账略"，记载从 4 月 25 日动身，至 5 月 17 日返回，游历西安、咸阳、华山、郑州、洛阳五处的旅行费用。账目分火车、汽车、洋车（即黄包车或三轮车，为当时的市内交通）、旅馆、饭食、寺院住宿费、行李、杂项等。其中火车 300 元，汽车、洋车、上华山兜子合计 269.60 元，旅馆和寺院住宿 220.20 元，饭食 105.94 元，杂项（包括茶房、警士、行李搬运等费用）167.05 元。总计支出 1062.79 元。陈理卿付 86.99 元（可能他仅参加西安的游程），其余五人每人支付 195.16 元。

60 年后，1995 年培余兄幼子世恢自海外归来，清理乃父遗物时，居然发现此次旅游中所摄照相底片四枚。每枚都有特制护袋，注明日期、地点、时间、光线、光圈。底片历经世事变迁，保存至今，弥足珍贵。

四川之行

1936 年是父亲编校古籍最紧张的一年。《四部丛刊·三编》将在这一年出齐，《百衲本二十四史》计划在翌年告成，《续古逸丛书》也在进行之中，真可谓无片刻之暇。4 月间，高梦旦、李拔可来约，同作蜀中之游。父亲欣然同意。他决定将校勘工作搁置一下，但起程前几天，他几乎天天与丁英桂联系，请丁准备好在舟中校阅的《孟子传》和几篇跋文的清样。为了争取时间，部分校过的清样在到达汉口时，交商务汉口分馆先行寄回。

三位尊长于 5 月 29 日登轮溯江而上，在宜昌换乘民生公司的"民权"轮，饱览三峡风光。可惜当时未作任何记述。约 6 月初抵达重庆，在渝逗留数日，6 月 8 日游南温泉，并摄影。父亲在照片旁题识："民国二十五年六月八日偕倪绚贤、杨竹樵、高梦旦、李拔可同游重庆之南温泉，荡舟于花滩溪之飞泉下。竹樵为余等摄影。右立者绚贤、次拔可、次梦旦，余居末。海盐张元济识。"

6 月 11 日，父亲一行从重庆坐飞机到达成都。当时成渝之间，有中航公司班机，每天飞行，票价单程为 90 元，来回票为 160 元。商务印书馆成都分馆在事先提供的一份交通、旅馆状况的调查中建议乘坐飞机为宜。这是父亲生平唯一一次乘坐飞机。1910 年去欧美时，尚未有航空事业，在国内旅游均乘火车或轮船。

父亲在成都与他壬辰科举同年尹昌龄相见。尹昌龄，字仲锡，四川华阳人，得悉父亲莅蓉亲自到机场相迎，见面时行下跪礼。后来父亲对我说这是古礼。尹在四川办实业，请父亲筹划开办印刷工厂的计划。父亲回沪后，曾约同人集议，将所拟办法、估价清单详细函告尹丈，大约需筹款

5546 元。后来尹复信称："以敝堂此时财力衡之，则瞠乎后矣。"看来小工厂之计划未能实施。父亲回沪后还以张氏先人著作《横浦文集》《中庸说》《孟子传》各一部并《衲史》后跋一册寄赠老友。

6 月 13 日，父亲游乐山，并拜访了寄寓乌尤寺的另一位壬辰同年赵熙先生。赵熙，字尧生，四川荣县人，与父亲同为翰林院庶吉士，后一度做过御史。其大半生在四川荣县、重庆、泸州等地主持学堂，桃李满门，不少四川籍的学者出其门下。他又是一位诗人，后人对他评价很高。父亲为涵芬楼收集地方志，曾得到他的帮助。他主撰《荣县志》，寄赠涵芬楼。这次会见，文字资料极少。1936 年 9 月 16 日出版的《青鹤》杂志，有署名尧生的七律《菊生同年见访尔雅台喜记》。诗曰：

> 舍人台角俯云根，忽报花宫客款门。
> 一雨新晴送蝉子，参天浓绿养龙孙。
> 德星传语前宵到，*翰苑齐年几辈存。
> 公自大名天上月，偶经延阁照山尊。

* 石遗方在乌尤。

几年前，我在编写父亲年谱的时候，承唐振常先生抄记其太老师赵熙的《丙子四月乌尤寺胜集特记梦痕》诗一组，其一记述与父亲见面的情形。诗曰：

> 日远长安望紫宸，平生惟有孝章亲。
> 自今雅话乌尤寺，海内名山会故人。
> 注曰：石遗老人、张菊生同年、林山公均来会。

父亲到达四川前，商务成都、重庆分馆拟订了一份会客名单，作为参考。共 61 人，分绅界、教育界、商界、政界四大类，还注明职务、地址。父亲到达后，大多由分馆经理陪同拜访，或在招待宴会上见面。兹就名单略作介绍。

教育界　任鸿隽（叔永）

郑颖孙（安徽籍，四川大学秘书。）

杨开甲（少荃，华西协合高级中学校长。）

庞　俊（国立四川大学教授。）

符时杰（广东文昌人，中央军事政治学校毕业生。）

章元石（重庆大学理学院教授。）

姚启钧（江苏金山人，重庆大学理学院教授。）

杨宗翰（国立四川大学文学院院长。）

束世澂（天民，芜湖人，成都大学中国史教授。）

商　界　宋师度（民生公司总务处经理。）

银行　四川美丰银行

中国银行

聚兴诚银行

四川省银行

（均为四川有实力的金融单位。）

书店　开明书店

菁华书店

绅　界　曾　鉴

尹昌龄

曾子模

（均为父亲同年或同年的后人。）

政　界　陈国栋将军

陈配德（四川省政府秘书。）

蒋志澄（四川教育厅长，前任庐山管理局长，在庐山见

过。）

6 月 19 日父亲离成都，飞返重庆。翌日访民生公司卢作孚先生，未晤。当时商务印行古籍，需用大量国产纸张。四川产纸，但运输困难。此次访卢，托民生公司调查川纸质量、规格、售价等情况，并拟借民生公司运输之便，解决川纸东运之事。回沪后，父亲于 8 月 22 日致卢作孚书，可以说明。书谓："前日由上海贵分行交到夹江、洪雅两县出产纸张种类、数量及成本、售价、总数一览表各一份。因未见纸样，无从定其尺寸及价格之高低。兹另拟表式附上，祈转发产纸各属分别查填，每种原纸未经裁切请各寄两张……事关采用国货，想不见责也。"

痛悼梦翁

父亲一行 6 月 21 日离渝，27 日返抵上海。在船上，高梦旦就病倒了。抵沪后，立即住宝隆医院治疗，不想竟一病不起，于 1936 年 7 月 23 日与世长辞，终年 68 岁。他的病起于肺炎，可能是旅途劳累加之受了风寒。经医治，有起色。不想失眠症大发，服用了过多的安眠药，酿成了不幸。

高梦旦先生是父亲最亲密的朋友，又是商务印书馆中共事时间最长的一位合作者。他们的友谊和三十余年的亲密合作，可以举出很多事例。这里就以两件事说明之。

（一）1927 年 10 月父亲遭绑架。父亲在匪窟中就给梦丈写信，请他设法营救。源哥与张叔良在爵禄饭店与匪徒谈判，均由梦丈事先作出指示。梦丈从父亲被绑那晚起，每天都来我家，一面安慰我母亲，一面与源哥、叔良商量对策并作出指示。

（二）1924 年和 1925 年，商务印书馆先后两次计划影印《四库全书》。两次都是功败垂成。1924 年，父亲以商务成立将届 30 年，希望影印《四库全书》作为纪念。商务委派梦丈进京，与清室内务府商借文渊阁本全书，一次运沪摄照。梦丈经过多次谈判，始得对方同意。后因曹锟亲信李彦青向商务索贿未遂而由"大总统府秘书厅"发函阻止全书出京，使影印计划落空。

次年，父亲接到当时北洋政府教育总长章士钊、交通总长叶恭绰来电，告知政府有续议影印全书之意。商务委派李拔可先生赴京。两个月的时间内，李在北京四处奔走，与各方反复研究、协商。父亲则与梦丈在沪坐镇。京沪两地函电往返不断，对北京谈判中不时出现的变化，随时作出判断和决策。梦丈花费大量心血，对设计的多种版式作出详细的估算，包括开本、页数、纸张、装订、印数及各项成本等。由于全书规模很大，估算必须十分精确，否则稍有出入，对总成本影响就很大。梦丈以其精细和尽职的精神，出色地完成了这项工作，使 1925 年的谈判获得了成功。后来虽因齐卢战事爆发，铁路运输不安全而使影印计划被迫中止，但梦丈与父亲在工作中的合作，是值得纪念的。

梦丈去世，父亲悲伤不已。他写了一副挽联：

不药为中医，受尽酸辛，底事体肤付和缓；
万难是行路，愧疏调护，空余涕泪望岷峨。

这下联所指，便是此次蜀中之行。据商务印书馆董事会会议簿记载，高梦旦逝世后，父亲在董事会上提议举办一纪念高梦旦并有益于社会之活动。经王云五等建议，从公司公积金中拨款设立纪念基金，奖励研究学术有成就者。后来正式定名"高梦旦先生奖学金"。不久，日本侵略军大举入侵，全面抗战爆发，奖学金也就无从实施。

第十六章
抗日时期

校史处迁至我家

父亲退休后，专心于校勘《百衲本二十四史》。商务印书馆决定在我家相近的极司非而路中振坊租赁两幢三层楼房屋，设立校史处。校史处有两位负责人：一为汪诒年（号颂阁，一作颂谷，系父亲同年汪康年之胞弟），杭州人。另一位蒋仲茀，苏州人。校史处初创时，需要年轻的编校人员，父亲即致函壬辰同年唐文治（蔚芝）。蔚丈介绍本届无锡国学专修馆优秀毕业生王绍曾（20 岁，江阴人）、赵荣长（21 岁，江阴人）、钱钟夏（21 岁，无锡人，钱基博之侄）来沪参加工作。

校史处于 1930 年 8 月正式成立，全处共有十二三人。不料 1932 年 1 月 28 日日本帝国主义发动侵略战争，商务印书馆和东方图书馆全部毁灭。当时称为"一·二八"事变。2 月，商务全公司宣布停业，校史处也不得不撤销。然而父亲不愿让编校全史的工作就此终止。经与商务当局磋商之后，决定将中振坊房屋退租，裁减人员。王、钱、赵三位辞退，每人发给三个月遣散费。校史处即迁至我们家中。我们腾出大会客厅。原在中振坊的校史处家具，如大书橱、办公桌椅以及装了箱的书籍、文件等都搬了过来，其他多余之物一律退还商务。从此，校史处的同仁在我家工作了五年八个月，到 1937 年 11 月 2 日结束。《百衲本二十四史》的全部校勘，包括描润工作终于完成，并于 1937 年出齐。

聚餐会

"七七事变"前后，父亲校印古籍之事大致进入了扫尾阶段。《百衲本二十四史》编校工作已基本结束。《四部丛刊·三编》出版之后，由于全面抗战爆发，四编的出版计划被迫搁置，因而日常生活反倒轻松了一些。

北平沦陷，父亲关心胡适之先生的近况，即致函询问。不久得到复信，称"一家一校在此时都是小事，都跟着国家大局为转移。国家若能安全渡过此大难关，则家事校事都不成问题。若青山不在，何处更有柴烧？"这激励人心的警句，与父亲的思想完全吻合。年逾七十的老翁又如何能尽一己之力，这个问题久久盘旋在他的脑海之中。

数日后，父亲约了几位友朋来座谈时事，讨论战局，交换各自所知所闻日寇暴行、我军民浴血抗敌的英雄气概以及政府抗战的态度等。所约友人仅六七人，如叶景葵、温宗尧（钦甫）、颜惠庆（骏人）、黄炎培（任之）等。家中略备点心招待。不久欲参加者人数渐增，乃决定找一合适的场所聚餐，选定爱多亚路（今延安

张元济编校大型古籍丛书《百衲本二十四史》书柜

东路）成都路口的浦东同乡会。参加者有文化界、实业界、外交界、金融界等社会各界名流，并规定轮流做东，每周聚会一次，必要时增加一次，即当时所谓孤岛双周聚餐会。

父亲一向记日记。我保存 1937 年的"日记残本"记载，父亲 8 月 31 日"午赴浦东同乡会，应褚慧僧之招。新增王志莘、褚青来二人，余如前。黄任之仍在南京，胡政之未到"。9 月 3 日又去浦东同乡会，"到者黄任之、陈澜生、叶玉虎、王造时、赵叔雍、陈陶遗、温钦甫、张镕西、褚青来、胡政之、许克诚、颜骏人。李肇甫做东，共十三人"。从这些记录看，聚餐会可能在"七七事变"之后就开始举行。9 月 30 日，父亲又去参加聚餐会，由许克诚临时约来三位客人，他们是陈铭枢、蒋光鼐和杨德昭。这三位桂系将领在淞沪战区率领十九路军对抗敌人，军功显著，到会各界人士鼓掌致敬。数日后，父亲往西爱咸斯路（今永嘉路）63 号访杨德昭、陈铭枢。

从 11 月 2 日起，聚餐会地点改在青年会（敏体尼荫路，即今西藏南路）。这次聚会由父亲做东，到会者 12 人。每人西菜一客，有一汤、二菜、一点，甚丰。每客八角，另给茶房一元。这是当时的物价。

我对《日记残本》中的记载做了一个统计，先后参加聚餐会者共 29 人，姓名如下：张元济、颜惠庆、叶恭绰、陈澜生、赵叔雍、张镕西、褚青来、褚慧僧、胡政之、李伯申、许克诚、沈钧儒、陈陶遗、温宗尧、黄炎培、王志莘、薛子良、王造时、李肇甫、陈铭枢、蒋光鼐、杨德昭、薛笃弼、萨鼎铭、史家麟、许显时、李公朴、陈蒲生、陶星如。

父亲觉得聚餐会似有"坐而论道"的味道，作用不大，与适之先生信中所称"在此能出一分一厘力量，于大局稍稍有所挽救"差距甚大。如有财力则可捐助浴血抗战的将士，可是家境日见窘迫，谈何容易，乃取出家中所有银器如花瓶、花插、银盾等物共白银 62 两，托商务同仁任心白送交宝成银楼，兑成现金，取得徐永祚会计师正式收据，现款送上海市地方协会作捐献前线之用。另外托妇女慰劳分会缝纫股代制士兵需用的棉背心，共交付 200 元。

10 月 26 日上海北郊大场失守，淞沪战区国军后撤，敌人向南京进攻。参加双周聚餐会的 29 人，对日后形势发展的看法及个人的打算不尽相同。他们大致有三种类型：十九路军将领陈铭枢、蒋光鼐、杨德昭不久离沪他去，沈钧儒去南京后随政府去武汉，黄炎培、王志莘先到武汉，后到重庆，直至抗战胜利方回沪。有的年事已高，难以离家远行，留在孤岛，过着隐居生活，父亲就是其中之一。颜惠庆、叶景葵亦如此。不过最后颜去了香港。还有一部分则另有打算，投靠了日本人。第一个便是花花公子赵叔雍，温宗尧、陈锦涛也相继落水，在南京出任汪伪政权的司法部长和财政部长。星期聚餐会不久也就自行终止了。

两位被日寇杀害的挚友

（一）徐新六

徐新六，字振飞，杭州人，父亲乡试同年徐珂之子。

徐新六 19 岁从南洋公学毕业，由于品学兼优，得公费派往英国留学。先在伯明翰大学攻读冶金学，毕业后到曼彻斯特大学改学商科，受到经济史教授的青睐。两年毕业，入英伦银行实习。后又去法国，进巴黎政治学校学政治。1914 年回国。由于急于谋职，便去了北京财政部。父亲曾介绍其入南洋公学并资助过一部分学费供他出国。后来听说他不愿继续在财政部供职，欲弃官另谋职业，就告知当时商务印书馆总经理高凤池。父亲说"徐新六可任用"，高凤池未置可否。第二年（1917）年初，父亲再次提出此事，高竟以"留学生多靠不住"一句话加以回绝。父亲为失去一位学识渊博而又通晓国际事务的人才而不乐。

徐新六未进商务，就受聘于浙江兴业银行。由书记长升任协理、总经理。任总经理期间，各方面事务异常繁忙，与政界、金融界、学界的社会名流均保持联系，与上海的洋人亦常相周旋，并兼任公部局董事，可称日无暇暑。

我与新六年龄相差近 20 岁，由于两家年谊甚笃，早就相识。他去英国前夕，来我家向双亲辞行。带领我的李妈妈和我一同送他出大门，他说："等我回国，弟弟已入学念书了。"后来我偶去浙江兴业银行，如遇见新六，他必邀至办公室。虽然书信、文件一大叠堆在桌上，电话铃声不断，但他不慌不忙从容应付。对我则问长问短，临别总要说："请向年伯、年伯母请安。"

记得徐干娘 70 寿辰（时在阴历四月），我备了酒席，偕昌琳到徐府，为干娘暖寿。新六虽然应酬极忙，有人说他每晚一二个饭局，但暖寿那天他却守候在家，陪着老母终席。干娘爱看京戏，新六大谈梅、程的唱腔、身段，对京戏似有研究。最后还派车送我们回家。

1938 年 8 月 24 日，徐新六应重庆政府之邀，从香港乘机，飞往重庆。起飞不久，在澳门附近遭日本军用飞机拦击，乘客全部遇难。

是日一早，父亲接到电话，得悉新六遇难噩耗，非常悲痛。心想，仲可同年一生清贫，又不得志。现在振飞（父亲以号称之）事业有成，正为徐府有后而欣慰，哪里想得到竟遭日寇杀害。愈想愈难过，随即命我先去慰问徐干娘，他随后就去。

我立即去大西路（今延安西路）徐家。这所房屋是新六内兄杨某的别墅。在门口遇见上海租界华人纳税会负责人柯德奎先生。他向我说："可惜，可惜，哪里想得到。"我即走进干娘房间。见她哭泣不止，连一句话也说不出来。我在一旁亦无话可以安慰。久之，干娘对我说："小官（这是她对我的称呼），今后我怎样过活？"她的顾虑是有道理的。新六在浙兴没有利用总经理的职位做过一次投机。他没有一寸土地、一所住宅，是一位学者型的银行家。我要准时上班，不得不辞退出来。一路上心想她儿子去了，我这个干儿子如何尽一份心。后来我每隔一两星期去探望一次，带些她爱吃的东西。还邀她来我家，由昌琳备些菜，谈谈天，略解其苦闷。1952 年，干娘病危，正值银行搞运动，人人过关，不许请假，无法去探问。不数日病故。大殓之日，我冒了回行挨批斗的危险去送葬。在场只有新六夫人和两个女儿、原浙兴银行副经理竹尧生。此外，还有她早年爱国女校的学生周竣，即蔡元培夫人。

徐新六灵柩于 9 月 20 日运抵上海。25 日各界人士在宁波同乡会开追悼会，翌日出殡。从万国殡仪馆（在今胶州路新闸路附近）出发，随灵车步行到虹桥路万国公墓。执绋者甚众。父亲因路程太远，即归。新六友好发起募集纪念金，邀父亲列名。发起者四人，除父亲外，有虞洽卿、李馥孙、何德奎。虞、李各送 500 元，何德奎和父亲各送 100 元。发起人又组织"徐新六先生纪念基金保管委员会"，订明章程。委员会有中外委员十人：虞洽卿、张元济、李铭（馥孙）、陈受昌、罗郁铭、W.C.Cassels、P.S.Hopkins（上海电力公司）、G.E.Mitehell（太古洋行）、Sadoc、M.Speelmen（万国储蓄会）。

徐新六于极司非而路我家后面康家桥典地造屋，颐养两老。正屋两开间两层楼，仲可年丈、干娘和年丈的如夫人同住。正屋右侧有两间平房，系年丈书室，名"纯飞馆"。仲可年丈病逝于宅内，年未 60。沦陷后，新六遇害，干娘境遇拮据，迁出与媳同住。我们也售屋迁到霞飞路。康家桥徐宅最后下落亦无人可知了。

仲丈建屋后有《纯飞馆填词图》一幅，请父亲题词。父亲竟搁置多时。待检得仲丈信时，仲丈已故，新六亦亡，万分怅歉，补题七绝两首，交我送与干娘。兹抄录如下：

　　仲可同年能文章，尤善倚声。怀才不遇，橐笔沪埭。晚年卜居康家桥，与余结邻。年未六十，遽尔下世。其子新六为余掌教南洋公学时所得士，卒业后留学于英法美。学成归国后，初供职财部，旋改入浙江兴业银行。发扬光大，成绩昭著。不幸于去秋乘飞机赴渝，中途遇敌殒命，可伤孰甚。顷忽检得仲可手札一叶，属题"纯飞馆"填词图。久久未报，怅歉无似。因补两绝，聊赎食言之愆，并以志恸。

　　十年不见故人面，太息沧桑世事非，
　　寂寞康桥旧门巷，更从何处认纯飞。

词人自昔婴天忌，君亦诗穷而后工，

底事佳儿偏被夺，噫嘻吾欲问苍穹。

（二）项松茂

项松茂先生，爱国实业家，创办五洲药房和五洲皂厂。商务印书馆的四位创办人夏瑞芳、鲍咸恩、鲍成昌、高凤池与项松茂交往甚密，并协助他筹建五洲药房和五洲皂厂。父亲在五洲没有投资，但商务发行所与五洲药房总部都设在河南路福州路口，一西一东，可称望衡对宇，故而时相交往。

日本帝国主义于 1932 年 1 月 28 日出兵占领上海，1 月 29 日搜查老靶子路（今武进路）五洲药房，捕去店员 11 人。项松茂得知后于次日下午赶赴虹口营救，亦遭到日军的劫持。长子项隆勋多方设法找寻其下落，托刘鸿生、史量才等分途营救，均不得要领。这位有远见的爱国企业家，在日军司令部遭到何种残酷的拷打、何时被处死、尸骨被弃于何处，世人一无所知。一个多月以后，项隆勋给父亲来过一封信。这封信至今还保存着，今抄录如下：

菊公老伯大人钧鉴：

凤钦道范，时切神驰。敬维履祉绥和，泰祺迪吉为颂。敬陈者，家严松茂于一月三十日下午四时赴老靶子路五洲药房营救被捕店员，遂亦被日军捕去。当即冒险探寻，迄无下落。五中崩裂，力竭神昏，以至月余尚未晋谒崇阶，伏希矜原。窃念家严一生勤谨，惨澹经营，于五洲药房饶有成绩，不幸遭此意外。今公司经董事会议决，以隆勋暂代家严职务，照旧办理。自愧庸愚，且乏经历，更值地方多故，战事未已，所有对内对外一切责任系重，临深履薄，陨越时虞。惟有仰恳我公俯念家严心力，仅此结晶，不以隆勋为不肖，多方奖借，时锡南针，使之确有遵循，庶保守成规，不坠遗绪，一切得垂永久。此即隆勋所藉为自身之赎，而亦我公一念垂怜，有以成全之也。附上家严被捕情形报告一纸，敬祈察阅。容俟晋谒，再行面陈，并领训诲。专肃。敬叩钧安，诸绪垂鉴。

世侄　项隆勋　拜手

二十一年三月十七日

最后，项松茂先生的死讯得到证实，父亲撰书挽联，悼念这位敬佩的故友。挽联抄录如下：

> 福国惠民，良药苦口利于病；
>
> 同仇敌忾，志士杀身成其仁。

售屋

上海沦陷后，极司非而路宅内仅住五人：父亲、我和昌琳、珑儿及侄女祥保。还雇了二男三女佣工，以保持这座大宅内的日常生活秩序。家境日趋拮据。家用开支虽一减再减，但仍入不敷出。怎么办？售屋乃是唯一的办法。

父亲辛劳半世，凭多年省吃俭用，盖了这所住宅。在这里，父亲编纂了两部巨著：《四部丛刊》一编、二编、三编和《百衲本二十四史》；在这里会见了不少名人、挚友；在这里与商务同仁商议公司大政方针。一旦分离，怎不依依。

抗战之后，江浙两省的老百姓拥入上海租界避难。我家附近人口骤增。那一带房屋没有下水道，每逢雨季，花园竟成泽国。水又黑又臭，极不卫生。"七七事变"后，租界势力达不到越界筑路，极司非而路、愚园路一带成为敌伪军警盘踞之地。我家西面的76号成了臭名昭著的汉奸特务吴四宝的魔窟。在敌伪恶势力的怂恿下，后面康家桥一带赌窟、烟馆（当时称燕子窝）、押头店（即小型典当铺）、妓院（野鸡堂子）纷纷兴起。这种环境已无法居留，迁地为上。

父亲决定售屋，当然家境窘迫是主要因素，但政治和自然环境更促使他坚下决心。售屋并不容易，这种环境、这样时势，谁还愿意投资？浙江兴业银行介绍上海有名的、实力雄厚的营造商陶桂记。陶老板有意置屋，经仔细察看，认为房屋结构坚固、用料上等，全宅占地六亩半，面积不小，便决定购买。签订买卖合同后，先付定金，三个月交屋。

这三个月中，全家十分忙碌。首先须另找新居。看过几处，均不合适。记得建筑师陈植为其岳丈董显光设计并建造的、位于愚园路的住宅，因主人系外交人士，不久将出国任要职，决定租与可靠房客。陈介绍我们去看。房屋设计新颖、建筑讲究，可是太洋派，不甚适用。时浙江兴业银行正在霞飞路建造沙发花园新式里弄房屋，其中第 24 号为该行天津分行大主顾张某所购。张暂不南来，愿意出租，索价高达每月 300 元。因迁居期限将到，只得忍痛租下。

母亲逝世后，她的卧室辟为父亲的书房，特地做了两只大书橱，放满古籍校勘原稿以及文件、日记、信件等。内中也包括父亲正在准备辑印的《四部丛刊·四编》和校勘的《册府元龟》等古籍。迁居在即，父亲亲自整理书橱中的文件，装入大木箱，同时还清理掉一批文稿。——现在想来，其中有保存价值的资料为数必定不少。父亲卧室内柚木书橱放有他最喜爱的几部善本古籍。据我所知，有四册《永乐大典》和宋、元版古籍。这批珍本放一大皮箱内。

昌琳极忙。首先要处理大批木器，仅选较优者留下，其余一概卖去。旧衣服好几箱售与三马路衣装店。其中父亲清朝朝服、母亲出嫁时的红裙、披风，被认为是戏装，愿出高价收购，其余则三钱不值二钱，任其杀价。当时铜锡器价比以往高出不少，大约被人收购去制造弹药。

迁居

1939 年 3 月 8 日迁居。事先向商务印书馆商借卡车一辆，请派装卸人员四人，并预付卡车所耗油费 16.88 元。是日一早卡车驶抵极司非而路 40 号，先搬家具、书箱、书橱、衣箱等笨重物件和一部分厨房用品。派两名佣工先一天住在新居。第二天搬床铺、零星用具。父亲上午先去新居，昌琳带了珑儿、祥保随即前往。我留到最后，将钥匙交出，从而告别居住 25 年之久的极司非而路 40 号。后来，陶老板买下此屋，便加造了一层。不想，主人还未迁入，就被日伪特务潘达强占，成了"潘公馆"，陶也未敢声张，一走了事。潘达一面附庸风雅，在楼下客厅里唱昆曲；一面在后面花园里杀人，听说抗战胜利后在那里挖出过尸骨。抗战胜利，潘达被枪决，住宅作为敌产充公，成了国民党军队的机关驻地。解放后，被军管会接管，据说一直作为家属宿舍。1995 年，因武宁南路开拓工程的需要而被拆除。是年 5 月，庆侄出差来沪，走到马路对面一座公寓楼上，摄下了它拆除前的面貌，可称"最后的一瞥"。公寓楼里有一位老太太，居然还能依稀记起这座房屋第一任主人的名字。

新居共三层，每层有向南两大间。底层东侧为客厅，西侧为餐室。父亲指示将龚鼎孳和孙承泽所书堂幅挂在客厅正中墙上，澹归和尚亲笔屏条在右侧。这三件墨迹的上款均为螺浮公。餐室放一长方餐桌，八把椅子，旁侧碗橱两只。近窗有空余，放置三只书橱，藏《四部丛刊》和《百衲本二十四史》。二楼西侧为父亲卧室。床在后，中间放一只广东红木方桌，即祖母谢太夫人从广州带回的，当作父亲的写字桌。靠窗一只大书桌亦是祖母带回的，放满日常须查阅的工具书、报章杂志。写字桌上的文房四宝都是极普通之物，还有一把放大镜，时目力衰退，常常须用。东侧是祥保卧室，她的小铁床、书桌、书橱占了全室的三分之一，其余三分之二是全家中、晚就餐之处，放有一只大圆桌。后来父亲鬻字，在大圆桌上写对联、堂幅等大件。三楼两间，一为我们卧室，一为珑儿卧室。

迁居同时，将园中几棵较好的树木挖出，移植在新居小花园中，计有罗汉松、五针松各一棵，槭树二棵和抱娘竹一棵。另外搬四盆松树，其中一盆系高梦旦老伯所赠，时梦丈已作古人，父亲对之尤为珍惜。此外还有三盆杜鹃，白、淡红、紫红。

亲友小聚

（一）乡试同年聚餐

1939 年，父亲的乡试同年蛰居在"孤岛"者仅五位。其中一位海盐同年卢悌君则常住家乡海盐县澉浦镇。是年春，悌君年丈来沪，父亲以为机会难得，即邀其余四位来我家新居聚餐。他们是：金籛孙（平湖籍）、沈其泉（嘉兴籍）、叶伯皋（杭州籍）和蔡原青（湖州籍）。五位长者年逾古稀，由子侄陪来。现能回忆起来者，金年伯由其次子通尹、蔡年伯由侄承抱陪来。我则照料一切。酒席由新华银行厨房承办，极为丰盛。席间所谈皆系乡试往事。最后在园中摄影留念。

（二）张氏族人聚会

海盐张氏是大族，人数众多。洪杨之后家道衰落，散至各地谋生者亦复不少。即就上海而言，有在银行、海关、邮局以及洋商公司任职，有在中学任教。有两位经营丝绸批发业。一位在上海办小型五金厂，仿美国 YALE 牌门锁，专制住房门锁，取名"Whippet"，在沪上有一定的声誉。沙发花园七十余宅的门锁全由该厂承制。在商务印书馆任编校者有四五人。还有在原籍任中小学教师、商店账房者很多。有一位家境较裕，在海盐有栈房一所，又做蚕茧生意。海盐及邻县皆养蚕，每届春末收购蚕茧，包装存入栈房，得价后运上海缫丝厂。这位尊长还与友人合资办海盐电灯厂和内河轮船公司。

1943 年 6 月的一次同族会，到会的族人较多，父亲兴致特浓。6 日致函合众图书馆顾廷龙，借回所捐赠之先人手迹，供诸位族人观摩。计有：

东谷先生遗墨　真迹　一本

文忠公书《妙喜泉铭》　一幅

《才调集》张宗松手批　首册

《选唐人诗》张宗楠手抄　四本

《李长吉诗》张宗楠手校　首册

《桂林风土记》张载华题词　一册

祖孙三代（张元济、张树年、张人凤）在上方花园寓所，1947 年

《梦窗词稿》张宗楠补抄　二本

《宋诗抄》张宗楠手校　首本

螺浮公乡会试联捷稿　一本

是日午饭后，父亲稍事休息，下楼在客厅指示如何布置先人手迹。我将始祖文忠公书《妙喜泉铭》一幅挂在客厅东侧墙上。客厅中央放一大方桌，八种先人书籍整整齐齐安放在桌上。

幼仪叔祖第一位到，并带来点心四大盒。我们亦备了点心，一并以大盆盛放，置于餐室大菜桌上，碗、筷、盆、碟、茶杯一应齐全。

大约二时半到齐。首先观看先人手迹、书籍，随后每人一份点心，边吃边谈。大致谈及家乡情况，也有谈工作情况。如念春叔谈锁厂业务发展，香池叔谈丝绸业萧条，等等。最后尽兴而散。

旅沪族人每年聚会一次，均在我家举行。1948 年那次，可能是最后一次。复兴弟带相机来，为全体摄影留念。这帧照片有幸保存了下来，其中除我们祖孙三代外，到者共 17 人：族叔祖幼仪、南乔两位、族叔季安、念春、香池、充甫四位，与我同辈有震声、川如、家昌、家亨、爽秋、千里、复兴七位。余四位已认不出。

照片背面父亲亲笔注有："七月二日在林森中路（按：原名霞飞路，抗战胜利后改为林森中路，现为淮海中路。）一二八五弄廿四号寓中开旅沪同族会。会毕复兴侄为族人所摄。"

（三）会晤英国驻华公使寇尔

迁居不久，原英国驻上海领事馆裨德本先生在国际饭店设宴，邀请父亲和上海高等法院院长徐维震（旭瀛）与英驻华公使寇尔爵士（Sir Archibald Clark Kerr）会见。我随父亲同往。

1928—1929 年间，父亲即与裨德本认识，那时交往颇多。后来他调往北京英驻华公使馆，多年不见。抗战爆发后，他又来沪，在寇尔爵士手下供职。这次约会或系将他所认识的名人介绍与寇尔见面。爵士身材魁梧，穿一套晚礼服。这是我第一次见到大英帝国的高级外交官。在座寇尔、裨德本、父亲和徐维震外，约十人。坐在徐下首某君（当时未请教其大名）

是他的学生，业律师。席间谈笑风生。寇尔健谈，裨德本翻译，徐维震英语流畅。寇尔与徐是全席主角。父亲谈了宣统二年去英国考察教育和印刷机械的情景，称赞英国印刷机性能良好。父亲还说了我国宋朝大政治家寇准的故事，并说爵士中文译名姓寇，是当代英国的大政治家。徐维震即将父亲这段话翻与寇尔听，寇起立，举杯道谢。现在回想起来，这一席酒会，没有任何实质性的内容，谅必是礼节性的会晤而已。事后父亲以《寇莱公集》一部相赠。

徐维震，浙江湖州人，早年就读于南洋公学，是父亲的得意门生之一。1940 年，商务印书馆出版了他儿子徐贤怀所著《美国不动产抵押放款之研究》一书。徐维震特地来请父亲为之写序。父亲在序文开端有一段话，述徐之为人，抄录如下：

> 徐子旭瀛，肄业南洋公学。余方摄理校事，知其劬学励行，笃实异于侪辈。既卒业，游学北美。归国从政，先后长上海特区法院尤久。尝过余语，其行诣之笃实，一如其在学时。

国际饭店筵席后不数日，遇到了一桩笑话。某日上海《新闻报》登载一条广告，题为"张菊生驱逐逆子"。在国际饭店见过面、徐维震的从事律师职业的学生某君，手持《新闻报》来见父亲。父亲下楼，在客室相见。某君取出当天报纸，并说："先生如有法律上需办之事，无不尽力效劳。"其实父亲一早已见过这条内容，稍事寒暄，即嘱佣人叫我下楼相见。父亲说："这是我独生儿子，很孝顺，何必驱逐呢？"这位律师这才羞惭地退出了。

翌年 7 月，寇尔爵士来函，邀父亲于 7 月 14 日下午去其家茶叙，我陪同前往。公使官邸在可伦比亚路（今番禺路）、大西路转角，是一幢极为漂亮的英国式乡间别墅。一进大门，道路两侧树木耸立，大树下、草地边种满红、黄两色美人蕉，间以紫色蝴蝶花。车在官邸门前停下，寇尔在门口相迎。步入客室，窗外一片大草坪，周围有各种观赏性大树。

爵士首先感谢父亲赠予《寇莱公集》。他说虽不懂中文，可是丰富了个人的藏书。客室并不大，只有我父子两人，别无他客。侍者送进奶油蛋糕、冰水，客主边吃边谈。所谈系英国与纳粹德国的海战。大英帝国的海军世界第一，德国绝不能与之匹敌。希特勒的战略是以潜水艇取胜。英国损失相当重，乃调动全国科学家、军事家以及相关人员共同研究对策。最近在大西洋的一次海战，消灭大批纳粹潜艇，英国重新掌握海上优势。寇尔认为从此可以扭转二次大战的局面，盟军战胜纳粹德国有望了。喜悦之余微露骄气。父亲遂即祝贺盟军的初步胜利，并认为现代战争是科学战争。科学不发达，无法立足于世界。寇尔完全同意此说。他希望中国从此重视科学，急起直追。

寇尔边谈，边吸板烟。我看见在另一桌上有一排十余只大小不同的棕色烟斗，颜色有深有浅。他接着就谈起烟斗来，他说烟斗必须用质地坚硬、耐热的木材。世界上只有极少地区出产这类木料。他了解产地地名，好像在非洲、南美洲的热带森林中。制烟斗的艺人不多，全部用手工制作，北欧产的最精。他又说一只烟斗吸三四次后，就得调换，否则烟油留在斗中，吸起来不畅。爵士确是一位板烟行家。会晤约两小时有零，尽兴辞谢而别。

后来听说寇尔和裨德本不久离沪去昆明，最后调任驻苏联大使。

1940 年香港之行

1937 年"八·一三"事变后，上海沦陷为孤岛。商务印书馆再次蒙受重大损失。年末，总管理处迁往长沙，总经理王云五先生离沪赴香港，印刷重心亦转移到香港，无形中香港成了商务的指挥中心。但董事会仍设在上海。1939 年 9 月，商务发生怠工事件，一部分同仁以"同仁会"名义散发印刷品，指名抨击王云五。自抗战爆发后，商务停发股息，以微薄利率"借支"给股东少量款项，引起不少股东的不满。1940 年春，一部分股东联名向董事会提出要求发全息。商务处境十分困难。事务头绪纷繁，不少棘手之事，非应付得体不可。先由董事会出面，董事长签署公函，致总经理王云五先生，请王来沪主持馆务，信称："同人之意，可否请我兄移驾莅沪，就近指挥，遇有困难可以当机立断。"这建议未被王接受。父亲身为董事长，乃决定有香港之行。

时父亲已七十四岁高龄，多年未出远门。今将赴港，须有家人陪往，照料日常生活。当时海上已不甚安全，日寇军舰横行，威胁着正常的商船航行。有一天，父亲与谈，为商务重要问题，不得不亲自去香港与王云五面商，嘱我同去。我感到很窘。按理应该遵行，但银行的工作繁重，信托部经理项吉士久病，由我代理，不便请假。父亲的事业心、责任心一向很重，而且处处以身作则，听了我的苦衷，就断然说："公私务必分清，绝不应私事妨碍公事。我独自去港。"

父亲此行任务繁重。第一项要说服王总经理返沪，主持馆务，结果没有成功，王不愿回沪。第二项，应设法编制全公司因抗战所受损失，向股东作一交代，并以此作为发放股息的依据。第三项是印刷中心既移往香港，责任重大，乃详细视察了港厂的设备，了解生产能力。第四项是新加坡分馆问题。新加坡分馆创设于民国五年（1916），是父亲一手创办的。该馆担负着供应南洋华侨的书籍。1932年"一·二八"事变后，商务紧缩机构而被裁撤。父亲以为为侨民服务是商务的职责，在香港主张立即恢复。1940年由总经理提出，董事会批准复设。另外与时居香港的叶恭绰（玉虎）先生商议编印《广东丛书》，并同意回沪后主持该丛书的印制事宜。此外与王云五洽商编印《国藏善本丛书》与《孤本杂曲丛书》等。父亲于5月11日乘荷兰芝沙旦轮动身，在港耽搁三周，于6月4日乘英国轮船回沪。我没有陪去，仅去码头迎送。

当年我在新华银行工作，究竟可不可以请假，遵父亲之意，陪往香港呢？孤岛的银行在日本军国主义金融机构的铁蹄下生存，营业受到严格的限制，处境极为艰难。总经理王志莘先生去内地，由副总经理孙瑞璜先生主持全局，信托部的业务，门类较多，如房地产经租、仓库的经营和管理、有价证券的经营，代客买卖和保管等。在汉奸银行"储备银行"的控制下，事事处处须慎重处置。虽然如此，业务量毕竟有限，只要各个部门的负责同人谨慎从事，并请一位部经理兼管，我还是可以申请给假的。只要向当局陈述父亲香港之行攸关祖国文化、出版、印刷事业的前途，副总经理瑞璜先生具有学者风度，一定能获得他的同情和支持，准我请假。现在追思起来，悔恨万千。

回忆我家与蔡元培先生家的交往

父亲与蔡元培先生友谊非同一般，现追忆我们两家交往的一些片段。

孑丈续弦黄仲玉夫人于 1922 年病逝，翌年想再娶。他提出择偶条件：（一）原有相当认识；（二）年龄略大；（三）熟谙英文而为研究助手者。后由徐干娘介绍她原爱国女校的学生周竣女士。听说周府因双方年龄相差 24 岁，而特地开了家庭会议商量。结果周女士表示愿意，遂即订婚。

周竣女士是我童年时的家庭教师，与母亲颇多往来。1923年，孑丈征得周府同意，决定在苏州举行婚礼。我们全家和徐干娘同去苏州祝贺。早两天动身，下榻铁路饭店。铁路所办旅社较一般旅店新式、清洁。婚礼在留园举行，贺客不少。孑丈邀了三位壬辰科的同年参加典礼，除父亲外，还有章味三和童亦韩。新娘穿的淡粉红绣花礼服是母亲设计的。新郎穿西式大礼服。婚礼

蔡元培、周竣婚礼，1923 年苏州留园，张树年摄

结束时，为新人照相。我正好带了一架相机，就在摄影师旁为新婚夫妇连拍了两张。底片居然历尽沧桑，保存至今。晚上喜宴设在留园大厅。当时留园虽为苏州四大名园之一，却年久失修，破旧不堪，灯光也很暗。散席后即回铁路饭店休息，翌日返沪。

子丈婚后不数日，即偕新夫人周师，带了黄夫人所生之子柏龄、女威廉去欧洲游学。离沪前，周师特来我家话别。母亲命我改称"年伯母"。她赶忙摇头说："还是叫先生好。"因此，直到周师逝世也没有改口。

蔡府原住在愚园路忆定盘路（今江苏路）之东首。那时子丈在兆丰公园（今中山公园）对面的中央研究院（今中国科学院冶金研究所）办公，距离较近。1937年抗战军兴，中央研究院离沪杭铁路很近，治安不佳，就在法租界海格路另租一屋（即今华山路之蔡元培故居）。不久上海沦陷，子丈偕夫人和女儿粹盎、两子怀新和英多迁居香港。离沪前交我一笔款项，备付房租。每月我去经租某洋行交付租金。1940年子丈逝世，夫人和三子女返沪，就住在海格路这座屋内。此后，每隔一二月，我偕昌琳前往探望、请安。周师亦时来我家叙谈。

还有一段值得追叙的往事：1923年子丈去欧洲时，父亲赠以200元作为川资。近半个世纪之后，我家在"文革"中被抄家两次，经济困难。周师不忘旧谊，以归还这笔川资为名，向我们伸出资助之手。她不顾年老体衰，冒着危险，亲自将款送至我家。周师这种助人于危难之中的高尚品格，令人终生难忘。此亦可称蔡张两家交谊又一篇章。

割除前列腺

1940年12月1日，父亲浴后受凉，发高烧。邀沈谦来诊治，因沪西愚园路一带被日寇宪兵封锁，无法前来，因而连续两天热度不退。4日黎明忽然小便不通，小腹胀痛难受。再电沈谦，沈即到，断为膀胱炎，介绍泌尿科陈邦典医生。陈医生来诊，云应送医院动手术。6日，进离家最近的大华医院，时体温仍高。陈叔通先生来探望，感到陈邦典既主张开刀，却又迟迟没有动静，下午再来时，介绍曹晨涛医生，并主张辞陈延曹。父亲表示同意。经曹医生周密检查，认为非膀胱炎，而是老年性摄护腺（今称前列腺）肥大症，并发急性前列腺炎，两天后动手术，在小腹开一小洞，将一橡皮管插入膀胱，小便改道泄出。第一次手术后约两星期，估计前列腺炎症消退，再动第二次手术，切除前列腺。第二次手术难度大，稍有不慎，可能引起大出血。所以特邀乐文照医生协助曹医生，在手术台旁随时检查心脏、血压、脉搏等。手术顺利完成，曹医生把割下的前列腺置于玻璃瓶中，我记得犹有核桃般大，出院时携至家中。第二次手术后，橡皮管拔出，小便恢复原道，唯微热不退。

大华医院是由金医生开设的私立医院，金医生的大名已忘记。医院位于宝建路（今宝庆路）辣斐德路（今复兴中路）稍南。该院是一幢四层砖木结构洋楼。底层进门中间一大厅，东侧为医院办公室，西侧候诊和探病家属等候处。二楼系病房，前后两排，12间。三楼手术室、X光室、器械室、药房等。四楼是金医生寓所及护士房间。这所医院并不大，但清洁幽静，使人感到管理严格、服务周到。院长金医生，医科毕业，是一位精明能干的医院管理人才。

为了防止感染，护理十分重要，乃请护士两位日夜照料。日班护士庄继静女士，受过高等教育，护理水平极高，工作勤奋，同情病人痛苦，故而照料体贴入微。她每天为父亲读报。这时正值第二次世界大战激烈进行的时期，日寇侵占了我国半壁江山。父亲十分关心国际、国内局势，当他听到有盟军胜利的消息，便欢欣不已。

亲友来院探望者不少，馈赠食品、鲜花等。曹晨涛医生不许病人见客，在病房门上挂一"恕不见客"牌。我备了一册亲友签名留言簿，请庄女士兼顾。如有必要，则由庄女士向来客略述病情。陈叔通丈可进病房，再由通丈与商务商定，鲍庆林、丁英桂两位代表同仁每隔数日轮流来院探问。外地亲友信、电悉请商务代答。

12月30日通丈来，父亲告以抱孙之喜，微热退尽。叔老笑着说："那当然，任何药物针剂无法相比的。"这天中午家里送来一锅鸡汤三朝面，味极鲜美，父亲胃口大开，并请庄女士同吃。

家中每次送食物去院，父亲总要问新生孙儿长得如何，似急欲出院回家看看。曹医生认为父亲年已七十有五，经两次手术，应在医院静养，直至完全恢复。父亲听从其言，到 2 月 14 日才出院，共住院三个月零八天。

父亲回家后，撰七绝八首，托商务印书馆排印，分送亲友，聊表谢忱。诗篇的前言如下：

> 庚辰冬日，余因患癃闭，入上海大华医院疗治，今渐就痊，还家休养。病中蒙亲朋殷勤存问。只以体力未复，尚未能趋前诣谢，至深惭歉。病榻无聊，率成俚句八首，谨先录呈，借博一粲。

每首诗的后面，还有一小段注文，说明成诗的背景。今选抄四首于下：

> 自昔文人多水厄，散原海日两相仍，
> 手挥目送浑无事，欲往从之病未能。

义宁陈伯严、嘉兴沈子培二公，均患此疾，且均在高年。时发时止，但终以此疾致死。余所患似比二公为重。

> 十年症结蹉跎甚，差幸祸根犹可除，
> 人道藏珠曾剖腹，我翻剖腹取吾珠。

曹晨涛医师语余，病为膀胱内摄护腺肥肿，若不取出，难期痊愈。

> 临床慰问意殷拳，果饵分贻户限穿，
> 最爱筠篮花掩映，盎然生意满当前。

最末一首，反映出父亲在病中、病后仍不时以国事为念，不甘心于国家、民族的沦丧，而对抗日战争的最后胜利充满了希望：

> 天宁许我长偷活，国岂容人作冗民，
> 莫负残生任虚掷，试看世事正更新。

父亲是个闲不住的人，回家静养数日，又开始校勘《也是园元明杂剧》。校勘古籍是父亲的爱好，也是乐事，因而精神日见健爽。为了答谢曹晨涛、乐文照和金医生，在家设宴，邀陈叔通、鲍庆林及新华银行徐振东（徐系曹医生内弟）作陪。父亲为三位医生斟酒，以示谢忱。时天气转暖，父亲开始出外散步，锻炼体力，更感到这次手术的效果，决定亲自去曹医生家道谢。父亲用粉红色洒金笺亲笔书写"华佗再世"四字，配以镜框，作为纪念礼物，雇车前往，我陪往。曹医生出乎意料地见到父亲莅临，恭迎入室。我将镜框代父亲赠送给曹医生。曹收下后说，必将悬挂客室中间，以谢所赐。他说这次手术如此顺利，乃因父亲意志坚强，体质健康，除前列腺外，心脏、血压一切正常。

古稀之年，经两次大手术，半年得以恢复，因而悟得此病只有进行切除手术，方可不留后患，彻底痊愈。垂暮之年，免除了病魔缠身之苦，为之快慰。当时父亲正请挚友、曲学名家王季烈（君九）协助商务印书馆校《元明杂剧》，而他却患溺血症，以镭锭治疗，后发展成癃闭，入北京协和医院。父亲得悉后，即电商务北京分馆经理孙壮代为探问，并以"手术为半身麻醉，割时无痛苦"相告。后来王君九手术后疾病根除。翌年，王君九七十寿诞，父亲赋诗两首祝贺，第一首记述校勘、影印《也是园元明杂剧》，第二首记述疾病、手术及康复。诗曰：

> 人间法曲几销歇，百卷元明尚有书，
> 点定千秋不朽业，吴兴而后是吴趋。

注曰：也是园元明杂剧沉霾已久，忽发现于海上。涵芬楼假得原本，君为之选定二百四十种，亲事雠校，景印流通。臧氏元曲选后此为嗣响。书以人存，并堪寿世矣。

> 西来和缓人未识，忌医讳疾太蕃腾，
> 与君共作先河者，携手同胞寿域登。

注曰：余与君同病癃闭，除剖取摄护腺外别无治法。余先试行，君继之，均获痊愈。其后有同患者相率踵行，无不转危为安，同济仁寿之域，快何如之。

相反，壬辰同年唐文治（蔚芝）患此病多年，未得彻底治疗。1954 年唐蔚芝逝世，父亲作挽诗四首，从"同应总理衙门章京之试"开始追忆，直到最后的疾病。第四首诗曰：

> 解剖于今常技耳，朋侪同病尽欢痊，
> 怜君独被庸医误，疾痛绵延十四年。

注曰：……君所延医仅仅启一小穴，未将摄护腺取去，疮口未能封闭，致病菌侵入，转成他病。最近出血甚多，体愈疲惫，遂致不起。

确实，父亲自手术之后，泌尿系统没有再罹患疾病。

筹建合众图书馆

日本侵略者把中华民族推入民族灾难的深渊。随着战祸的扩大，文物图籍的流散日益严重。叶景葵先生致函父亲，表示应尽保护中华文化的责任，邀请父亲合力筹建一所私立图书馆。父亲极为赞同。

父亲毕生从事文化、出版事业，以提高全民族文化素质为己任。清光绪二十三年，在北京琉璃厂设立通艺学堂，内设阅览室，对外开放。一个由国人自办的现代图书馆的雏形在我国形成。父亲进商务印书馆不久，就建立涵芬楼，继而成立东方图书馆。他认为图书馆是文化事业中不可缺少的一个重要部门。父亲办图书馆很有经验，他与揆公就从人、书、屋三个要素入手筹备。

关于人选问题，揆公早有打算，瞩目于燕京大学图书馆专业毕业的顾廷龙，那时顾任职于燕京大学图书馆。顾君学有专长，功底浑厚，在年轻学人中已崭露头角。叶揆初致函顾君，顾向燕大辞职，却受馆方挽留，不得脱身。于是父亲致函邀请。信中说："事正权舆，亟须得人而理。阁下在燕京研究有年，驾轻就熟，无与伦比……此间开创伊始，倘乏导师，便难措手。务望婉商当局，速谋替人。一俟交代停妥，即请移驾南来，俾弟等得早聆教益。异日馆舍宏开，恣众浏览，受惠者正不知凡几也。"顾再商燕大，获准于7月离平，17日到沪主持合众工作。父亲与揆公为合众得一学有专长而愿献毕生精力于图书馆事业的人才欣幸。

1941年8月由发起人叶景葵、张元济、陈陶遗召开会议，成立发起人会议，决定选聘陈叔通、李拔可为董事，成立董事会，陈陶遗任董事长，叶景葵为常务董事，公推陈叔通拟订图书馆组织大纲及董事会办事规程。

创建图书馆的第二要素是书。叶景葵所捐其全部藏书是合众的藏书基础。叶氏书以抄校

上海市私立合众图书馆旧址（上海市长乐路富民路口）

本，特别是先儒未刊稿本为特点，而近代考古报告，各种学术论文的学报期刊亦甚珍贵。

父亲于 1941 年 4 月开始整理早年陆续收藏的嘉郡先哲遗著，分批捐赠合众图书馆。备有专送回单簿一册，在回单簿中注明赠书年月日及书名、种类和册数，由馆长顾廷龙签收。（此册我还保存着。）从 4 月 23 日至 7 月 31 日止分 20 次送去乡贤遗籍 476 种，1822 册。此外以海盐先哲遗著 355 部，1115 册，又张氏先世著述及刊印、评校、藏奔之书 104 部，856 册及石墨、图卷各一事，寄存于合众，冀日后宗祠书楼恢复或海盐设立地方图书馆时领回移贮。由于倭乱，海盐县城毁去大半，张氏宗祠无力修复，县图书馆的建设更属无望，这才决定将这批书改为永远捐助给合众。

1946 年合众图书馆请潘景郑编《海盐张氏涉园藏书目录》一册，时正值父亲八十寿辰，图书馆即以此祝贺。揆公写了序：

> 迨书目告成，适逢先生八秩诞辰。爰集资以谋印行，为本馆刊行书目之嚆矢……先生所藏以表彰乡贤先世之精神，勤求博访，锲而不舍者数十载，始克臻此。其难能可贵为何如？是目也，可以嘉兴艺文志视之，藉为先生永久纪念，并祝先生眉寿康吉，长为本馆之导师，俾于国家社会文化前途克尽相当之贡献，此不仅同人之私颂也。

《涉园藏书目录》出资者是：商务印书馆、新华银行、王云五、王志莘、李宣龚、徐寄庼、徐鸿宝、陈敬第、冯耿光、叶景葵、刘培余、潘承弼、蒋复璁、郑振铎、顾廷龙。

数年前，我往访起潜兄于其寓所，谈及当年主持合众时的艰难。1949 年年初，图书馆经费所存无多，而揆公于 4 月 28 日因心脏病突发逝世，使起潜彷徨无措。父亲与拔丈安慰说一切由两人设法筹措。为此，父亲去拜访了一位纱业巨子，好像姓江，名字似叫尚达，已记不清了。此公慨捐一笔巨资，使图书馆得以维持下去。1949年5月上海解放前夕，国民党军队一支分队17日晚开到合众，占领全馆，大门前用沙袋叠成工事，屋顶也叠满沙袋。据分队长称，这里将作为市内巷战的桥头堡。起潜向这队长说明这里是文化机关，队长蛮横地说："现在还讲什么文化。"他占用一室作为办公室，让士兵在大门外巡逻。父亲得知后，翌晨一早去馆坐镇，第三天再去。父亲到分队长办公室，与之谈话，请他妥善照料。久之，出来与起潜轻轻地说："你放心，我看此人心不在焉，语无伦次，恐怕想溜。"果然，半夜分队长带了小批人马向东北方向溜走，全馆人员才得以放心。1949年12月25日，父亲突患中风，病势不轻，起潜又突然接到浙江兴业银行通知，停止图书馆透支。幸由陈叔老出面担保，透支才得继续，渡过了这次经济上的难关。合众图书馆于1953年经董事会议决捐赠上海市人民政府，市府接管后更名上海市历史文献图书馆，后并入上海图书馆。这使得父亲、揆公等人在抗日时期艰难岁月中收集起来的中华文化典籍有了一个最好的归宿。

还要说一下的是馆藏《檇李文系》稿本的保存经过。清末，嘉兴学者、藏书家忻虞卿收集嘉兴府所属七县的先贤遗著46卷，上起汉代，下迄清光绪中年。我岳丈平湖葛稚威筹思续辑，拟增至清宣统末年。稚威先生遂来与父亲商量此事。父亲对印书一向感兴趣，闻之极为赞同，并请平湖金兆蕃（箓孙）共同主持其事。他们分别请各县精通旧学、热心乡邦文献之士，搜辑遗文。由1921—1924年，前后进行三年，连同忻氏原辑，共得作者2354人，文4041篇，分订成80卷。但是始终未能付印。1935年春，岳丈把稿件全数交付嘉兴图书馆陆祖毅，请其复校保存。这时，忻氏原编稿已装订成册，而续辑稿仍是散页。一年后，陆氏与其同事仲欣木一起，将散页用纸捻装订。没想到1948年春，这部《檇李文系》稿本竟然出现在上海，而且送到合众图书馆，索价20两黄金求售。顾廷龙收下，但表示图书馆经费短缺，无力收购，请求宽限数日。他立刻告知父亲，父亲赶到馆中。过去为之花费多少心血，编成此书，而今阔别20年后又重现眼前，自己却家境拮据，鬻字为生，无以为计，能不心酸。唏嘘久之，对起潜说："合众和我再无法留住。但愿异日国富民裕时……"很巧，海盐人颜文凯（乐真）去合众图书馆，见放在大厅中央方桌上的这批未刊稿本。起潜认识颜，告以原委。颜君说暂勿退还，由他去想想办法。当日下午颜又来，交起潜两条金条，作为他的捐助，购下书稿藏诸馆中。

第三个要素是屋。筹建初期，先在法租界辣斐德路（今复兴中路）租一屋存书。起潜到沪即在此办公。不久，叶景葵决定捐资 15 万元，在蒲石路古拔路口（今长乐路富民路口）购地二亩，地价 7.5 万元，建造新楼，请陈植（植生）工程师设计。陈系陈仲恕之子，叔通之侄，现仍健在。新楼沿蒲石路和古拔路皆两层，转角处为三层，全部钢骨水泥。（按：该楼解放后扩建过，原屋加一层。）底层是阅览室和办公室，二层一部分为起坐室、会议室，其余为藏书室，中间的三层楼全部用于藏书。正楼之后有一个小天井，其后为馆长住所，计客室、书房、卧室两间、浴室、厨房俱全。叶景葵先生征馆西侧建住宅一所，与馆贴邻，朝夕往来，并与图书馆签订，25 年后住宅概归于图书馆。

卖文鬻字

父亲割除前列腺用去一笔为数不少的医药费。时通货膨胀，物价飞涨，商务股息已多年未发，每发一次董事费仅足买几副大饼油条。而我任职的新华银行，工资水平在金融业中属第三等（头等是汪伪的储备银行，二等是北四行、浙江实业、上海银行等）。我虽在信托部主管证券交易，为避免"先得月"之嫌，绝不在"多头""空头"的市场上冒险。全家处在这种环境中，其艰苦可以想象。

1943 年年初的一天，表兄谢观（砺恒）来。他是谢太夫人的侄孙，早年在商务印书馆任职，编地理书，后专职编纂中医词典，"一·二八"事变后离职行医（中医），好像担任过中医协会会长。砺恒表兄见我家境遇如此窘迫，就劝父亲鬻字。他认为当时父亲的科举辈分已属最高，以其社会声望，完全可以走文人自食其力、清贫自守的光明之道。父亲听从其言，向裱画店索取当时卖字诸公的润例，参考制定润格，并分发与九华堂、荣宝斋、朵云轩等，请他们代销。还函请京、津、杭等商务分馆分发润例和代收写件。各地送来的写件果然不少。父亲在大圆桌上，站着写对联、堂幅、屏条；小件如扇面、册页则坐着在书桌写。曾写过几堂寿屏，每堂八幅，一般用泥金或大红洒金纸，画好方格，费时伤目。

1945 年 7 月，夏敬观姨丈送来画卷一幅、信一封，附支票一张，面额储备券 11 万元。信中要求在画卷上题写引首"蒹竹轩联吟图"六字，上款"筑隐先生、蒹君夫人"字样。此本易事，一挥即就。父亲感到以 11 万元的高价买六个字，其中必有蹊跷。细察支票，发现盖有傅式悦的图章。原来"筑隐"是这个大汉奸的别号。夏姨丈竟然与大汉奸纠缠在一起。父亲顿时火冒三丈，立即写复信：

> 昨复寸函，计荷察及。细阅支票末有傅式悦印记，题款为"筑隐"二字，词义相联，揣测必为一人。是君为浙省长，祸浙甚深，即寒家宗祠亦毁于其所委门徒县长。以是未敢从命，尚祈鉴谅。图卷、支票同时缴上，察收为幸。临颖不胜悚歉之至。

夏姨丈收到这封严斥汉奸的回信后，竟不自惭，仍然给父亲电话，恳求通融，改为只写引首，以求曲成。父亲为此写了第二封信。

> 前奉电谕，知所上一函已登籤掌。承嘱仅题引首，勿书上款，曲体下情，至深感荷，极应遵办。惟再四思维，业已明知，而佯为不知，于心终觉不安，故仍不愿下笔。务祈鉴其愚忱，婉为辞谢，无任企祷之至。

不久，抗战胜利。傅式悦以汉奸罪入狱，终以罪大恶极而被正法，遗臭万年。

父亲对贫困的裱画师，则伸出援助之手。南市有一家小裱画店，营业萧条，全家数口处在绝境之中。因以往有裱装业务联系，便上门求助。父亲对之深表同情，无奈自己也是捉襟见肘，无力资助，便取出所藏三副对联，赠与该店主，让他装裱后自行出售。店主感动得流下泪水，下跪示谢。

父亲为了卖字，刻了近百枚图章。"文化大革命"期间均被视为"四旧"而抄去。几年后落实政策，发还者仅五分之一，而且不配套。例如"张印元济""壬辰翰林"上下两枚，发还时仅名章，而缺翰林章。

拒见日本文化特务

"孤岛"后期，父亲不常出门，来客亦少，只去合众图书馆与揆公、起潜看书论学。商务印书馆有必要时去一次，董事会在家举行。但家居并不闲，几乎天天有写件送来，积几天便集中一次写完。盖印、折叠、加封，有的邮寄，有的送，事事需时。这一时期内，除与王君九先生共同从事校勘《孤本元明杂剧》外，还整理、校勘部分于 1928 年东渡日本访书时借照的《册府元龟》印样，他希望有偃武修文之一日可以付印。

1942 年年初，有一天门外来了一辆汽车，走下一个日本人，留着东洋"人丹"胡须，递进一张名片，上面印有"大东亚共荣圈"及三个人的名字。父亲正在书桌上写一幅册页，看了这张名片，从桌上随手取张便条，写了"两国交战，不便接谈"八个字，命我下楼交出。这三个人都穿西服。我将字条交给他们，他们看了笑笑，讲了几句东洋话，还向我点了点头，走了。我上楼回复父亲所见情况。父亲说这是文化特务，随侵略军来华，每到一处，便盗掘古墓、抢掠文物、拉文化人下水为日本人效劳。

第十七章
抗战胜利后的几件事

出席中央研究院第一次院士会议

1948 年年初，中央研究院代理院长朱家骅发来《通知当选为本院院士》的公函，邀请父亲任该院院士。父亲允诺。

中央研究院定于 9 月 23 日召开第一次院士大会，为期三天。父亲决定 22 日乘火车前往，命我陪同。我即向银行请假，这样新华银行南京分行亦得悉此事，当天分行经理徐振东亲自驾车到站相迎，安排我们住银行招待所。晚间，父亲在招待所起草演讲稿。这一夜，床上有臭虫，因而我们都没有睡好。第二天一早不得不迁居到新街口商务印书馆南京分馆。新街口是南京的商业中心，分馆系老式街面房屋，第一进是营业厅，第二进是书库、膳厅，楼上是卧房。商务分馆经理王诚章和同仁们热情接待，把我们迎至二楼卧房下榻，房间宽敞舒适。

中央研究院第一次院士大会会场设在鸡鸣山的语言历史研究所。我们乘商务印书馆南京分馆的三轮车前往。一路上只见荷枪实弹的军警林立，戒备森严，五步一岗，十步一哨，气氛不同寻常。鸡鸣山上有座古刹鸡鸣寺，是南京的一大胜迹。语言历史研究所在山麓，是座西式建筑，会场在二楼。我们到达后，工作人员招待父亲登楼，我则留在楼下一间颇大的研究所工作人员的办公室内。不一会儿，有人来锁门，把我与许多人一同关在这间房里。大家不明白这是为了什么。过了一会儿，望见窗外停了一辆防弹大轿车，蒋介石从车中走出，由朱家骅恭迎上楼。大约半小时后，蒋下楼，乘车离去，这才有人来开锁，我们方可以自由走动。

院士中父亲年龄最长，安排在第一位发言。他发言的中心是呼吁和平，停止内战。他说八年抗战，国穷民贫，打内战实是兄弟阋于墙。父亲最后说："我们要保全我们的国家，要和平；我们要复兴我们的民族，要和平；我们为国家为民族要研究种种的学术，更要和平。"

散会后，胡适邀我们坐他的汽车回新街口商务分馆。在车内，胡对父亲说："先生的发言似太煞风景。"父亲笑笑，没有作答。

第二天，新华银行徐经理亲自驾车来接我们游览南京名胜。共游览了三处：中山陵、灵谷寺和谭延闿墓。谭墓在灵谷寺后面，幽静清雅，游人甚少。谭延闿的父亲谭钟麟，湖南茶陵人，清咸丰丙辰进士，谥文勤公，系父亲壬辰会试复试及朝考的受知师。

9月26日，我们由宁返沪。父亲将在院士会议上的讲话加以整理，交商务印书馆排印成小册子，题为《刍荛之言》，分送友人。另外寄60份与中央研究院秘书长萨本栋（福州人，萨镇冰之后裔），请他分送各位院士。

暮年忆往事

抗战胜利后，父亲已年届八旬，精力渐衰，晚间不再看书、写作。每天晚饭后，我在他卧室陪他聊天、解闷。老人喜欢回忆往事。父亲主要追忆商务印书馆的兴衰史，难免有今不如昔之感。今凭回忆所及，略述父亲所谈的两件往事。

（一）南京路购地

1923—1925年的两年半为商务营业最旺盛时代，董事会屡次研究讨论投资问题。银行、钱庄存款利息太低，而公债则风险很大。高翰卿主张收买一家在浦东的造纸厂，去实地考察多次。董事会经认真讨论，认为人事、技术、原料、产品种类以及管理诸问题难以解决，遂予以否决。夏鹏提议在南京路最佳地段购地建屋。各方探听，得悉一家英商经营房地产业的洋行有一地愿售，地点在浙江路西、西藏路东，坐南朝北，约在今日新雅粤菜馆一带。董事会委托父亲去该洋行询问地价和购买手续。由洋行英籍经理接待，提出的条件是地价30万两，绝不削价，必须签订买卖合同，限一星期付款，逾期不付清，每天以地价千分之一，即3000两计算违约金。父亲立即回公司详告董事会。董事会认为黄金地段，此价不算高，且公司财力绰绰有余，遂即通过，并指定由父亲出面签订合同。不料翌日高翰卿提出反对意见，几经磋商，高竟寸步不让。合同期限将到，每天3000两罚金不能出账，怎么办！父亲急中生智，想出一个办法：找一个姓张的去顶替。找谁呢？他很快想到一位，即南浔大富翁张澹如。张是国民党四大元老之一张静江之弟，熟悉上海房地产业。父亲往访，讲明来意，张想这样的好买卖竟会送上门来，何乐而不为。立即托浙江兴业银行办理买卖手续，将道契作押，向浙兴借款15万元。不到三个月，地价涨到60万，张即脱手，扣除浙兴押款利息，净盈45万元。当时张表示愿与父亲合股经营，父亲谢辞了他的好意。

讲完这段故事，父亲说假定与澹如合股，先要凑一笔款投资，但哪有余钱？更重要的是父亲认为他是代表商务签约，而非个人之行为。利用这样的机会赚钱，岂非假公济私、变相贪污。父亲在公司数十年一向强调分清公私界线，操守清廉。这是他为人之道的一条重要原则。

后来张澹如用这笔盈利在静安寺路西摩路（今陕西北路）东购入一块土地。土地的南缘沿威海卫路（今威海路），建造了一条新式里弄，约有百余幢民宅，取名静安别墅。建成时适值"一·二八"事变，各地人士纷纷逃难到上海，争相租赁静安别墅的房屋。我们与蔡元培家都在越界筑路，与战线较近，很不安全，拟在租界中心同租一屋，以防万一。父亲即与张澹如商量，张立即拨出一所，房租比较优待。待战事西移，3月中旬退租。

商务总厂和东方图书馆在此次战役中被日寇毁尽。后来东方图书馆成立复兴委员会，接受各方面，包括德国和法国的赠书。于是商务向张租赁静安别墅数幢房屋，作为藏书之处。原住闸北的同仁也有不少迁居到这里。张澹如对商务方面租屋，都给予关照。王云五家人口众多，租了两幢。日本侵略军进攻闸北前夕，形势紧张，家属迁入静安别墅，只有他一人独住在北四川路横浜桥附近家中。"一·二八事变"当天，李拔可打电话告诉他，让他离开北四川路，他还不太相信，后来大陆晚报董显光再给他去电，说有要事相商，他才来到租界内。当晚日本人搜捕工商界人士，闯入北四川路王宅，仅见一仆人。王云五侥幸避过了项松茂那样的厄运。

（二）建同仁子女教育基金

闲谈的第二件事是建立扶助同仁子女教育基金。1916—1917 年，父亲因体弱，请假半年，在此期间，请求减为半薪。但董事会仍照常支送，父亲拒收。公司便立一活期存折，及至 1925 年年底，积存银币 5158.14 元。父亲即以此款捐作扶助公司同仁子女教育基金，规定公司员工每月薪金在 50 元以下，其子女欲深造者，可申请扶助。但总感到此数甚微，杯水车薪。贫家子弟资质聪颖者，限于生计，不能受高等教育，乃是世间憾事，每每为之不平。父亲于《答友人问学堂事书》中阐明普及教育之精神是"无良无贱，无智无愚，无长无少，无城无乡，无不在教育之列"。因而想公司每年在盈余中拨出几万元，建立员工子女教育基金，希望每年有几十个名额，十年之后可以培养出一批低薪职工的子女，受到高等教育，毕业后为公司、为社会服务。既为提高民族素质出一份力，亦可告慰亡友夏公于泉下。

父亲将这一设想商诸于总经理高凤池。高公不假思索地回答说："菊翁，尊意甚好，可是不属于公司职责范围之内，由慈善事业来办为妥。"父亲挨了一闷棍，简直无法忍受，便哑口无言，此事只能算作一生中的一个美梦。接着父亲谈到高公的为人。父亲说他胸襟狭窄，私心很重。他创办商务仅仅为了赚钱，比这高一个层次的见解，此公绝不能接受。父亲回想几十年间与高公共事的苦衷。两人在人事问题上分歧最为严重。父亲推荐过学有专长的丁文江、徐新六等人，均因高对他们"素不相识"而拒绝。其实南京路购地事，高不同意，又讲不出什么理由，致使此事功败垂成。探其根源，无非是他提议投资造纸厂未能遂其愿，以此泄私愤而已。

父亲与高凤池为了商务馆事争吵不休，但私交仍保持友好。1943年高公八十大寿，父亲撰写寿序祝贺，盛赞其一生经营商务印书馆和五洲大药房。称经营商务印书馆"浚瀹人之神智，可以常为新民"。经营五洲大药房则"搜采吾国未有之药物，可以免人于羸病"。

树敏姊在沪的最后三年

抗日战争爆发后，逢方去重庆行医，树敏姊及孩子偕往。胜利后，逢方先行返沪，在我家底楼暂住。不久，找到长乐路一处住所，家属才回沪。该寓三大间，朝南，家具齐全，不必添置。军兴数载，今又相逢，父亲感到十分欣喜。翌年父亲八十寿辰，树敏以一架收音机祝寿。父亲在工作之余，收听广东音乐，有时也听听教唱京戏的节目。生日那天，父亲一早去树敏家避寿。午后至合众图书馆与顾起潜兄共同校勘《文心雕龙》。晚饭仍在树敏处，等到家中贺客散后方归。父亲那几年常去合众，与揆公、起潜谈论古籍及合众馆事，下午离馆后有时去树敏家稍坐。有时树敏上午来我家，陪父亲一起午餐。

珑儿、长儿与三表姊妹年龄相仿，时常往来做伴玩耍。有一次星期天，三甥女来吃饭，下午珑儿要返校，时她在中西女中住读，孩子们就乘孙家的吉普车同去中西，在珑儿的寝室玩了一番。孙家的汽车司机是原我家司机励秀如之子嘉根，孩子们从中西出来，坐车从江苏路转到曹家渡、康家桥，到励嘉根家，拜访了秀如老伯伯。

逢方爱看京戏，而且很在行，常同树敏及孩子们去天蟾观剧。时北京名角梅兰芳、杨宝森、马连良等常来上海演出。逢方有时也邀珑儿同去。我一向爱看外国电影，因此珑儿未看过京戏，一看之下，以为京戏比电影高出一筹。有一次大轴戏是梅兰芳的《水斗·断桥》，李世芳陪演小青。

这出戏中两名旦角都有繁重的表演，原来李世芳急欲回京，梅兰芳坚留他一天，演完再走。不料第二天李乘的飞机失事，这位富连成科班最有前途、当时已列为"四小名旦"之首的旦角遇难身亡。

树敏姊一家在沪住了三年，1949 年年初举家去法国定居。此后三十余年间，我们失去联系。80 年代初，我托人设法探听他们的行踪，得到了树敏在巴黎的住址。我给她去了一信，告以父亲 1949 年去京开会，回沪不久患中风，病榻十年，1959 年去世；我已自银行退休；珑女自圣约翰大学毕业后与李瑞骅结婚，在北京工作；儿子人凤在上海教书，与同事郑宁结婚；我家仍住上方花园，一家六口住在三楼。信中表示希望她回国看看，一聚手足之情。一个多月后果然收到回信。惊悉逵方在 60 年代丧于车祸。树敏住养老院，日常生活必须自己料理，很想回国团聚，但身体衰弱，无法承受长途飞行之劳，且离开法国，养老待遇终将不保。她的三个女儿都大学毕业，成了家。长女以恒（小名雷）在巴黎，女婿法国人；次女以恕亦在巴黎，婿亦法国人；三女以茂（小名卯）在瑞士教中文，婿是德国人。读后颇感树敏晚年之孤单、凄凉。即复一信，附去全家照片。既然相见无望，希望多通信，并盼寄照片来。不数日接以茂信，谓其母跌伤、两腿骨折，无神无力，恐不久人世。又过两月，以恒来信，称我第二封信递到时，其母已去世。附来照片一张，已苍老得认不出来了。

父亲与胡适的交往

父亲毕生重视储才。事业要发展，关键在储备有用人才。在他日记中屡屡提及，并为此与商务其他领导发生过争论。

胡适（适之）这位年轻的留美博士，在"五四"新文化运动中崭露头角时，就引起父亲的注意。1921 年，父亲聘胡来主持编译所，但胡不愿离开北大，未果，乃推荐其昔年老师王云五以自代。

1927 军 6 月，胡适定居上海，与我家同住在极司非而路（现万航渡路），我家门牌为 40 号，胡居 49 号。以父亲的话，称之"衡宇相望，时相过从"。我家乡海盐澉浦产名贵的水果櫊李，初夏果熟，冯氏姑母装竹筐寄来。父亲送赠胡适一盘，十二枚，并告以如何吃法："食时揭去少许，启小孔，允其汁，可一吸而尽。"我家后园辟有荷花池，结了莲子，父亲饬园丁折下四支送与胡适。三年多这种充满情趣的邻居生活，可以得见两代学人友谊之深厚。

1929年胡适在《新月》发表文章，批评国民党政府侵犯人权，说政府希望盲目服从领袖。父亲读了，大加赞许，又为他开罪国民党可能遭迫害而担心。胡适复信称："今天第一次得读先生的白话信，欢喜极了。我很想缄默，但有时终觉得有点忍不住，终觉得社会给了我一个说话的地位，若不说点公道话，未免对不住社会……自由是争出来的，'邦有道'也在人为，故我们宜量力做点儿争人格的事业。"果然不久，当局将胡适担任的中国公学校长职务撤了，还发了"警告令"。胡不服，一面拒绝接受"训令"，一面将此文油印多份，分送友人。父亲读后，即复一信："鄙见窃愿我兄置之不答，正所以保我尊严也。犹忆数年前，美国某邦，不许学校教师讲授达尔文学，世界认为奇谈，以彼例此，均听其留作学术史之资料，供后之评论可矣。"后来，报上刊登攻击胡适的文章，父亲称之为"桀犬之吠"。

那时，胡适在撰写《中古思想史长编》，经常向父亲借古书。每成一二章，即送与父亲阅读。当第三、第四两章送来，随即订成本子，一口气读完，晚上临睡在床上又重读了一遍"觉得那李斯一节，说来最透彻，最和平，真实有价值的。现在一班屠狗卖缯的和乡下老太婆（我想吕雉年轻的时候一定是个很会卖俏的姑娘，所以会给刘邦看中）都上了台，将要那三千年前的故事扮演一回……恐怕革命成功之后，统一的专制局面又要回来了。学术思想的自由仍旧无望，这怎好。"

翌年冬，胡适迁居北平，父亲闻悉后，因感冒，体热未退，人甚疲惫，不克亲往，乃致函言别。信中称："闻台从即日北行，不胜瞻恋，平日以相见之易，悠悠忽忽，遂亦过从甚疏，今则君将远行，念及以后相见之艰，转悔前此之失于亲炙。"三年邻居，今日结束，依依而别，情谊之深，非同一般。

1936 年，父亲七十寿诞，蔡元培、胡适、王云五主编了《张菊生先生七十生日论文集》，胡适的论文《述陆贾的思想》编入其中。他加了一段序"这是民国十九年三月里写的一篇旧稿。那时我在张菊生先生的对门，时时问他借书，有时候还借到他自己用朱笔细校的史书。我那时初读唐晏校刻的陆贾《新语》，写了一篇跋，也曾送给菊生先生，请他指教。今年一班朋友发起印一本庆祝张菊生先生七十岁大寿的论文集，我本想写一篇《古书中的方言》，两度在太平洋船上起稿，都没有写成。现在收稿的期限太近了，我只好检出这篇旧稿寄去凑热闹，心里着实感觉惭愧。我所以挑出这篇，不仅仅是因为这是我和菊生先生做邻居时候写的，是因为陆贾的'圣人不空出，贤者不虚生'的人生观最近于他处世的积极精神，也最配用来做给他祝寿的颂辞。"

20 世纪 40 年代末，胡适离开北平，经过上海，小住了几个月，然后去了美国。这是两位忘年交最后的晤面。三月，父亲去合众图书馆，正巧胡适也在，胡提议父亲写自订年谱。父亲从来不希望给自己树碑立传，当时含糊其词，敷衍过去。1952 年，父亲按组织要求，填写履历表。在"有何重要社会关系，姓名、职业、住址、政治情况、现在与你的关系"一栏内，他第一个填了胡适。我就把这段内容作为本节的结尾："安徽人胡适，初见其文字勇于提倡白话文，居亲丧不为习俗所诱。余颇重其为人。在上海同里闲，衡宇相望，时相过从。后入京任北京大学校长，音书不断。解放前将去美，勖以研究学术，异日回国，仍可有所匡助。"

学生、挚友黄炎培

1901 年，父亲掌南洋公学，创设特班。黄炎培（任之）是特班学生。据黄后来回忆，当投考特班时，除笔试外，尚有口试，主持口试者就是父亲。父亲问："你信宗教吗？那种宗教？"黄答："没有信那种宗教。"榜发，黄列第四名。数十年后，黄炎培对父亲独特的口试方式记忆犹新，不仅写入他《六十年来的回忆录》一书中，而且致函父亲提及此事，称父亲为"受知师"。

黄炎培与父亲均系中华职业教育社发起人。商务印书馆出版的《教育杂志》刊登了职教社成立宣言等文件。商务创办商业补习学校和艺徒学校，使职业教育的理论在商务得到切实有效的实践。1947年4月，父亲为中华职业教育社成立三十年纪念撰《西江月》词一首，以志祝贺：

> 经营费尽心机，三十年为一世，从今以后更艰难，努力还须再试。
>
> 敢云有志竟成，总算楼台平地。劝世人多发慈悲，莫尽把他捶碎。

黄炎培读后致函父亲，称："尊词'从今以后更艰难'真入吾人心坎，不知今后如何是好也……此中情况，先生以外知我者盖亦稀矣。"由此可见，两人志同道合，真挚友谊。

黄炎培很早就是商务印书馆的股东，并长期任董事。在父亲的日记和商务印书馆董事会记录中，屡屡见到黄来公司商议馆务。如1916年3月13日父亲日记详细记载黄来谈与中华书局联合的事，又如1922年1月17董事会记录载有黄炎培提议为小学校图书馆捐书一案。商务向全国每县一所模范学校送书，作为扶助教育的一个手段。父亲附议赞同，并说："任之先生所云，鄙人亦久经想到，拟俟《四部丛刊》告成之后，择其与学校所必需者若干种，分别等级定价，以便学校采购。"黄炎培又补充说，选定后编一目录，以便完善。最后父亲责成编译所妥善办理。

商务印书馆先后两次毁于日寇之战火，我家经济大受影响，不得已把极司非而路住宅售去。时浙江兴业银行在原霞飞路善钟路口建造小住宅七十余幢，分幢出售。经浙兴介绍，我们租赁一幢，房主是天津大富翁张某。时隔数年以后，房主逼我们迁移。正在极为窘迫之际，黄炎培伸出援助之手，来函致父亲，称"尊庐须归主，适炎有地一方，在永嘉路，诸友好愿合作建屋，但气局太小，未足容长老之车。容另为注意。蒲石路多福邮有一所，炎信为容量与气局均合，不知今已脱售否耳。"不久政局大变，天津大富翁不得不放弃强迫租户出屋之恶计。

　　黄炎培与父亲在各自的事业上志同道合，相互支持，在生活上时时关心，师生两人五十年的友谊可谓笃矣。

第十八章
陪同父亲出席全国政协会议

北上赴会

1949 年 8 月 23 日父亲得陈叔通信，知全国政协会议即将召开，父亲作为特邀代表，被邀出席会议。父亲即复一函，称："请善为我辞政协代表。"认为"脑力衰退、健忘……素性戆直，不喜人云亦云。若缄默不言，实蹈知者失人之咎；若任情吐露，又招交浅言深之讥"。后叔老又来信，称特邀代表均由毛主席亲自决定，务请来平参加会议。父亲遂决定晋京。

9 月初，上海市军管会周而复、梅达君两位同志来，正式通知中央特邀父亲去北平，出席全国政协会议。经乐文照医生检查，认为父亲身体基本正常，可以远行。父亲请求带家人陪往照料，经批准由我陪同。

9 月 6 日起程，8 日下午到达北平。陈叔通、黄任之、俞寰澄以及商务印书馆北平分馆经理伊见思在车站迎接。我们下榻在东交民巷六国饭店。父亲一进卧室（二楼 130 室）就告我，宣统三年夏，中央教育会结束后，曾来此休养数日。时代不同，房屋依旧。

有一天傍晚，周恩来副主席来六国饭店看望父亲，谈约半小时。临行嘱我陪父亲出席会议，秘书处将为我准备入场证件。又数日，周副主席、林伯渠秘书长在御河桥军管会（原日本使馆）设宴招待各代表。林伯渠须发皆白，招呼代表们入席。周恩来后至，与客一一握手。共设六席，父亲坐第一席，居首座。同席有陈明仁、侯德榜、茅以升、任鸿隽、陈巳生、簧延芳等。我在第六席。同桌除我以外，皆政协委员，其中一位系南开大学杨教授。

开国大典后第二天，陈云同志来看望父亲。他早年曾在商务印书馆工作，对商务很有感情。上海解放后不久，他来我家看望父亲，告诉父亲说他刚去过东北，见商务印书馆沈阳分馆营业情况很好，叫父亲放心。这次去北平，他又来探望。见到我就对我说："你小时候，我在商务发行所店堂内，常见到你。那时你才六七岁吧。"

朱德总司令也来访过。父亲与总司令谈国防事。父亲说今后将不再有内战，外人侵略也将绝迹。朱总司令认为还得充实军备。

参加政协会议

政治协商会议设有若干工作委员会，父亲是《共同纲领》草案整理委员会成员。周恩来是召集人。有一次在中南海勤政殿讨论《共同纲领》修正稿，父亲看到第十七条最末一句有"禁止肉刑"四字，即起立发言，解释了"肉刑"乃古代的一种酷刑，并非指鞭笞。父亲还介绍了"肉刑"的历史沿革。他说我国早已废止肉刑，自汉文帝禁肉刑，以后南北朝曾经恢复，唐宋以来均无之。际此文明进化时代，在《纲领》中写入"肉刑"二字，于我国面子甚不好看，建议删去。父亲还提议列入"发展海运"一条，以及我国"只要保全自己的领土，绝没有侵略别人之意"。这些建议均为会议采纳。

9 月 21 日晚，全国政治协商会议第一次全体会议在中南海怀仁堂开幕。下午六时，我陪同父亲乘车前往，同车有邵式平、吴贻芳。我凭大会秘书处所发"联络秘书证"进入会场，在会场末座就座。

张志让先生请父亲追述戊戌变法事，拟登入《新建设》杂志。由三位北大学生：宓汝成（浙江宁波人）、陈昌杭（四川成都人）、吴家麟（福建福州人）作记录。经整理修改，父亲审阅定稿，题为《戊戌政变的回忆》。

会晤毛泽东主席

　　毛泽东主席曾先后约见父亲两次。第一次是 9 月 19 日下午。陈毅市长驱车至六国饭店，来接父亲同往天坛一游。父亲与毛主席在祈年门相见。同游者有程潜、李明扬、陈明仁、粟裕和刘伯承等。在游览了祈年殿、圜丘坛、回音壁几处著名建筑后，来到回音壁外古柏下休息。毛主席问父亲戊戌变法情形和光绪召见时的礼仪，父亲一一作了回答。毛主席说商务印书馆出版的书有益于人民大众。他读过商务出版的《科学大纲》，从中得到很多知识。游罢由陈毅送我们返回旅馆。是晚父亲说一生没有过上太平盛世，内战外患相继不绝，看来从今以后和平统一有望了。

1949 年 9 月 19 日受毛泽东邀请游天坛

第二次是 10

月 11 日晚。陈毅市长来邀父亲赴中南海颐年堂毛主席住所座谈，并共进晚餐。在座有粟裕将军和周善培（孝怀）先生等。毛主席请大家对今后国家的建设提建议。父亲提议："一、应令下情可以上达。报纸宜酌登确有地址、姓名之来稿，以广言路……二、建设必须进行，最要为交通，其次为农业，再次为工业。抗战八年，内战三年，民穷财尽，百端并举，民力实有不逮，不能不权衡缓急。"在教育问题上，谈及读经，父亲认为"此难施诸大众。将来大学不妨别立专科，听人研究"。进餐时已很晚了，菜肴简单，有几个菜中都放了红辣椒。在座除我们父子外，都是湘、川籍人，爱吃辣味。晚餐后又谈了一会儿，仍由陈毅送我们回六国饭店，时已深夜。

开国大典

9 月 30 日下午，父亲赴怀仁堂参加全国政协会议闭幕式。会上通过政协全国委员会名单。父亲当选为中国人民政治协商会议第一届全国委员会委员。大会选举了中央人民政府组成人员。计票期间，父亲随毛主席等赴天安门广场为人民英雄纪念碑行奠基礼。

10 月 1 日下午，我随父亲登上天安门城楼，参加中华人民共和国开国大典。城楼约有七十余级台阶。父亲拾级而上，到城楼西侧，刚站定，就有服务人员送来椅子。父亲坐下，我站在他的后面。

三时整，庆典开始，奏国歌、鸣礼炮。毛主席庄严宣告中华人民共和国中央人民政府成立。"中国人民从此站起来了！"接着，朱总司令阅兵。一队队迈着整齐步伐的部队方阵通过天安门城楼接受检阅，天空中还飞过空军战机。接着，群众游行开始，几位老年代表陆续退席，父亲率我同胡子昂先生同车回六国饭店休息。

旧地重游访故人

（一）与祥保相叙月余

祥保自幼与叔祖父生活在一起，1946 年到北京大学任教，三年不见，这次能在北平见面，格外高兴。我们抵平第一天，祥保就在六国饭店门前迎候。大会驻旅馆负责接待工作的邓子平，因父亲年事已高，安排每日三餐送至卧室，一般是二菜一汤。当天父亲关照服务员添二菜，与祥保同餐，谈至九时方去。翌日偕岷源来拜见。上年 8 月，祥保与北大同事王岷源结婚，家人无法去平主持婚礼，父亲函托胡适之先生代为证婚。今日初次相见，父亲给侄孙婿赘见《横浦文集》一部。越二日，我陪父亲去沙滩北大教工宿舍祥保家中，见其新生儿子，给见面礼一万元（旧币）。祥保请父亲为孩子取名，父亲以"烨"名之。从祥保家出至沙滩北京大学，遇叔范侄，同至议事厅。见悬有蔡元培画像，父亲徘徊良久。岷源为大家在校门口摄影。

一个半月中，祥保除父亲出席会议或晤见旧友新知外，常来陪伴。同游故宫三大殿时，父亲回忆了在此举行的壬辰殿试；在北海公园，我们绕琼岛步行一匝，在湖畔啜茶；在沙滩附近的京菜馆东兴楼、敦厚里刘家菜、东来顺涮羊肉馆品尝老北京的佳肴。10 月 19 日离京那天，祥保、岷源一早来到旅舍，同车到火车站。火车起动，祥保追车同行，依依不舍。

（二）访亲友

在京亲友甚多，父亲挤出时间，由我陪同往访。先去东城一带。离六国饭店最近的是王式通（书衡）夫人。父亲于清光绪二十三年秋与王式通、夏偕复（地山）等创办通艺学堂，传授英语和科学知识。王夫人住喜鹊胡同美国人福开森大院内的一个小院落，由后门出入。王夫人甚清健，并见到她的德国儿媳和两个孙女。接着去南小街老君堂 79 号访六姨母。六姨丈俞阶青是俞樾之孙，时步履艰难，而六姨母甚健。又见平伯表兄。数日后，姨丈命其子平伯到六国饭店回访。是日父亲在旅舍，而平伯并不请见，在服务台留名片而去。

隔了几天，去西城宣武门一带。先去石老娘胡同访傅沅叔。父亲与沅丈在清宣统三年清政府的中央教育会议上结识，由于在古籍校勘、整理、收集、研究方面，有着共同的学术研究方向和志趣，故近四十年间京沪两地书信频频。日本帝国主义的入侵，使两位老人在生活和事业上均遭受了巨大的打击。此时沅丈贫病交加，见到父亲若喜若悲，但卧不能兴，舌本艰涩，欲语不成，偶有一二语尚能达意。就床头取所作游记已刊成之红本给父亲看，又捡叶玉虎亲笔诗扇一柄，又嘱其如夫人开橱取《衲本史记》，卷首为沈寐叟题词。父亲见他体弱，即握手言别。父亲访问沅丈两次，临别时也知道这是最后一面，不胜唏嘘。此时傅宅为军队占用，主人仅住最后一进三间平房。回沪前父亲即以详情告知陈毅，希望陈予以关注。陈即问明地址，转告有关方面设法处理。原打算去宣武门外教场五条30号拜访钱干臣夫人和小九条30号孙伯恒夫人及其弟乾三、值修，皆因路被阻断而不得。最后到琉璃厂商务印书馆北京分馆，同事皆来见，都系旧人，稍谈片刻，驱车回旅社。

来采访父亲的北大学生吴家麟住在北河沿北大分部，该处是清兵部尚书徐用仪的故居。父亲请吴带我去参观。其时尚有旧屋数椽，屋外叠有假山，三四株大树。回寓后禀告父亲。父亲回想起徐的遭遇和戊戌变法失败后对自己的资助，感叹不止。

离京前，去护国寺麻花胡同二号中央电台，访廖仲恺夫人何香凝。递进名片，廖夫人出迎。父亲称她廖大嫂。子承志、女梦醒出见，以糖果招待。

父亲带我去西皇城根灵清宫看外祖父许恭慎公故居。五十四年前，父母亲在此结缡，许府腾出一个四合院给双亲居住。祖母谢太夫人亦同住于此。三年后，父亲因参与戊戌变法而被慈禧"革职永不叙用"，携家移居上海。我们下车后走进井儿胡同，见到这座旧宅，询问守门者，知此时有多家居住。守门人允许我们进至前院浏览片时。父亲说门墙多有移动，已非旧时景象矣。

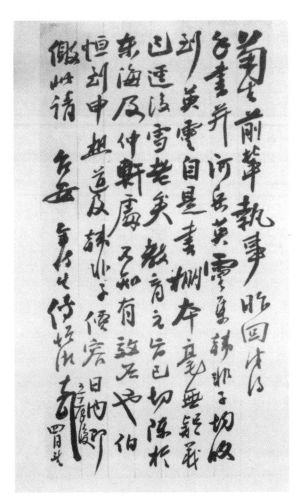

1914 年，傅增湘（沅叔）致张元济信，上海图书馆藏

（三）御花园绛雪轩看善本

故宫博物院院长马衡（叔平）约父亲去御花园看馆藏善本精品。马院长下午二时半派车来接，我陪往。先至北京饭店，邀郑振铎同去。叔平在御花园门首恭迎。入绛雪轩，晤张庾楼。多年未见，父亲竟不相识。观看所藏宋、元善本，约二十种，其中以《经典释文》及唐写《切韵》（龙鳞装）为最佳。父亲说这种装订从未见过。又出示壬辰皇榜全幅（光绪十八年四月二十六日策试，五月一日发榜）。绛雪轩中央放一长方桌，善本精品都放在桌上，让父亲和振铎先生阅看。长方桌四周有十来把珠红漆靠背椅，椅背上有以黄金描成的长圆形寿字，据介绍为慈禧八十大寿时所制。轩外有一大花台，种植牡丹，台中央一株太平花，开花季节，满枝酒杯大的白色花朵，是御花园名贵花木之一。两个多小时的阅览结束后，马院长仍以车送回寓处。

（四）严景耀家做客

我新华银行同事严景耀和夫人雷洁琼邀父亲和我去燕京大学校园内其寓所小住数日。时景耀在燕大任教，亦是政协委员。10 月 13 日下午与祥保夫妇同车出城，至燕京，景耀已候于途。燕大教授住所均系小洋楼，宽敞舒适。他们为我父子安排了双人卧室。稍事休息后，景耀为向导，乘车访问了校长陆志韦，教授张东荪、翦伯赞、赵紫宸，将及五时返严宅。祥保夫妇乘车返城。

校长陆志韦在司徒雷登旧居临湖轩设宴款待父亲。同席有翁独健、齐思和、聂崇歧（筱山）、景耀夫妇和我。散后即归。

第二天早餐后，聂崇歧来访，同往图书馆参观。陈鸿舜馆长导观全馆。馆中收藏清道、咸间朝贵与兰坡书札数十盒，兰坡系旗人，名瑛祡，任河南巡抚。父亲阅看了其中部分书札。馆内还有许多日本人著作，书中图画印刷尤精，为该馆特色之一。陈馆长还托父亲访补馆中所缺《东方杂志》各册。

二十多年前与父亲一同在东吴大学获法学博士的赵紫宸来访，带来当年的合影。除张一麐已作古，三人皆健在，且有幸一同出席这次政协会议。客人中还有翁独健、曾昭森。晚上孙瑞璜（新华银行副总经理）夫人王国秀女士、瑞璜之弟瑞琴夫妇（瑞琴亦燕大教授）、陈叔通之女陈意、梁启超之女思庄先后来到，还带来各自做的佳肴，在严宅共进晚餐。晚饭后在客厅围坐，王女士尤为健谈，至九时方散。

我陪父亲在未名湖畔散步，有石凳闲坐。这时父亲身体颇健，绕未名湖走一周，尚不觉累。

第三天午饭后，辞别景耀，与严夫人同车返城。途经清华大学，先至梁思成寓所。其夫人卧病未见。略谈即辞出。留名片九枚，托思成分别转致汤佩松、冯友兰、费孝通、张奚若、吴晗、钱三强、曹靖华、叶企孙、潘光旦。遂乘车绕校一周离去。

第十九章
十年病榻

突患中风

1949 年 12 月 25 日，商务印书馆工会假西藏中路宁波同乡会举行成立大会，父亲应邀出席。在致辞时，没讲几句话，突然跌倒在台上。众人即刻把他送入中美医院（今凤阳路长征医院）抢救。商务派人来找我。我立即赶到医院，见父亲尚未苏醒。病系脑血栓症，来势很凶。

我以为应请乐文照医师，另迁别的医院。即往访乐医。乐与我同去中美医院，经详细观察，认为病情严重，但表示愿意一试，担负起主治的责任。翌日上午迁到离家较

张元济与沈钧儒（左）、张人凤（右）合影，1953 年

近的位于延庆路上的剑桥医院。说来也巧，从中美医院至剑桥医院途中，父亲卧在救护车上，神志开始清醒，问我到哪里去。

经乐文照医师悉心医治，父亲病情日见好转，三个月后基本痊愈，但左侧瘫痪已无法恢复。1950 年 5 月初出院回家。事前家中做了一些准备。曾经打算把底层的餐室改作父亲的病房，这样便于接待客人和去花园做户外活动。请木匠将底层两大间用板壁隔开，仅开一房门。但父亲的意见还是回二楼自己原来的房间，于是出院前请人粉刷墙壁，家具布置稍作改动，木床移近房间中间，以便护理人员在左右两侧均可工作。

父亲回家后，一切生活均在病榻。特制一桌放在床上，可以看报写字，连一日三餐也用此桌。

病榻生活是痛苦的。1953 年 12 月 25 日，即起病四周年时，父亲作了十首七绝，记述身体和疾病。抄录其中两首如下：

痛痒相关同一觉，痛犹可忍痒难熬，

纵能乞得麻姑爪，眼鼻将从何处搔。

注曰：皮肤作痒，时窜至左方鼻关眼眶。无可爬搔，惟有忍受而已。

疾痛全从醒后觉，平安转向梦中求，

莫教便煮黄粱熟，留我片时身自由。

注曰：梦中行动与平时无异，喜甚，以为病已愈矣。谁知转瞬成空。

捐赠虎尾浜故宅

海盐中学创立于 1945 年 9 月，借冯宅（即冯姑母家，时冯姑母已去世）三乐堂做校舍。次年房主索回房屋。校长吴鹿鸣与父亲相商，父亲慨允将虎尾浜故宅租与校方使用，仅年收一石米的象征性房租。解放后，父亲决定将旧宅捐赠海盐中学。因系祖产，而大伯母、树源夫妇均已去世，事先就征得祥保、庆侄同意，于 1952 年将旧宅 36 间全部捐出。

后来海盐中学陆续建起好几幢新校舍，旧宅就改作教工宿舍。1982 年，旧宅拆除，在原址建起四层楼实验大楼。这年春，我去海盐，校长陪我参观了这幢刚建成的新楼。现在海盐中学是浙江省的重点中学，建校五十年共培养初、高中毕业生 15000 人。父亲早在 1906 年，就为推动创立家乡的新式教育做了许多工作，倾注了不少心血。虎尾浜旧宅为家乡的教育事业作出了贡献，海盐的教育有了很大的发展。父亲泉下有知，一定会为之高兴。

捐献家藏文物

父亲历来主张珍贵文物、善本古籍藏于公比藏于家为好。公家有专人负责保管，不致破损，有场地举行展览，给国人有观赏机会。本着这一思想，50 年代初将几种家藏文物捐献给国家。

一、在"孤岛"时期，父亲购得常熟翁氏流散出来的翁心存（翁同龢之父）日记稿本 25 册。翁为清代道光、咸丰两朝重臣，其日记史料价值甚高。原拟由商务排印出版，因时局不靖，未能实现。1951 年 5 月父亲托郑振铎先生带京，作为代翁氏后人捐于北京图书馆。

二、家藏清初文学家龚鼎孳、孙承泽手书巨幅屏条和澹归上人的条幅两件，上款均为十世祖张惟赤螺浮公。父亲于 1952 年 8 月致函郑振铎先生，将上述四件文物捐送国家。年底，吕贞白君持上海文管会王冶秋局长信来，信中称："尊斋所藏澹归上人及龚芝麓等书件四幅宝藏，达三百余年，且有先德上款，此次承慨允捐献，供诸大众。先生爱护文物与爱国保家精神，至为敬佩。"当日下午，吕君带领数名青年，将龚、孙手书两大堂幅及其红木玻璃镜框，轻轻地从客厅墙上取下，包扎妥当后运去。

三、鹿鸣宴杯盘是螺浮公于清顺治年间乡举赴鹿鸣宴所得。银质，装在一个玻璃盒内。1953 年暑假，珑儿返沪探亲，父亲命其带京，面交郑振铎先生。

编纂《涵芬楼烬余书录》

父亲早年花费不少心血，为商务印书馆收购古籍。当时战乱不断，为安全起见，他将其中 5000 册宋元善本寄存于租界内金城银行（今江西中路交通银行）保管库内。这些善本逃过了"一·二八"事变和敌伪时期日本侵略者对我中华文化的浩劫。父亲为这些善本所编目录初稿，经李拔可先生再三催促，至 1949 年才交商务制版。不久因病中辍。1950 年精神已见恢复，拔可先生约顾廷龙先生协助父亲整理、定稿。父亲在序中说，取"烬余"两字，意在"志痛"。顾在《涉园序跋集录·跋》中有一段协助父亲整理《烬余书录》的记述："先生秉赋特厚，神明强固。曩岁承命佐理校印《涵芬楼烬余书录》时，病偏左未久，偃卧床笫，每忆旧作，辄口授指画，如某篇某句有误，应如何修正；又如某书某刻优劣所在，历历如绘。盖其博闻强识，虽数十年如一日。此岂常人所能企及，谓非耄耋期颐之征而何？"

喜见《金石录》

1951 年老友赵从蕃（仲宣）子世暹（敦甫）在南京书市购得宋赵明诚《金石录》一部，计 30 卷，特地携来上海请父亲鉴别真伪。父亲阅后大为高兴，认为是真品。早在 20 年代，傅增湘为父亲在北京书市访得一部清吕无党抄本，是海盐张氏涉园的藏本，钤有张氏历代藏书印记四枚。父亲将这部《金石录》辑入《四部丛刊》续编。赵世暹发现的这部宋刻本是海内孤本，不仅父亲，就是他同时代的古籍专家都没有见到过，甚至根本就不知道它的存在。父亲兴致高极了，立即设法借到苏州潘氏滂喜斋原藏十卷宋刻本的历代诸人题记，进行对校，最后将他考证的结果撰成一篇一千三百余字的跋文，在病榻上用毛笔工整地书写在书后，盖上两方印，署上日期"辛卯立夏节日"。

赵敦甫先生以为罕见珍本不宜私藏，愿献诸国家。这时郑振铎先生在沪，敦甫当面交与振铎，请其带京，代为捐献。

任上海市文史研究馆馆长

1952 年 10 月，一天晚上上海市委统战部长周而复陪同中央统战部长李维汉来访。李向父亲谈及政务院本着敬老崇文的精神，拟建立文史研究馆。凡年龄在七十以上，有学问，家境清贫者，可以入馆，政府在经济上予以适当补助，使老者安度晚年。李请父亲担任馆长。父亲因年迈，偏瘫床榻，不能胜任，顾虑重重，当时没有同意。翌年春，上海筹建文史馆，周而复致函陈叔通先生，请其转请父亲及早就任，并告系毛泽东主席提名。父亲即不再推辞。

九十初度

1956 年农历九月二十八日，是父亲九十寿辰。父亲自 50 岁至 80 岁，四次正寿均外出，但此时已不能这样做了。

商务印书馆邀请了文化界和社会知名人士撰写祝词，赋诗或挥毫作画，收集到的作品精工装裱成两巨册，作为一份寿礼，送给父亲。这成了一份极具文物价值的珍品，现在由上海图书馆收藏。

生日的前一天中午，市委统战部在我家设席两桌，为父亲祝寿。柯庆施、许建国、刘述周出席，邀请了徐森玉、江庸、沈尹默、舒新城、陈虞孙、劳敬修、周善培、姚虞琴、蒋维乔、颜棣生等作陪。父亲坐了轮椅，到二楼东侧的餐室相叙。

生日正日，商务印书馆十余位同仁来祝贺。我备了两桌面席招待。事

张元济 90 岁生日时与家人合影，1956 年　　祖孙三代同观陈毅赠送齐白石画作，1956 年

前父亲与同仁一起合影留念。这张照片保存至今。

父亲赋七绝一首，对来祝贺的宾客表示谢意：

> 正叹年华承逝波，颁来美意故人多，
>
> 愧无佳句还相答，聊作琼瑶远拜嘉。

病榻听曲

父亲毕生嗜好是书，购书、藏书、读书、校书、印书，终生乐此不疲，而爱听昆曲的由来，亦从购书而起。早年父亲为涵芬楼收书，其范围逐渐扩大，对当时有些藏书家不屑一顾的杂剧、词曲、传奇、曲谱，无不收罗。从浏览中领略其文字之优美，认为昆曲之高尚，全在于"雅"之一字。20 年代中，传字辈演员出科，在上海徐园演出。父亲是那里的常客。他带了《集成曲谱》，边观看表演，边聆听演唱，边揣摩词义，成为辛劳之余的艺术享受。

晚年左肢偏废，收音机中又听不到昆曲节目，乃向刘诉万先生借几张唱片，久之感到不过瘾。我想起内兄葛芃吉是上海昆曲研习社社员，请他邀请几位曲社社友来家清唱。有一次浙江昆剧团正在上海演出，周传铮先生来为曲友吹笛，他一进门，见到父亲，就说："原来是这位老先生，在徐园常常拿了曲本坐在第一排听戏。"节目有芃吉、钱依兰的《琴挑》，周鹤轩的《乔醋》，王吉儒的《游园》《刺虎》，周传瑛夫人张娴和陆济民的《小宴·惊变》，陆济民的《望乡》等。曲社社长朱尧文按板。我们略备菜肴请来客便饭，饭后父亲休息午睡，客人余兴未尽，乃至楼下继续，直至五时，用过点心而散。这样的清唱共有两次。

致函蒋介石

1955 年初春，有一天上班前我先去父亲卧室向他请安时，他说："我忽发奇想，要写信给蒋介石，请其效法钱武肃，纳土归顺。"傍晚回家，父亲又提此事，要选一个晴朗之日，室内光线好，而他精神又好，才写这封信，并嘱我为他准备笔墨纸张。隔数日，我向银行请假，在家侍候，完成了他的奇想。信写成后加封，另函上海市政府秘书长管易文，请其转呈中央。

致蒋的信不长，全文如下：

介石先生大鉴：庐山把晤，快领教言。光阴迅速，忽忽已二十余年矣。此二十余年中，公所施为受国人之嬉笑怒骂者，可谓无所不至。然弟终不愿以常人待公。今者据有台澎，指挥四方，此固足以自豪。虽然，弟窃有更进于此者，今愿为公言之。公浙人也，弟亦浙中之一老民。千百年来，我浙江有一不可磨灭之人物。伊何人欤？则钱武肃。是钱之事迹，度公亦必耳熟能详。当北宋之世，武肃据有全浙八都，军威著于一时。能默察时势，首先效顺，而炎宗统治之局，因以底定。当今之世，足以继钱武肃而起者，舍公而外，无第二人。窃于公有厚望焉。

此致敬礼。

一九五六年六月十五日

这封信显然受到中央和市委的重视。但通过什么渠道递送，蒋公有没有读到，我都无法知晓了。

病重入院、病逝

从 1957 年开始，父亲身体明显衰弱。精神、脑力、胃纳均不如以往。是年夏季特别热，一天午后坐在床上打瞌睡，着了凉，发高烧，伴有打嗝儿。我请文史馆邀乐文照医师来诊治，因乐医生数十年来一直为父亲诊病、体检，医术高明、态度和蔼，对病人的情况又比较熟悉。不知什么原因，他们未邀乐，而请来了黄铭新医生。黄说打嗝儿是横膈膜有问题，老年病人最忌。他用手拉了一下舌头，嗝儿停住了。黄说如再嗝儿很危险。临走时说你怎么请我来，劳保医院的医生就可以了。我在一旁赔着笑脸，说"我与你是约翰同学……"他一声不吭，拎了皮包就走。对病家这样傲慢，是我从未见过的。

我看父亲病情不轻，就与文史馆办公室主任顾音女士商量，并征得父亲同意，入华东医院治疗。入院后，院长薛邦祺医生偕内科萧主任（名字已忘）来做全身检查。我问打嗝儿是否危险，他们答称绝无此说。我将父亲病情函告陈叔通老伯，叔丈函请市委统战部多加关注。在医院中，父亲独住一间病房。由于长期卧床，肺部活动很弱，容易感染，萧主任医师告诉我，肺炎是"old man's friend"，不易治愈。我说："今年是戊戌变法六十周年，我希望他能度过这一年。"萧医师说："这是可以的。"肺部反复感染，反复出现高烧，由于医护人员精心医治和父亲心脏的强健，一次次战胜了病魔。我们自费请了一位特别护士彭云卿女士。1950年父亲中风住剑桥医院时就由彭女士护理。还请了一位男工马明昌协助彭女士。1958年4月间，周总理来沪视察，于22日上午到医院看望父亲。总理由薛院长陪同进入病房时，父亲说话困难，见了总理已不认识。总理报了名，父亲才记起来，伸手与总理握手，并问毛主席好。总理说毛主席很健康，嘱我来探望您老人家。周总理送的花篮，放在病榻旁小桌上。

1958年年底以后，全身机体衰竭，不能吞咽，以鼻食和氧气维持生命。8月14日晚八时零四分病逝。

我当晚通知了文史馆，华东医院也通知了上海市政府，当晚市政府秘书长赶到医院，我在医院等候。他说已电告中央，准备成立治丧委员会，并要我提出几位合适的人选。

8月17日下午，追悼会在胶州路万国殡仪馆举行，参加者有二百余

张元济先生墓碑，位于上海闸北联谊山庄，1966 年被捣毁

人。公祭仪式由上海市副市长曹荻秋主持，历史文献图书馆馆长顾廷龙介绍生平事迹，最后我作答词。仪式结束后遗体送静安火葬场火化，骨灰葬于联谊山庄。

忆祖父

张珑

　　记得小时候，我们家还住在极司非而路的老房子里。我住的是东北角的一间，房门和父母亲房间的门对着。有一天，我睡午觉，醒来屋里的光线已经很暗，从门口望到父母亲那朝南房间的窗子，映照着西斜的淡淡的日光，我在蒙眬中意识到下午已经过了大半，天色已晚，我的午觉睡得太长了。我伤心地哭了一场。那时，幼小的心灵还不能把因时间流逝所引起的惆怅用语言来表达。

　　生怕时光偷偷从身边溜过，这种深深植于我心灵之中的思想，就是来源于祖父的榜样。在我的记忆中，我从来没有见过祖父闲着。他总是在伏案工作，或看书，或会见客人，或匆匆出门办事。有时连吃饭的时候也在看书。只有在工作累了的时候，才在房内的大沙发里靠一会儿，闭目休息一下。在全家围坐在餐桌边吃饭的时候，祖父也会谈工作，或说说那天曾有些什么客人，谈了些什么事，或问父亲当天发生些什么，有些什么新闻。我从来没有见过家里斗牌、打麻将。祖父很少谈风花雪月、游山玩水之类的事。在我很小的时候，曾经几次随祖父到避暑胜地江西庐山。在我的印象里，即使在那风景如画的环境里，他似乎也没有带我到什么地方去游览，却一如既往地整天坐在那间我称之为"玻璃房子"的屋子里写个没完（"玻璃房子"是在阳台的端头用玻璃门窗隔成的一间用作书房的房

张元济从欧洲带回的荷兰小瓷人、马赛克胸针

间）。他把一生的精力都贡献给了文化教育事业，抓紧一分一秒的时间辛勤耕耘，到晚年也未曾稍息。甚至在中风卧床之后，还在床上支起一个小炕桌，背后用被子和靠垫撑着，一如既往地看书写字。

在极司非而路的老宅里，祖父住的是二楼朝南的一间，与父母亲的房间仅隔一个卫生间。那卫生间朝北有一扇门，通向走道；朝西还有一扇门，通向祖父的卧室。卧室有落地长窗，站在窗外的阳台上，可以看到前面的草地、树木和远处的紫藤架。祖父的床是贴着北墙放的，床的一端是书柜，另一端放着一个大衣柜。贴着南墙有一壁炉，那是一种欧式住宅里的设备，老宅的每间房间里都有壁炉，但我很少看见在炉子里真正点燃起炉火。

在祖父的卧室和工作室里有许多摆设，多半是祖父去欧洲考察教育时带回来的。壁炉前有一张小桌子，上面放着一个地球仪。那是一个饭碗大的地球，可以转动。我每次走过，都要把它转动几下。但是上面写的全是英文字，我都不认识。还有一个巨型的、表面很粗糙的鸵鸟蛋化石和一块上面可以很清晰地看到一条鱼骨的化石，这两件东西都配有红木座架。在一个老式的梳妆台上，放着一个小瓷娃娃，浅黄色的头发、红色的背心、淡紫色裙子上罩着花围裙，是一个欧洲风格的小姑娘。在我们家搬到上方花园之后，这个小娃娃仍然站在那个老式的梳妆台上。我对她是那么熟悉，在到北京工作之后的一个暑假回上海时，我向祖父要了这个小瓷人，作个纪念。我这个出自童心的请求，后来居然使这个瓷娃娃逃脱了"文化大革命"抄家的厄运。

祖父的卧室里还有一个有趣的东西：装在通向卫生间那面墙壁上的电话。电话的听筒可以取下来，说话时要对准装在墙上的话筒。我太矮了，够不着那装在高处的话筒，但总是饶有兴趣地听祖父打电话。那时候上海的电话公司是英国人办的，主要为洋人服务，用英语报号码可以优先接通。所以祖父总是用英语向接线员报电话号码。在祖父那一辈人中，懂英语的实在是少而又少。祖父非但学英语，还不放过任何练习讲英语的机会。记得有一年来了一个美国人，是父亲在美国留学时的朋友。他对我很和蔼，但我看着他的黄头发，有点儿害怕，管他叫"黄老虎"。由于有客人，我们都到楼下的餐厅吃饭。席间，我听祖父和"黄老虎"用英语交谈，感到很新鲜，也有点儿不可名状的诧异。

每天早晨，祖父总起得很早，在卫生间里梳洗。我最喜欢在那时去和祖父玩。我假装为他洗脸，洗完还要抹雪花膏，点胭脂。祖父不嫌烦，任凭我折腾。这样一直要玩到吃早饭。早饭是在二楼西面的一间房里吃的。靠墙有一个食品柜，里面有祖父常吃的蜂蜜。我也常去吃。那是一种装在白色瓷罐里的蜜糖，很厚，几乎呈固体状，完全不像现在市场上通常出售的流体状的蜂蜜。有一次有人送了一些葡萄给祖父，又紫又大又甜，放在那个食品柜上。对我来说那简直是挡不住的诱惑，吃个没完，直到有人把葡萄藏了起来。我满屋子地找，边找边唱："葡萄哪里去了啊？"祖父听到后，让人把葡萄拿出来给我吃。与祖父分享好吃的东西是难忘的，印象最深的是芒果。那时候，芒果都是进口的，是稀有的珍品。如果有人送芒果给祖父，他总和我分食一个。芒果有很大的核，切成两半后，他总是把那没有核的一半分给我。在我长大后，上了中学、大学，也都有过分食芒果之事。现在市场上芒果很多，已不再是什么稀有珍品。但它们再也没有我记忆中和祖父分食的芒果那种甘甜清醇的美味了。

在童年的记忆中，极司非而路的老宅是一所非常大的房子。但是里面没有豪华的装饰。现在想起来，印象

1935年，张元济与孙女张珑在庐山别墅合影

最深的是两种东西：书和出土文物。在一层楼梯间中央的方桌上放了一座"黄金台"，那是一座体形较大的陶土制成的台，两边有台阶通向上方正中的一座宫殿式的建筑。放在准对着楼梯的位置，显得很有气派。后来知道那是一件假古董。但至今我仍很愿意把它想成是一件真品，因为它那古朴的风格带来的是一种文化气息，不像如今常见的那种贴金挂银的装饰。在我经常读书的那间小书房里，壁炉两旁的书架上更是放满了出土陶俑，有仕女俑、士兵俑，也有小房屋，甚至有打米用的杵臼。这些文物在我们搬到上方花园时，都装上了特制的木盒摆在楼下客厅里。书则更是无所不在。在大客厅、小客厅、小书房、楼梯间，楼上祖父的工作室、卧室里，以及后来在上方花园住宅的上上下下，无处不是书，似乎无书就不成其为家了。文化的熏陶需要一种气氛，祖父以他渊博的学识，自然而然地在家里营造起一种文化氛围，使晚辈们得以自幼沐浴其中。

在日寇侵略、家境日窘的情况下，我们从极司非而路老宅搬到了上方花园。从此，老宅仅存在于我的记忆之中。1987年，我和祥保姊姊和庆弟去踏访了童年的梦。那时的老宅是一个单位的宿舍，几乎每一间房间里都住了一家人。那昔日明亮的楼梯间里搭起了一个小屋，窗上和楼梯上都挂满了瓶瓶罐罐，甚至破藤椅、旧板凳。经历了几十年的风雨，阅尽了人间的沧桑，它已变得那么破旧阴暗，显得那么疲惫不堪。至于记忆中的花园、草地、大雪松，在那拥挤的环境中，早就丧失了它们生存的空间。1995年，老宅因辟通武宁南路工程

商务印书馆《小学生文库》

的需要而拆除。1996 年我去上海时，在曾经是老宅的地方，见到的是宽阔的马路和三角形的绿化地带，透出了大上海阔步迈向 21 世纪的清新气氛。于是，老宅真正地仅存于记忆之中了。

上方花园是所谓的新式里弄，我们租的是一栋两开间三层的楼房。在这里我走过了从小学到中学到大学的成长过程。小时候，我是一个多病的孩子，所以直到四年级才上小学。母亲是我最好的启蒙老师，教我认字读书。那时候，商务印书馆出版了《幼儿文库》、《小学生文库》等一些非常好的儿童读物。在《小学生文库》里，有简写的《三国演义》、《西游记》等文学名著。我最爱看《三国演义》。祖父总喜欢用《三国演义》里的人物和故事来考我，如果我能正确地回答出来，他就非常高兴。记得在餐室里有一个大柜子，祖父每每让我站在柜子前，用手去够那柜子的顶，看看是否又长高了一些。有一次我居然能够到柜子的顶了，祖父高兴得笑了。后来我身体逐渐健壮，上初中那几年，正是长身体的时候，所以吃饭特别香。有一次从学校回来，竟然一口气吃了四碗饭，把祖父乐坏了。至今我还能清晰地想起他的笑容。

在上方花园住宅的前面，有一块小小的绿地，种了一些从极司非而路老宅里带过来的花木，有罗汉松、红枫，还有几大盆杜鹃花，是当年从庐山带回来的。靠东墙有一排竹子，长得很是茂密。竹丛边有一个用砖搭起的小台，台面是一块约有六七十公分见方的大方砖。祖父就是在那个砖台上教我写大楷的。那时候，学校里每天都布置写大楷和小楷的作业，但是祖父说必须站着用大毛笔练习笔力，要从写一竖一横一捺的基本功练起，而最好的办法是在那砖台上用毛笔蘸了水写，既练了笔力，又不浪费纸墨。练习时，祖父总先是扶着我的手写，然后让我独立写。

祖父很忙，并不经常辅导我的学习。但是只要我有问题，他总是耐心地给我解释，用一种启发式的方法，使我很快就能明白，而且永远不会忘记。中学的时候我学了一些唐诗，但是对于平声仄声的运用，却不甚了解。祖父用一种非常简练而又富有启发的方法说明了平仄声的关系，以及如何搭配使用平声和仄声。他说如果一行诗全是平声或全是仄声，那又会是什么结果呢？说罢，他给我念了两句打油诗："屋北鹿独宿，溪西鸡齐啼。"使我很快就明白了平仄声搭配使用的重要性，而且印象极深。

祖父对于学校的校风，尤其是在德育方面的教育非常关心。在日寇占领上海的年头，也许是因为教师不容易请吧，有一年中西女中里忽然来了一个与校风格格不入的国文老师。与其他老师不同，这位中年女教师天天抹着口红、蹬着高跟鞋来上课。学生们背后送她一个雅号"王高跟"。听说她曾在婚姻方面受过刺激，故而上课时常表现出神经质的心态。最初大家都不太在意，直到有一天出了洋相：在教应用文的课上，她教我们写广告。她自己先在黑板上写了一则广告作为示范，大意是："某老妇人，年已半百，欲征少年为伴云云。"课后，同学们无不把这事作为天大的笑话相互议论。我晚上在饭桌上将这笑话告诉当时在中西女中教英语的祥保姊姊。祖父听到后大怒，认为学校请这样的教师是误人子弟，是对学生不负责任，立即向学校领导反映，并提出强烈的意见。我不清楚祖父的意见究竟起了多大的作用，但到下一学年开始的时候，我们就不再见到"王高跟"了。

我1947年从中西女中毕业后，考入圣约翰大学英文系。为了学习的需要，我利用暑假学会了英文打字。祖父为了奖励我，托香港的商务印书馆买了一架"雷明顿"牌的打字机给我。我成了同学中少数拥有打字机的人，也因此常帮助同学打字，尤其到四年级写论文的时候，更常有同学向我借用。在我到北京大学任教后，这架打字机始终与我朝夕为伴。

我是1951年到北京大学英语系任教的，那时候还实行校长聘任教师的制度。在1952年院系调整之后，大学毕业生一律服从国家统一分配，就不再有这种制度了。我清楚地记得那年夏天我收到马寅初校长签署的聘书时，兴奋之余，一口气跑上楼到祖父卧室。祖父那时已中风卧病在床，看到聘书后非常高兴，因为祖父早年在北京任职，所以对古都始终抱有深厚的感情。他很赞成我到北京工作，而且还亲自为我写了许多介绍信，让我到京后去拜见几位长辈，如马寅初、陈叔通、费孝通、夏地山，等等。1953年暑假，祖父让我把家中珍藏的鹿鸣宴杯盘带到北京，捐献给国家文物局。那时，文物局设在团城。我持祖父的亲笔信到团城拜见了当时的文物局长郑振铎先生。鹿鸣宴杯盘是我的十一世祖螺浮公在顺治甲午乡举赴鹿鸣宴时所得，已经有三百多年的历史了。杯盘为银质，盘上刻有"顺治甲午科顺天乡试鹿鸣宴"字样，并有很精细的图纹。杯盘铸成一体，杯较小，口径约为七八公分，而盘则相对较大，直径约有十七八公分（见《张元济诗文》，第325页）。同年，祖父还先后两次让我去见北大教授、著名史学家翦伯赞先生。一次是去面呈祖父1952年在病榻上完成的《戊戌政变杂咏》，还有一次是去送呈关于《溃痈流毒》的一封信（见《出版史料》1990年第一期，第42页）。

初到北京，京城的名胜古迹深深地吸引了我。工作之余，遍游故宫、长城等胜地。因当时的北大尚在沙滩，北海更是我常去之处。每游一地总要在家书中报道一番。有一次到北海的阅古楼。那是一个造型比较别致的半圆形建筑，有螺旋形的楼梯。楼上楼下的墙壁间都镶嵌了石刻三希堂法帖。我在写给祖父的信中详细描述了我在阅古楼之所见，并说想去把石刻拓一些下来。祖父回信说拓片很费时间，而且需要技术，并非任何人都能为之。过了一些时候，他来信说因为我喜欢三希堂法帖，他已替我买了一部。那部帖是装在一个很大的木盒里的，由于那时我在北京的住处狭小，几次回上海都未把它带回，一直存放在上方花园住宅二楼祖父卧室外面的木柜子上。想不到"文化大革命"期间，它也和家中其他的东西一样遭到了劫难。现在我有一部三希

张元济与孙婿李瑞骅合影，1957年

堂法帖，那是后来落实政策时归还的，但并不是祖父亲自为我买的那部。

我是 1954 年结婚的。我的公公李伯涵先生与祖父认识多年，而且有一个共同爱好：昆曲。伯涵先生曾多次介绍几位喜欢昆曲的朋友来我家，在祖父的病榻旁清唱几曲，为病中的老人增添许多乐趣。瑞骅于 1952 年从加拿大留学回国后，随其父来见祖父，这就是我们认识的由来。我初上北京时，未带我的打字机。1953 年瑞骅到北京出席全国青年代表大会，家中托他将打字机带给我。祖父还亲笔写了一张托带的字条贴在外面。可惜，随着岁月的流逝，那张字条已经剥落。有意思的是：祖父为我买的那架"雷明顿"牌打字机不但在工作中伴随我走过了几十年，而且还扮演了"月老"的角色。瑞骅回国后，最初在上海华东工业设计院工作，参加佛子岭水库和三门峡水库工程。祖父对于这些治理淮河和黄河的工程都非常关心，而且往往从我国历史上治水的角度来看待这些工程的重大意义。他还对瑞骅讲过这样一个故事：秦始皇统一中国之后，收缴天下兵器，铸成九个大鼎。相传这九只宝鼎后来沉于黄河之中。他嘱咐瑞骅说如果在治黄工程中发现这些鼎，那将是十分重大的发现，一定要妥善保存。

应瑞骅的请求，祖父 1953 年冬在病榻上曾为他写过一幅屏条：

> 礼运篇：大道之行也，天下为公。选贤与能，讲信修睦。故人不独亲其亲，不独子其子，使老有所终，壮有所用，幼有所长，鳏寡孤独废疾者，皆有所养。男有分，女有归。货恶其弃于地也，不必藏于己；力恶其不出于身也，不必为己。故谋闭而不兴，盗窃乱贼而不作。故外户而不闭。此与近世所称社会主义最为切近，货恶弃地四句尤为密合。孔子称为大同，而自谦言有志未遂。在二千年以前即已见到，不可谓非先觉之天民。次节接言禹汤文武成王周公，历举其种种治术，以为大道既隐，天下为家之证。一则曰大人世及以为礼，再则曰城郭沟池以为固，与前节各语两两对较，一公一私，情节显然。此非封建主义而何？孔子称之曰小康。褒之乎，实贬之也。此更可见我国古代儒家理想之

禮運篇 大道之行也 天下為公 選賢與能 講信修睦 故人不獨親其親 不獨子其子 使老有所終 壯有所用 幼有所長 矜寡孤獨廢疾者皆有所養 男有分 女有歸 貨惡其棄於地也 不必藏於己 力惡其不出於身也 不必為己 是故謀閉而不興 盜竊亂賊而不作 故外戶而不閉 是謂大同

近世所稱社會主義最為切近 貨惡棄地 句尤為密合 孔子稱為大同 而以節

自謙言 志未逮 蓋二千年以前即已見列 不可謂非先覺之天民 以節

一則曰 大人世及以為禮 再則曰 城郭溝池以為固 與前節右語兩之對較一

若一私情節顯然 此非封建主義而何 孔子稱之曰小康 較之平實眼之也

此更何見吾國古代儒家理想之迢与夫持論之正 先予義多一微

石錄或讀書皆見一則質諸

瑞驛學者以為何如 有以教我

一九五三年立冬節日 張元濟

1953年，张元济手书屏条《礼运篇》

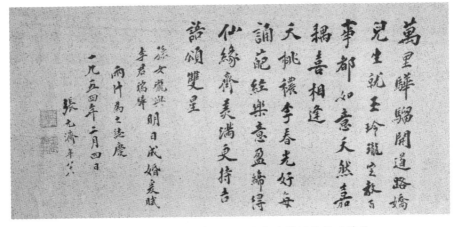

1954年2月4日，张元济为张珑和李瑞骅婚礼所赋诗作

超与夫持论之正。

　　右录我读书管见一则质诸

　　瑞骅学者以为何如，希有以教我。

　　那时我们尚未结婚，所以上款写的是"瑞骅学者"。

　　1954 年 2 月放寒假时，我从北京回上海结婚，举家欢乐。祖父特为我们作了两首七绝，写在红底洒金笺上，还给我们一柄玉如意，用朱笔在上面写了"万事如意"四个字。那两首七绝是：

　　　　　万里骅骝开道路，娇儿生就玉玲珑，
　　　　　定教百事都如意，天然嘉耦喜相逢。

　　　　　天桃侬李春光好，每诵芭经乐意盈，
　　　　　缔得仙缘齐美满，更持吉语颂双星。

　　回想起我们走过的几十年历程，深感祖父的祝福始终伴随着我们。

　　结婚是安排在 2 月 5 日，即农历正月初三立春那天。那时办婚事都崇尚节俭，不兴大操大办。只在家中摆了四桌酒席，请一些至亲好友。其中一桌设在二楼祖父卧室隔壁的房间里。那天天气晴朗，阳光和煦，祖父起床坐在轮椅上，满面喜色地从卧室出来入席，还说了许多喜庆的话，在座的人无不顿时感到满室生辉，我则更是感到无比的幸福。结婚的第三天，按照习俗是"会亲"。那天设了一桌酒席，宴请我的公公婆婆。还是在二楼的房间，祖父还是坐在轮椅上出来。那天他的精神特别好，席间说了许多话，兴致很高。

　　除了上面所说的两幅祖父为我们写的字外，我还珍藏一幅祖父为我写的毛主席的词《沁园春·雪》，上款写着"珑孙索书，写此以资咏诵"。海盐张元济图书馆成立后，需要收集祖父的墨宝。由于家里存有的祖父的墨迹已在"文化大革命"中损失殆尽，我就将这幅字捐献给了图书馆。

　　祖父在 1949 年的冬天中风，从此半身不遂，卧病在床。只有在天气好的时候，由人扶起来在藤椅上略坐，或在床上坐起来，背后用靠垫撑住。我在大学上学时，尚能陪伴祖父，和他聊聊天，到楼下去找他需要的书，等等。1951 年我踏上了北上的路，从此告别了风烛残年的祖父和双亲家人。在此之后，我每逢寒暑假，都尽量争取回家，往往带一些祖父爱吃的北京特产，如奶酪卷、饽饽、茯苓饼等。1952 年夏天，是我参加工作后的第一个暑假，回到家里还特地给祖父看我胸前佩戴的红色的北京大学校徽。我给他讲在北京的生活、工作和游览名胜古迹之所见，他还喜欢我用普通话给他读报。那个夏天，父母亲请照相馆来拍了一张全家福照片，祖父坐在椅子上，父母亲、弟弟和我站在后面。那是我最后一次和祖父合影了。1959 年 8 月的一天，我接到家里的电报，知道祖父病危。我乘飞机回上海，到得家中，知道已来不及最后再见他一面。在殡仪馆里，祖父的遗体安详地躺在一间昏暗的殡葬室里，穿着蓝色的长袍。我和家人轮流守灵，有一个半天独自坐在他的遗体旁。他面貌如生，我多么想对他说我又回来了，再和他说说话，再为他读读报。但一切都已为时太晚，他已经永远地离开了我们。

　　8 月 17 日在万国殡仪馆举行公祭，灵堂里摆满了花圈，挂满了挽联。参加仪式的有上海市的领导、各界人士和至亲好友共二百多人。祖父的自挽联醒目地挂在灵堂的两侧："好副臭皮囊，为你忙着过九十年，而今可要交卸了；这般新世界，纵我活不到一百岁，及身已见太平来。"有谁能像祖父那样，如此达观地看待自己生命的终结？我木然地站在灵堂里，思绪万千。我自责以前没有更多地陪伴祖父，在他的晚年没有更多地给他带来一点儿欢乐，没有更好地聆听他的教诲，没有学到他渊博学识之万一，没有练好他把着手教我的书法，没有……

　　当天下午，遗体在静安寺火葬场火化。父母亲、庆弟、弟弟和我都在场。遗体被推入焚化炉的那一刻，我们难以抑制心中的悲痛，失声痛哭，鞠躬送别。第二天，我和父亲去火葬场取骨灰。骨灰很重，我们的心情也同样地沉重，回家时一路沉默无语。

祖父离开我们已经三十多年了。可以欣慰的是近年来祖父的许多著作得以出版，在我们的家乡建起了以祖父名字命名的图书馆，在那里举行了祖父的学术思想讨论会。而他的孙女也有机会用自己的回忆寄托对祖父永远的怀念。

1996 年 6 月于北京

张珑，1929年生于上海，原籍浙江海盐。译审（教授级），享受国务院特殊津贴待遇。1951年毕业于上海圣约翰大学英文系，1951—1969年任教于北京大学西方语言文学系英语专业，1973年供职于中国建筑设计研究院，创办英文期刊《中国建筑》，任主编。1994年退休。

著有《水流云在——张元济孙女的自述》《风清月明》等；编有《中英对照住房城市规划与建筑管理词汇》（中美合编）；翻译《中国皇家园林建筑》《中国文人园林建筑》《中国礼制建筑》，已由英国出版公司出版。

两代长寿之诠释

先祖父张元济先生于 1959 年驾鹤西去，终年 93 岁。先父张树年先生于 2004 年离世，享年 97 岁。都堪称高寿。那么其间有什么关联，有什么必然的原因吗？现在对许多与健康有关的现象往往以"基因"作用解释之，说："你们张家有长寿基因！"但是我看有些研究中认为基因仅起一小部分的作用。具体到我们的先辈们来说，父亲的长寿，也许确实有基因的因素；但是对于祖父来说，就不尽然了，因为曾祖父英年早逝，根据《张元济年谱长编》记载，曾祖母谢太夫人于 1900 年 6 月 27 日谢世，享年仅 55 岁。所以一个人的长寿与否，后天的因素也许是更为重要的。

祖父一生的经历很不平凡，为过官、从过商、做了一辈子的学问，在社会上享有崇高的声誉，认识交往的人上至最高领导人，下至工农贫民，三教九流，无所不包，他的事业可谓辉煌。但是他对于他的成就从来以平常心对待之，他从不受功名利禄之诱惑，把名与利看得很淡薄，更不贪财。经常解囊接济一些经济上有困难的亲戚朋友，乃至仆人，助人为乐。他也从不会受十里洋场里不正之风的影响，沉湎于声色。不像如今在奢靡之风盛行的社会里，许多人灵魂空虚，缺乏理想，所以事业稍有所成就沦为骄奢淫逸生活的俘虏，开始走上不归路。我们家里的生活一向朴素无华。即使早年住的是花园洋房，但里面的装饰平淡，绝无奢侈之意。家里除了大量的书籍外，就是出土文物。有许多家具还是从二手市场里淘来的。一日三餐也从不追求珍禽异兽、生猛海鲜。一般来说都是四菜一汤，两荤两素。如果人多，就再添一两个菜。祖父虽然也喜欢吃红烧肉或海盐特色的走油蹄髈，但节制有度，从没有纵情大吃大喝的习惯。更是烟酒不沾。所以晚辈们受他的影响，我们家里是没有人抽烟喝酒的。如今往往在生活中或电影里看到豪饮狂饮镜头，说什么"不醉不归"，或什么"你如果不喝这杯酒，就是看不起我"等荒唐言语。我对此种场面十分反感，会本能地想：这难道不是逼人"自杀"吗？可见家庭对我的影响之深。我们家里，人人每日早起，晚上从不熬夜。一家人和睦相处，生活平静幸福。从小到大，我没有见过家里有人吵架，或虐待婢仆之事。这些都是受祖父言传身教的影响，这不仅有益于健康，更使我晚辈们受益终身。

祖父是一个旧时代的学者。但是他对于西方现代科学知识能很快接受，并认为"科学不发达，无法立足于世界"。所以他在那个时代就已经很有科学的医药常识了。记得家里有一大瓶晶体状高锰酸钾（俗称紫药水），用一小点泡开后用来洗水果蔬菜可以杀菌。这还是祖父在上世纪的二三十年代买的，是地道的英国货。因为每次用量极少，所以直到我们这一代，还在用它来消毒果蔬。我 1951 年离家来北京时，父亲从大瓶里倒了一小瓶给我，每年到了草莓、葡萄上市的季节，我必用此来消毒。1940年祖父因老年性前列腺症住院动手术，从此未再受此病痛之困。那时候他就已经深信西医的诊断和手术是科学的。但直至今日，我还见到过有些老年人因不信科学的诊断或惧怕手术，把原本不是大问题的病拖延发展到不治之地步。可见养身、长寿是需要有科学知识的，并不能单靠与生俱来的基因的祐护。

祖父有高雅的兴趣和爱好。比如听昆曲、欣赏大自然之美景、读书、写字等等，这些都是很好的养身之道。他听昆曲与众不同，是捧了曲本去戏院的。为的是在聆听优雅音乐的同时还可以欣赏曲词文字之美。他出生在广东，所以下午工作累了的时候，往往靠在沙发里，听一档广东音乐的节目。使疲劳得以恢复，再继续工作。他喜爱大自然，也因此在庐山买了别墅。在夏天不仅可以在那里避暑，还可以受到山水林木的滋养，洗涤凡尘俗事给他带来的烦恼。

写毛笔字，虽然到了晚年成为收取润笔贴补家用的手段，但是写字本身也是一种静心之法。至于读书，那就更不必说了。祖父饱读诗书，学贯中西。从而培养了高雅的文化兴趣，对低俗腐败的人和物自然产生了免疫力。这也是清心寡欲长寿之道的一个方面。

凡上述种种，最重要的莫过于读书。有一句话叫做"书中自有黄金屋，书中自有颜如玉"。我想应该改为"书中自有延龄术，书中自有长寿路。"我所说的书，当然是指中外经典的作品。这样的书可以育人，可以诲人以高尚的道德情操，可以使人从中吸取处世的哲学，可以教人以待人接物的道理，也可以授人以抵抗物欲横流社会污垢毒害的能力。这是陶冶性情从而求得长寿之术的最佳途径。世界卫生组织的调查统计显示，人的预期寿命的长短，和调查对象的文化程度呈正比。

有一天，我无意中遇到一个老人对我说：若要身体好，只有一个字："忙"！这是一个很奇妙的说法，却充满了智慧。也许可以引用来诠释祖父长寿之奥秘。我从出生之时起就看见祖父整天在忙。所谓"忙"，并非指忙于生活琐事或吃喝应酬。而是指他要用毕生的精力去完成一个知识分子对国家、民族乃至历史所肩负的责任。他对教育强国有坚强的信念，他对兴办文化教育事业有执著的追求。他对国家和民众的苦难有切肤的感受，他对世界的发展有极大的关注，他对自己有强烈的使命感和责任心。在一生有限的时间里，要完成这一系列的理想和责任，能不忙吗？他是个脾气急切、办事容不得半点马虎、坚持"今日事，今日毕"原则的人。所以他整日伏案工作，从不稍有懈怠。他坚持60岁退休，实际上是退而不休。不仅致力于编校《百衲本二十四史》，且为商务印书馆的各项事务继续操劳。商务为他指派了一个通信员，每日上下午各来我家一次，把他写的书信文稿送出去，又把别人给他的书信带回来。这可以从一个侧面反映他每天要写出多少东西。先前的一个通信员杨福生老了，换了一个汪志清，继续为他送信。到了晚年他中风卧床，而汪志清却继续来，因为他稍有恢复，就在床上支起小桌工作起来。与毛泽东数度通信谈国事，撰写《西藏解放歌》、《涵芬楼烬余书录序》、1956 年致蒋介石劝其纳土归顺信等，都是他在床上的小桌上完成的。为了祝福我结婚，他赋诗两首，并亲笔在小桌上写在红色洒金笺上。他还多次为尚在上中学的弟弟批改并批注作文。纵观《张元济年谱长编》，这个"忙"字一直伴随他到生命的终点。因为"忙"，所以他虽老犹对外界事物保持兴趣而没有产生老年人常有的那种疏离感；因为"忙"，所以他对自己的能力有信心；因为"忙"，所以他身体的各个部件得以继续运转；因为"忙"，所以他脑力始终不衰退。而头脑是指挥身体各部分工作的中心。

父亲晚年有一次回忆起祖父说："他每天早上吃一大碗肉面，然后一天都在外面办事。身体是真好啊！"祖父一生精力充沛，他的勤奋非常人所能及。再加上述的淡泊名利、生活简朴等因素，使我们晚辈深为景仰，也可在此用来诠释他长寿之奥秘。

父亲当年就读于美国教会在上海办的圣约翰大学，后又留学美国，获得纽约大学经济管理硕士学位。所以他是受过西方文化熏陶的。在他身上兼有着东西方文化的印记。他喜欢精细的生活方式，饮食方面欣赏西式菜肴，早上吃西式早餐；下午喜欢来上一杯下午茶。他的生性温良，不急不躁，儒雅谦和。生活非常有规律。饮食方面懂得注意营养，荤素搭配。虽然也喜欢美味佳肴，但十分有节制，从不会因为菜好而多吃一口。一般说，他喜欢比较丰富的早餐，而晚上则多半喝粥。这很符合现今中外营养专家们提倡的养身原则："早上吃得像个国王，中午吃得像个王子，晚上吃得像个叫花子"。他每天坚持走路，锻炼身体。到了晚年仍保持这个习惯，往往独自外出散步。但是上海的马路十分拥挤，连人行道也被自行车占用了。以致有亲戚给我打电话说："张伯伯那么大年纪了，还独自在马路上走，多危险啊！"

父亲生活的时代和祖父有很大不同。所以不可能像祖父那样挥洒自如。从日寇入侵开始，家庭经济条件就日益困顿。他一直在银行工作，但是到了 1949 年之后，他所学的经济管理学是属于西方经济制度的范畴，在社会主义制度下是毫无用武之地的，因此他也只能在银行里当一名普通的职员，拿着很低的工资。但他能安于工作，没有怨言。到了"文革"时期，抄家是对全家人最大的打击。家庭经济条件犹如秋风扫落叶，一落千丈，居住条件也一再紧缩。幸好他生性达观，能以平常心对待这一系列厄运。并不因为家道的衰落而郁郁寡欢，而是在逆境中尽可能地找一些乐趣。例如听昆曲。他和母亲都热爱这个如同阳春白雪的古老剧种，凡是有昆曲演出，他和母亲都会争取去看，视之为最好的精神食粮。到了退休后，他有了可以自由支配的时间，曾多次来北京，在我家小住。他和我们同游北京的许多景点，总是兴致勃勃，兴趣盎然。能在困境中保持一个平静良好的心态，确是长寿的一个重要因素。

我们的家庭一向是和睦的。现在常看到许多有关健康长寿的论述，都认为夫妻和睦是一大要素。世人以最贵重的钻石来比喻 60 年的婚龄，称之为"钻石婚"。但父母亲却举案齐眉，携手走过了 75 个春秋。在庆祝结婚 75 周年的那天还留下了一张珍贵的合影。

世间恐怕没有比钻石更贵重的宝石可以用来祝福这么地久天长的婚姻了吧。两位老人能长相厮守常相伴，这福分无疑也应该给高寿加分了。

到了晚年，父亲迎来了改革开放的新气象，也迎来了他生命中的第二个春天。由于商务印书馆重视收集整理祖父张元济先生的遗稿，他于耄耋之年，在弟弟的协助下，开始投入这项工作。他是一个大孝子，祖父在世时，尤其在中风卧床后，他每天晚上总在祖父病榻前坐着陪他说说话。在他有生之年能见到祖父的诗文、书札、日记等相继出版，是莫大的安慰。所以非常欣喜，心情特别舒畅。1996 年他撰写出版了《我的父亲张元济》，在他的这本著作里他回忆记录了他与祖父共同生活的年代。他找回了失去的时光，所以那是一段在他生命中很阳光、很充实的日子。他庆幸自己脑力还没有衰退，还可以尽自己所能做一点贡献。这也为他的长寿因素添上了浓重的一笔。

（原载《作者寿——文化名人的长寿人生》，第 140—149 页，上海文史研究馆编，2013 年 5 月版）

祖父张元济先生 40 年代
家庭生活琐忆

张人凤

从我有记忆的一天起，我就与祖父生活在一起，直到我 17 岁上高中的时候，他病情加重，住入华东医院。一年多以后，他离开了人世。很小的时候，就听家里的大人说，我们家原来住在上海极司非而路 40 号，那是一座老式大洋房，后来因为日本人侵略，炸毁了商务印书馆，家里经济支持不下去，把它卖了，搬到了霞飞路上一幢新式里弄房屋内。

我家租住的房屋，有三层，每层有两间并排朝南的大房间。屋前有一个不太大的院子。祖父的卧室在二楼西侧。这里也是他的工作室。按今天人们的标准来看，他的卧室谈不上什么"布置"——白粉刷过的墙面，几件简朴而又结实的家具，还有就是大堆大堆的书。

房间西北角放置一张黄褐色床架的木床，四尺宽，比一般单人床宽些。父亲工作以后，将第一个月的工资为祖父母定制了一对较为舒适的木床，这就是其中之一。床头墙上，挂了一小幅皮革制的工艺品，红棕色底，图案是一个划着皮划艇的印第安人。祖父一年中，有半年多使用蚊帐。这是他的习惯，实际上蚊子很少。床前，房间的正中，放着一张红木方桌。桌面是白色大理石，四周有四个小抽屉，侧面的红木上用狭铜皮镶嵌成图案。这张桌子有广东式红木家具的风格，它是曾祖母的妆奁。桌子上放满了书籍、簿本、信纸信封、铜墨匣、毛笔和一具放大镜。这里是祖父的生活中心——他年复一年坐在桌子前书写。写呀写呀，好像永远也写不完似的。北面靠墙是一口大衣柜。它的半边挂着为数不多的几件长袍，另半边上部的小橱里，也被文房四宝所占领。小橱里有许多匣装的信笺信封，有大有小，有红有白。有几种红得很艳，更多的是白底加印浅黄、浅绿色的图画。我很想看到祖父用这种漂亮的信笺写信，但好像从未见到他用过。他写信总是用一些比较旧的、甚至背面写过字的纸。大衣柜的一旁是一个文件柜，从上到下一列十来个抽屉。祖父时常在那里查找什么东西。我偶尔出于好奇，也去打开看看。只见有两三个抽屉放满了一叠叠打洞的卡片，用铜书钉钉好，上面写着密密麻麻的毛笔字。后来才知道这是他在 20 世纪 40 年代编著的《成语词典》稿。可惜这部稿在他去世后不知所终了。然而小孩子是不允许翻动大人的抽屉的。祖父规定倒数第二个抽屉归我所用，其他则不准动。他特地用红纸剪了两个圆圈贴在我的抽屉上，作为标记。文件柜顶上有一个放在方形玻璃罩内的地球仪，是祖父从欧洲带回来的，直到我上了学，才渐渐能认识几个用英文书写的国名。

房间的东北角有一个很暗的小间，穿过小间，才能走出房门。小间里有一口五层的书橱，还安了一盏无灯罩的电灯。祖父拉开电灯，在橱里翻找所需的书本的情景，一直留在我的记忆之中。1949 年年底，他患中风，左半身不遂。病中，还叫我在这口橱里查找《词林纪事》《王荆公诗注》等海盐张氏先人刻印的书籍。房间沿东墙有一口壁橱，还放着一只五斗橱。五斗橱上方悬挂祖母的遗像。——我出生时，祖母早已去世，我只是从这幅照片上才见到她的容貌。橱上有一口小的皮套钟，钟面是罗马字，但有"德国制"三个中国字。祖父定期上发条，每上一次，便在皮套内一张纸条上作一次记录。有时整个下午，祖父独自看书写字，没有一点儿声音，只有这只小钟，每隔半小时"叮""叮"地敲几下，更增添了房里静谧的气氛。五斗橱一旁还有一口玻璃门小橱，里面的线装书今天回想起来，是《四部丛刊·初编》的一部分。

房间西侧是全室最富生活气息的地方，因为这里有一个单人大沙发，扶手和靠背都很厚实，不论坐一回还是爬上去跳几下，都是很舒服的。沙发与床之间是一张梳妆台，有镜子，上面放了几件有趣的小玩意儿：黄杨木雕水牛、水晶弥陀菩萨、小铜马、一小罐祖父从美国买回来的巴拿马运河的泥土、一个日本制的放邮票的小木匣。祖父喜欢在一个铜香炉内点上一炷清香，炉内积了厚厚的香灰。我在这一带光顾的时间也就最多了。

朝南是四扇玻璃窗，窗外有一个小阳台。窗两侧两条狭长的墙面上，正好悬挂祖父的两幅照片，一是他 40 岁时的肖像，另一是他访欧时穿西装的照片，也是我见过的他唯一一张西装照。这两幅照片今天已多次为一些书籍所刊用。窗前靠西有一张大书桌，也有不少抽屉，桌面可以打开，下面可放东西。桌前有一把能旋转升降的椅子。不过祖父好像不大爱用这张书桌，仅仅用来堆放书籍而已。

祖父生活很有规律。他早上很早起身。当我起床、吃过早饭，到他房里向他请早安时，他早已用过早点，摆开他那工作摊子，伏案书写了。我已记不起他早餐习惯用些什么。今日写这段回忆时，父母亲告诉我祖父每天起床后，先工作一二小时，再吃一大碗面条，便继续工作。八点多钟，商务印书馆通信员汪志清师傅就骑自行车来了，送来一大叠信件、簿册，还有一本线装的旧式账簿似的回单簿，请祖父签收这些信件。志清叔（大家都这么称呼他）往往要等上个把钟头，等祖父把急需回复的信件写好，带回公司。不论寒暑，天天如此。有一次台风加大潮，市区道路积水很深，他还是来了，不过没骑车，而是将夹着信件的回单簿顶在头上蹚着大水走来的。后来祖父患了中风，出院后待精神完全恢复，志清叔又坚持执行他的任务，不过从上下午各一次减为上午一次。

我们全家在二楼东侧的房间里吃午饭和晚饭。这一间也是祥保姊的房间。那时她在中西女校任教，住校时间多，珑姊也住读，因此只有礼拜六、日才"全体出席"。祖父坐在正方形餐桌的东端，父亲和我坐在他的右侧，祥保姊和珑姊坐在他的左侧，母亲坐在对面。餐桌的木料很结实，桌面用一百块正方形的绿色小瓷砖铺成，不怕烫。四周各有一块弓形的木板，支起后可形成圆桌面。各人用各人的餐具，一般不混用。每天摆放这些餐具往往成了我的家务劳动课。祖父牙不好，因此他要求米饭煮得软一点儿。有时特地为他做面条。他的座位旁备一份刀叉，有些菜肴要先切成小块再食用，这就带了几分西餐的风格。祖父爱吃肥肉，这是他晚年患脑血栓的祸根。不论是大块红烧肉还是肥肉丝，来者不拒。我有不吃肥肉丝的坏习惯，他就在我的盘子里放一个铜匙，叫我把挑出来的肥肉丝都放在这个铜匙里给他。他还喜爱吃白煮猪肝。不过他总是叫我多吃蔬菜，说菠菜有铁质，对身体有好处。使我印象很深的是一次他颇严肃地对我说，餐桌上不可以用刀叉或筷子指着别人，那样不礼貌。这虽是简单的一句话，却使我终身受用。

祖父午餐之后，坐在沙发上稍事休息，又继续做他的事。四点钟，吃一点儿饼干，喝一口茶。他还时常喝一些利小便的薏米汤。直到黄昏，光线不够了，他才搁下笔来，从抽屉里取出一个黑色铁皮匣，倒出一副 36 张的骨牌，独自玩上几次，调剂一下精神。这副刻工粗糙、红黑点子大小不匀的骨牌，几乎是他日常生活中唯一用以消遣的东西。

晚饭之后，父亲在祖父房内坐上个把小时，陪祖父聊天。有时我也在一旁。不过他们谈大人的事，我不太懂。好像有"物价涨""银根紧"这些词语，也有商务或父亲银行同事们的名字。有时祖父在灯下还写些东西。有一次他对父亲和我说，他小时候在海盐，家境清苦，买毛笔也不易。在曾祖母的教导下，从小练习用旧的秃笔写很小的字。直到 80 岁，他仍习惯这样书写。他一直使用毛笔，我从未见过他用钢笔写过字。祖父晚饭后常做的一件事是代表董事会在商务印书馆股票上盖章。大约小孩子对红色特别敏感，所以我最喜欢看绿底色图案的大张股票上盖上一方鲜红的印章。每逢晚上有股票盖章时，我必到场观看。八时半至八时三刻，我们就与祖父说："明天会。"他九点钟就寝。

夏季，阳台外侧挂上大竹帘，遮挡阳光。在气温最高的几天里，祖父一清早放下竹帘，关上门窗，使室内气温比别的房间低 3℉左右。傍晚，太阳落山之后，才打开所有的玻璃窗，卷起竹帘。此时，祖父搬了一把藤椅，到阳台上乘凉。记得我很小时一个晚上，他发现我家东面不远处一栋洋房内灯火通明，还伴有阵阵音乐声，便有些兴奋，喜形于色。事隔多年之后，我才完全弄明白这是怎么一回事：原来那栋洋房是一处"西洋人"（主要是葡萄牙人）的俱乐部，日本侵略军进驻租界后，已是好几年杳无声息了。1945 年夏日寇大势已去，末日将临，但沦陷区老百姓不会知道日军究竟到哪一天才会投降。那晚西人俱乐部乐声悠扬，祖父敏感地知道日本人投降了，多少年来压在心头的闷气得以一吐为快。

祖父房间东南角通往卫生间的门框上，挂着一支小小的寒暑表。他很关心每天的气温，但习惯都是读出华氏的度数。冬季，也就在这个东南角窗前，安上一只小铁皮火炉，一根细细的白铁皮烟囱通到窗外。每天下午生一次火，放一个大蜂窝煤饼，可以烧到半夜。炉上放一壶水，四周加一圈铁丝网护栏。就是这个火炉，天天陪伴着老人度过寒冷、漫长的冬夜。

我幼年在祖父身边，至今留下印象最深的一件事，大约就是他书写对联、屏条等大量书法作品。每隔数天，他就要在我们的饭桌上铺垫一卷厚厚的报纸，再铺上裁开并留下折痕的宣纸，挥毫写上几件。后来听大人们说，日寇侵占上海，家中经济收入越来越少，有一位亲戚建议祖父鬻书以补贴生活。这位亲戚我见过好几次。他名叫谢砺恒，常州人氏，是我曾祖母谢氏的族人。当时他已是一位有名的中医，蓄着白须，有一辆自备汽车。祖父叫我称呼他"表伯"。关于祖父卖字，我记得有这么一段故事：我很小的时候，母亲带我去住在对门的亲戚家做客。主人请我吃蛋糕。回家后，我就几次吵着要吃蛋糕。不久祖父卖字有了头一回收入，立即叫人买了蛋糕给我吃。这件事，至今犹能依稀记起。是当时形成的直接记忆，还是后来母亲反复讲起这一故事而被强化了的印象，我也说不清楚了。不过有一点是肯定的：亲戚家请我吃的蛋糕是很普通很普通的清鸡蛋糕，绝非今日市上的"中外合资高级奶油……"。据说后来由于祖父的名望，上门求墨宝的人果真不少。荣宝斋、朵云轩、九华堂、汲古阁……这些书画铺的名字我很小就听熟了。据说日伪占领时期中，南市老城厢地区一家书画铺生意清淡，难以为继，主人来求助于祖父。那种日子里，祖父也无能为力，送了两件书法作品给他。书画铺主人对祖父叩了一个头而去。

　　祖父用一个圆形的大砚台，几年中这个砚台里也不知化掉了多少八角形的大墨锭。一个竹制的大笔筒内插满了大大小小的毛笔。他写得最多的是对联。有时我站在旁边看他写，有时站在他对面，写完一个字，帮着将纸向前挪动一点儿。祖父有几本楹联手册，根据求字人的身份、爱好，挑选词句。他挥笔时，我们在旁边是不能说话的。写完了，可以向他问长问短。有一条对联最末一个字是"柳"，大约毛笔上墨汁不够，最后一竖出现了许多条状空白处。祖父就设法用小一些的毛笔再行补满。祥保姊问道有些空白不是很好看吗？不补行吗？他回答说不行，只能留出一二丝空白，否则难看。下款（即署名）下面，他习惯上写"时年八十×"。"八"写成两点，"十"几乎嵌在两点之间，加上第三个数字，一共才占一个字的位置，十分别致。有时写完了还觉精神很好，就多写上一二幅，上款空着，留待日后有用时再补。这种没有上款的作品原来家里存了好多，放满了一只藤条箱。"文化大革命"中被抄走，后来怎么问也问不到下落了。写好的作品移到地板上晾干。两头用铜尺（镇纸）压住。我总是很积极地和大人一起帮着将字幅移上移下。最后一道工序是盖章。祖父有好多对大小不同的图章，视写件的大小而选用。每对章第一枚是姓名，第二枚是"壬辰翰林"。我在旁按他的选择，从盒内将图章取出，又在印泥盒内轻轻地、但必须是均匀地蘸上红印泥，再把图章交给祖父。这是我最感兴趣的任务。他最大一对黑石图章有二寸见方，另放在一口玻璃罩内，听说是写商店招牌用

大餐桌，张元济先生在这张大桌上写过无数书法作品，现由中国近现代新闻出版博物馆（筹）收藏

的。我希望有朝一日祖父写一次招牌而用上这对图章，但始终未见有这样的机会。不过后来我见过常熟路上一家叫"粹古斋"的古旧书店，挂的是祖父写的招牌，上面有两方红色印章。这家书店直到 60 年代初还在。

祖父替人写扇面是很费劲的。扇面先要夹在潮湿的毛巾中烫平。然后他就坐在房内平日工作的方桌旁，慢慢地写着蝇头小楷。有时光线不好，就叫人将方桌抬到窗口。一幅扇面要写上好半天，小孩子就没有耐心看了。

祖父年事虽高，且每日伏案工作，但对家事的关心，并无稍减。

在日伪统治时期，时常有"防空""戒严"，傍晚掌灯时分，伪保甲长们在弄堂里吆喝，老百姓家家熄灯，居住区内一片漆黑。大人们要等戒严令过去才能亮灯吃饭，小孩子则又饿又恐惧。祖父摸黑来到三楼我的房间里，大人们商议着，让我躲进壁橱，开亮壁橱里的电灯，半掩着门，再拉上厚窗帘。祖父看到我独自在壁橱里安心吃晚饭，他才放心地走下楼去。

一天半夜，家中自来水管不时发出很大的响声，连我都被惊醒了。父亲起身后，只见祖父披衣到楼上楼下察看水管。后来这事怎么解决，我已没有印象。第二天祖父写信给商务印书馆丁英桂先生，托他请一位水电工来检修。丁先生保存了祖父二十多年间给他的全部信件，这张字条亦在其中。祖父有一套自用的五金工具，包括螺丝刀、榔头、打孔的手摇钻、木工用的折尺等。他房里的钢窗和卫生间的设备，使用、保养都很小心，一直保持完好无损。

祖父的客人真不少。有时下大雨也会有客人来看他。我能记得客人中几位与他同一辈的老者，他们是李拔可、陈叔通和丁榕。他们与祖父几十年合作共事的关系当然是后来才知道的。李拔可操的是福建官话，留一点儿灰白的短须，平时长袍马褂，热天穿中式短衫裤。陈叔通蓄白须，身材矮小，时常穿蓝布长袍、布鞋。丁榕的风格不同，穿西装、皮鞋，戴金丝边眼镜，上装口袋里有一金色表链，装束颇西化。祖父教我称呼这几位老者为"太老伯"。我跟他们是熟识了,有时看到他们来,就先请他们在客厅稍坐,又赶忙上二楼告诉祖父,说是某一位太老伯来了。祖父问我:"叫过太老伯没有?"我说:"叫过了。"他满意地点点头,便下楼会客。

商务印书馆的伯伯们常来我家,他们中间有张雄飞、韦傅卿、史久芸、丁英桂……抗战胜利后,商务有一辆黑色福特牌汽车,他们常坐车同来。直到1988年为了编祖父的年谱,在北京查阅资料,才知道那时他们定期在我家开董事会。常来的,还有合众图书馆的顾廷龙伯伯。后来祖父半身不遂,他常在下午四点钟左右来,坐在祖父床边,一起聊天。

在我记忆中还有这么一件事:抗战胜利后胡适回国经过上海,祖父告诉我他是一位很有学问的人。我说我想见见他。几天后的一个下午,胡适果然来了,同座还有不少客人。我毕竟年幼,陌生客人当真来了就不敢去见客了。最后还是在母亲陪同下,来到餐厅,见了这位大学问家,叫了一声"太老伯"后赶快退了出来。后来还听说什么报纸把这个故事当作新闻登了出来,胡适说:"张某人的小孙子也要见我……"可至今我还未查到那份报纸。

尽管祖父平时常常说起王云五,但我只见过他一次。我记得他身材不高,穿一套深蓝色的呢服装,脸色白里透红,很有精神。

来自海盐的张氏族人,有幼仪太太。祖父称他"幼仪叔",我当然要称他"太太"。但他年龄比祖父小一些。矮个子,头发秃了,但说话很响亮。听说他在海盐做事,办电灯公司和轮船公司,拥有"半条轮船",很长时间我一直不明白这"半条船"是怎么一回事。常来的还有张氏族中的两位伯父,他们都在商务印书馆工作:家昌伯父,身材高大,脸色黝黑,戴黑边近视眼镜;振声伯父,个子也不矮,很瘦,常穿长衫,海盐乡音浓重。后来,商务的老人告诉我,海盐姓张的(指祖父的族人)在商务做事的不是没有,但一没有掌权的,二没有吃闲饭的,说明祖父主持商务工作时,在用人问题上严于律己。

　　祖父的服饰都是旧式的：长袍、马褂、瓜皮帽、中式衫裤、布或缎鞋。我没见他穿过西装和皮鞋，遗物中也没有。他对服装极不讲究，色调都是灰色或玄色的。夏天穿白夏布短袖衫，白纺绸长裤，出门时穿绸长衫，戴一顶白色宽边的遮阳铜盆帽。大约唯有这顶帽子是洋式的。

　　他有三件生活用品给我印象很深：黑边圆形眼镜一副；冬天写字时戴的黑色毛线无指手套一双；系黑绸表带的银壳手表一只。这只表是祖父 50 岁生日时祖姑母送的礼物，平时一般不戴，只是放在枕边，夜间醒来时看看钟点。后来我念中学时还用过几年。十分令人诧异的是就在祖父去世前那个春天里，这只表竟一连断了三次发条！

　　祖父有什么特别的爱好、嗜好，几乎说不上来。一不喝酒，二不抽烟，这两条准则成了我们几代人的家风。他生活上没有现代化的享受。没有照相机——尽管当时社会上黑白照相已经很普遍，因此这一段时间里，在家里留下的照片一共才三张，都是亲友拍的。他 80 岁时，姑母送给他一台小的收音机，白色塑料壳，这才是他经常收听广播的开始。在此以前，家里有过一架高大的木壳收音机，但从来没见用过。抗战胜利后梅兰芳结束隐居生活重新登台，把它找了出来，拨弄了半天，什么声音也没听到。祖父收听最多的是广东音乐。他童年在广东度过，所以熟悉这高雅的音乐。有一段时间，每天清晨收听诵经节目。据说曾祖母对佛学有研究，祖父也懂，但他不向小辈们传授这方面的知识。收听佛经朗诵，只是增进一种古朴、清

1945年秋，张元济与孙子张人凤在上方花园寓所合影

心的环境氛围。

屋前有一个小花园。祖父有时在送走客人之后，去那里观赏一下花木，吸几口室外的新鲜空气。园内靠外墙有三棵枫树，一棵红，一棵绿，一棵由红绿两枝嫁接而成，品种不同，树叶的形状也各异，十分好看。靠客厅的窗前，有五大盆松树，姿态庄重。还有三盆杜鹃花，一红二白。每年春季杜鹃开放时，就把它们移入客厅，既作观赏，又可使花期延长几天。不过祖父对于花木，也包括字画、金石，甚至诗词，都只是一般浏览，并不精通。

花园里靠东墙有一只"砖台"，下面的基础用普通小砖垒成，桌面是一块二尺见方的大方砖。好几个暑假，祖父指导姊姊在大方砖上练大楷。毛笔蘸了水，写过很快就干，既省纸墨，又利于臂力的锻炼。但到了我能练毛笔字时，祖父已经病了，无法再给我指导了。

回忆童年过春节往往是有趣的。家中人口不多，只我一个小孩子，（我的姊姊比我大 12 岁，我记事时，她已是中学生了。堂姊则更年长。堂兄庆哥不和我们住在一起。）并不算热闹。为了怕发生意外，祖父禁止我们放爆竹。祖父很重视祭祀祖先的活动，称为"拜供"。一年之中要拜好几次，如先人生日、忌日和新年、端午、阴历七月半等，而以大年三十这一次最为隆重。供桌由平时一桌增至两桌，桌边围上类似今日京剧舞台上用的红色桌帷，每桌放一对蜡烛灯，点上红烛。祖父亲自给祖先们的酒盅内斟满酒，然后率领合家自长至幼逐一行礼。随着分三次送上酒、饭、茶，我们就得行三次礼。那时行的还是跪拜礼，至解放后才改为鞠躬。年三十晚上供桌不拆除，把菜搬下后，放一只九格果盘，到年初一早上一道点心，行一次礼，然后撤除。年三十晚上行完三次礼，合家在旁边的客厅内小坐，再上二楼吃年夜饭。即便是年夜饭，我们也不喝酒。祖姑母的后人海盐冯氏经营冯万通酱园很得法，每逢过年，必送两只海盐传统做法的走油蹄髈，这是祖父最爱吃的菜。素菜则必定有塔棵菜和"素丝"——胡萝卜丝加豆腐干丝，此外好像还有茨菇和荸荠。

　　历年过年的掌故，往往成了年夜饭时的话题。祖父回忆说在极司非而路老宅时，好几位住在闸北的张氏族人，年初一清早赶乘北火车站第一班火车，到西站下车，再步行来我家给他拜年，成为每年的第一批客人。

　　幼年时，祖父很关心我的教育。由于他忙于自己的工作，直接教我书本知识的机会是不多的。

　　我识字的启蒙教材，是商务印书馆早年出的一套《五彩精图方字》。（这套方字的正式名称，是几年前从当时报纸的广告上查得的。）正楷毛笔字体是祖父手书，有一部分字背面有红、绿、紫、黄单色印刷的图画。这套方字还配有一片正方形的薄铁皮，可以插上四个方字，便于反复诵习。姊姊也是用这套字启蒙的。母亲担任了我们共同的启蒙老师。祖父手书的这套方字，至今保存完好。我的大女儿张玮借助于它，认识了许多繁体字。抗战胜利后，祖父从商务买来的另一套方字内容比较新颖一些，有"汽车""飞机"之类的新名词，其纸张和背面图画的印刷都比较好，可惜现在找不到了。

　　后来，有家庭教师来给我上课，用的当然是商务版的课本。这也是祖父叫人买来的。前面提到的商务通讯员志清叔天天来，请他买什么书，第二天准能送到。课本的内容有孙中山像、当时的国旗，还有两个给我印象很深的故事：一个是说大雾天，一队迷路的日本兵找到一个孩子叫他带路。孩子很机灵地将他们带到了中国军队的驻地，俘虏了这批日军。另一个是说一个背着一大箩鸡蛋的工人无法放下他的背箩。有人帮了他一把，使他十分感激。当他道谢时，帮助他的人说不用谢，只要

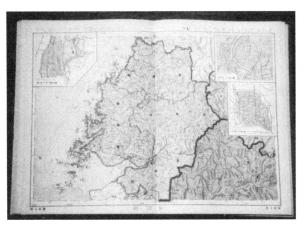

商务印书馆版《中国舆图》

你今后见到别人有困难时也去帮一把就好了。祖父在商务印书馆时，主持编过不少教科书。他亲自主编的《最新修身教科书》开新式学校德育教材之先河。这种教科书就是通过一些故事向学生讲述为人处世应有的态度和道德。我想我读的《复兴国语教科书》中这两段故事的编写，一定是继承了祖父创导商务教科书的这一好传统。

家里有一部《幼童文库》和一部《小学生文库》，是姊姊幼年时祖父买来给她读的。后来很自然地留给了我。这两部书都是商务出版的，每部有二三百册。前者很浅，一律用彩色印刷，以图为主，加上少量文字。我从中学到了中华民族始祖轩辕黄帝，黄帝的夫人嫘祖发明养蚕和缫丝，大禹治水以及武昌起义等历史知识，另外还有家庭、学校、卫生、礼貌等各种常识。我常常拿了几本书到祖父房中，坐在小凳子上，他做他的事，我看我的书。《小学生文库》是长大了才能看懂的，从中我第一次读到不少文学名著，如《汤姆叔叔的小屋》等。

我不知从什么时候开始喜欢看地图。祖父房里有一本八开本绿色封面精装中国分省地图。我时常向他借来看，没有什么目的地乱翻，但时间一长，也就会记住一些地名。他见我对此有兴趣，有时走过来提一二个问题，叫我找出某个地方指给他看。一天，甘肃平凉的一位朋友托人送来一包当地的土产，祖父说他找了半天还没找到平凉的位置，叫我找找看。这次居然很快被我找到了，使得祖父大为高兴。从此以后，他给我买过好几本商务版的地图，有丁文江主编的两种，还有整张的全国地图。当时出版的地图，外国都一律不着色，地名也很简单。由于台湾被日本强占，地图上的台湾岛也印成白色。抗战胜利后，台湾重新划归中国版图，祖父又给我买了一幅很大的全国地图。记得那是一个冬日，夜幕降临很早，地图送到时我们赶紧在灯下把它打开，只见台湾省印上了彩色，与过去的地图有明显的不同。祖父对我说："这下你可以仔细地看看台湾了。"后来经过装裱的这幅大地图在我床边挂了好几年。

我最初的历史知识，也是祖父给我的。他拿出两件东西交给母亲，挂在墙上。一件是我国朝代变迁图，从黄帝、少昊开始，到清朝为止，自上而下，用不同的彩色方块表示出一个个朝代，每个朝代经历的年代长短都符合一定的比例尺。南北朝和宋、辽、金对峙，就把方块分成左右两半。另一幅是祖父手书的《世纪歌》，每句七字，概述了五千年文明史的进程。其文字是前人的作品，祖父结合辛亥革命建立共和国修改了最末几句。我天天看图，又背《世纪歌》。两件教材结合起来，可谓图文并茂。最初的中国史框架便在脑海中形成了。

　　祖父亲自教我书本知识，大约是他患中风后的事了。有一段时间学校班级增加较快，新教室楼没有建好，便实行"二部制"，每周有几个半天不上学。这时如果祖父正巧精神好，他就教我《中国寓言故事》中的短故事。故事有《削足适履》《自相矛盾》《杞人忧天》等熟悉的内容，主要通过这些短故事学点文言文的基本知识。他叫我先看，不懂处再问他，他再给我讲一点儿文言虚字的解释和用法，最后把短文背出。这段时间内他还叫我写日记，写好了由他批改。但此时祖父毕竟年事已高，精力不济，

没能坚持下去，大约前后一共才教了半年。

　　祖父教我读了他编写的《中华民族的人格》。那也是在他病中。一次我走到他跟前，见一本灰色封面的书，正中竖直印了书名，右上方是祖父的名字。书中共有八篇故事，用文言文和白话文上下对照。讲述荆轲、田横等历史上志士仁人的事

1954年11月28日，祖孙三代合影（张元济、张树年、张人凤）

迹。他也是用上面说的方法教我读。至于祖父编写这本书的本意和时代背景，他没有说。不过从书的前言中，很容易地理解到祖父在 1937 年日本侵略者大规模入侵我国的前夕，他想用这些小故事激起人们的民族精神与人格。

从我背出了《世纪歌》和看熟了中国历朝变迁图之后，他给我说过一些《二十四史》的事。家里楼下有一部《百衲本二十四史》和《四部丛刊》。这是他以二三十年心血编成的两部大型古籍丛书，编辑的经过和他在古籍出版方面的贡献我是在近几年中才有了一些初步的了解。《衲史》放在两口柚木书橱里。橱是专为书而设计的，按各史册数多少分成大小不等的格子。每口橱有四扇狭长的门，门上装有蓝色不透明带花纹的毛玻璃。《四部丛刊》则放在三口与书不配套的橱内，其中两口橱上刻着《万有文库》字样。祖父简单地给我说过什么叫"帝王本纪"，什么叫"佞臣列传"。他病了以后，就时常叫我去找书。除了取《四部丛刊》中某种书外，有时还叫我去取《二十四史》中某某人的列传。久而久之，我对这两部书的感情也增多起来，连史纸或毛边纸夹着油墨散发出来的清香，至今还能回忆得起来。

今天感到遗憾的是，我生得太晚，和祖父朝夕相处的时间仅仅只有几年。幼年时，没有也不可能直接向他学什么高深的知识。1949 年春，我插班考入小学三年级，每天大部分时间在学校，中午也在校内包伙。这年年底，祖父患中风，留下了严重的后遗症，使他在病床上度过了最后十年。随着学校课业的增多，可以用来待在祖父身边的时间也越来越少。几年前，在父亲的主持下，我一同参加编写祖父的年谱。但那是一部资料集，甚至可以说有点儿枯燥。然而，我记忆中的祖父，虽然严肃有余却是关心家庭、爱护小辈，勤奋、好客、热心帮助别人的长者。幼年时淡淡的回忆，绝不是适合于编入年谱的史料。记录下来，谨作为对祖父的纪念。

　　张人凤，张元济孙子，1940 年 12 月生。1960 年毕业于上海师范学院数学专科，长期从事成人教育工作。曾任上海市杨浦区业余大学副教授、校长，先后兼任上海市杨浦区政协副主席、区人大常委会副主任。现为上海市文史研究馆馆员。

　　著有《张菊生先生年谱》《张元济研究文集》《智民之师张元济》等；主编《张元济全集》；译有《从翰林到出版家——张元济的生平与事业》。

先祖父张元济先生参加开国盛典前后

张人凤

1949 年 5 月，上海解放。那时我刚插班进入小学三年级念书。入学前，我每天有不少时间在祖父陈设简朴、堆满了书籍和往来书信等文件资料的卧室兼工作室中度过，熟悉他生活起居的规律，也熟悉大部分来拜访他的客人——主要是商务印书馆的工作人员或与他年龄相仿、退休的老同事。解放了，家里来过几位新客人，他们是上海市市长陈毅，中央领导人、早年在商务印书馆工作过的陈云，还有华东局统战部的领导等。

一

6 月初的一天，陈毅市长偕同华东局统战部秘书长周而复同志亲自登门拜访。经过推心置腹的交谈，祖父一改几十年不涉足政治的惯例，欣然参加多项政治活动和重要会议，为上海解放初期的稳定秩序、恢复经济献计献策。

8 月 24 日晚上，上海市人民政府交际处处长梅达君来访，转述中央来电邀请出席中国人民政治协商会议全国会议之事。其实，祖父早一天已从陈叔通的来信中得到了这一消息。陈是祖父的好友，1915 年因在北京反袁世凯而受到很大的压力，祖父电邀他南来上海，入商务印书馆。陈在商务内部机构设置、各部门关系协调等方面做了许多工作。后来参加爱国民主运动，1947 年与祖父等 10 位文化、教育界的老人联名写信给国民党上海市长吴国桢，要求释放被捕进步学生。这封信成为有名的"十老上市长书"。1949 年，陈先期到北平参加新政协的筹备工作，这时他先给老友透了一点消息，意在有所思想准备。

祖父这时已是 83 岁高龄，得到通知后的心情是矛盾的。一方面感到激动、兴奋，一辈子企盼的国家统一、强盛的太平盛世果真来到了；另一方面毕竟年事已高，十多年没有离家远行了，怕体力上不能胜任。故他初以"年力衰迈，方染微恙，不便远行"为由，复信梅达君，又复信陈叔通，请他"善为我辞政协代表"。9 月初，陈叔通又来信透露了内部消息，说祖父列为特邀代表，而特邀代表均由毛主席亲自审定，请不要再推辞。这样，祖父决定北上。同时大会筹备处也作出安排，让我父亲陪同前往，以便生活上随时照料。行前又为安全起见，请数年来一直为他诊治的内科专家乐文照医师作了全面的体检。

9 月 6 日，上海代表启程北上。傍晚，代表们在上海大厦(当时称百老汇大厦)集合，乘车至北火车站北区进站。为了防备敌机可能的空袭，火车在夜幕中启行。同行的有茅以升、赵朴初、盛丕华、黄延芳、袁雪芬等。其时，津浦铁路恢复交通不久，淮河大桥被炸断还未修复，火车只能由临时便桥通过。全程行车 44 小时，8 日下午抵达北平。代表们下榻在六国饭店。周恩来副主席于 11 日傍晚到饭店探望代表，与大家交谈了半个小时。他临走时还特地告诉父亲，大会期间可以陪同祖父进入会场，他已与大会秘书处做好了安排。

二

9 月 20 日之前是会议的准备阶段，主要活动是代表分小组讨论《共同纲领》修正稿。14 日下午，祖父参加了在中南海勤政殿第一会议室举行的小组会，与会的代表有刘少奇、陈毅、章伯钧、陈叔通、李烛尘、陈鹤琴、王芸生等。小组会上大家毫无拘束，各抒己见。祖父对原稿第 17 条"禁止肉刑"一款提出了意见。他认为：我国自汉文帝废止肉刑之后，南北朝似曾有恢复，但唐宋之后已经禁绝。稿中所谓"肉刑"可能指鞭笞，可民国以来也已废止，若在今日文明进化时代，再写上这几个字，于我国的面子反而不甚好看。在另外的一次小组会上，祖父建议在《共同纲领》第 36 条中补入"发展海运业"一款。他的这两条建议后来都被采纳，老人为之兴奋不已。

9 月 26 日大会工作人员告知，周恩来、林伯渠邀请代表在六国饭店午餐，并有要事商谈。几天前，陈叔通、马寅初等就约了祖父、张澜、陈嘉庚等外出聚餐，这时老人们只能将原定的聚会推迟，准时来到六国饭店。这天应邀出席的代表有数十人，其中有张澜、何香凝、陈嘉庚、吴玉章、徐特立、沈钧儒、黄炎培、马寅初、马叙伦、沈雁冰、司徒美堂、庄明理、邵力子等。周恩来首先发言，他说：在讨论《共同纲领》时，对国名中华人民共和国，有代表提出不忘辛亥革命之功绩，宜加括号注明"简称中华民国"，为此讨论过几次，今天受毛主席委托，请各位长老发表意见，怎样定名方为妥当。周恩来讲话后，代表们纷纷发言，祖父与陈嘉庚、马寅初、宁武等大多数代表认为应删去"中华民国"4 字；有的代表主张保留，也有人主张折中，作为暂时保留。最后沈钧儒发言，认为删去"中华民国"4 字，并无忽视辛亥革命之意。周恩来即以沈老之说作为定论：会后大家入席，周恩来坐主位，祖父应邀坐在他的左边，是客位的首席，当时大约是按年龄排定座次的。

中国人民政治协商会议第一届全体会议于 9 月 21 日晚开幕。会议安排在晚上，也是为了安全上的考虑，会场设在中南海怀仁堂。祖父与侨界代表司徒美堂是代表十最年长者，进入会场时有工作人员上前搀扶，都被婉言谢绝。祖父被推选为主席团成员，登台与全体代表见面，并摄影。摄影毕，返回原座位入座：大会聆听了毛主席的开幕词。这天完成全部议程后，10 时半才散会。

最后一次大会，即闭幕式在 9 月 30 日举行。大会选出了国家领导人，当宣布选举结果时，掌声久久不绝。祖父在这次会上当选为中国人民政治协商会议第一届全国委员会委员。当讨论大会宣言的时候，祖父提出：在"解放全国领土"一句内的"解放全国"后加逗点，加上"保全我国的"5字：他的意思是不许别人侵略我们，我们也只保全自己的领土，绝无侵略他人之意。许德珩代表发言表示不要改动，维持原稿。这时周恩来在主席台上提议：在"巩固国防"之下加"保全我们的领土"字句。毛主席问是否同意。祖父表示同意。在统计选举票时，祖父随同毛主席等一起到天安门广场，为人民英雄纪念碑奠基。

　　10月1日下午3时，在天安门城楼举行开国大典。代表们按通知先行到达，祖父沿着石阶缓步登上天安门城楼，在城楼东端挑了一把椅子坐下，我的父亲站在他的背后。城楼上的代表和集合在广场上的游行队伍，心情激奋地聆听毛主席对全世界的庄严宣告：中华人民共和国中央人民政府成立了！接着是朱德总司令阅兵，队伍整齐的步兵、炮兵、水兵、骑兵和坦克依次通过主席台前，飞机翱翔上空。阅兵毕，群众游行开始。祖父和几位年老的代表先行退席，回旅馆休息。这天晚上游行队伍的欢呼声、口号声至半夜方息。祖父习惯于早睡，8时半就上床，但心情一直不能平静，久不能寐。他回想起数十年来亲身的经历和祖国饱受帝国主义欺凌的苦难历史，又为晚年终于亲见太平盛世的到来而欣喜万分。他披衣而起，给毛主席写了一封祝贺信，信中写道："昨日会推元首，我公荣膺大选，为吾国得人庆也。英伦三岛昔以鸦片迫强售于我，林文忠焚毁，乃愿辄于半途，酿成江宁条约之惨。桎梏百年，贫弱日甚，后虽设禁，终多粉饰。我公发愤为雄，力图门强，必能继□前贤，铲绝根柢，一雪此奇耻。"几天前，他请商务印书馆北京分馆的同事，买了一部版本最好的线装本《林文忠公政书》，第二天请人转送给毛主席。1840年鸦片战争，帝国主义以炮舰打开了清王朝闭锁的国门，中国开始沦为半封建半殖民地，任凭列强宰割。民族英雄林则徐虽奋起反抗，但不足以挽回失败的命运。祖父此时深信不疑的是100年来中国人民为独立自强的抗争，到今天，在中国共产党的领导下，取得了决定性的胜利，历史的新一页被揭开了。

三

　　祖父在北京期间，受到了毛主席的两次接见。9 月 19 日下午，祖父本来没有安排活动，打算在旅馆休息一下，父亲就抽空独自去天坛游览。2 时半，陈毅驱车来六国饭店，说毛主席邀请你去游天坛，还约李明扬代表同行。祖父同李一起坐上陈毅的汽车，陈毅说毛主席在天坛等候。他们到达时，毛主席已等在祈年殿门外了。毛主席与祖父握手互致问候。陈毅介绍了在场的刘伯承、粟裕、程潜、李明灏、陈明仁等。大家一起先参观了东厢房陈列的铜制祭器。说来也巧，我的父亲也独自在那里参观，见到了毛主席为首的大队人马，祖父随即把他介绍给毛主席等人，大家一同登上祈年殿，又一同步行至南端的环丘坛。游毕大家在皇穹字墙外树荫下小坐，喝茶休息。毛主席是很健谈的，他告诉祖父，他年轻时读过许多商务印书馆出版的书，从《科学大全》中获得了不少新知识，他认为商务出的书有益于民众。毛主席又问及戊戌变法的情形，询问光绪皇帝召见时的礼仪怎样，又问当年在清政府做官时的俸禄有多少。祖父都一一作答。毛主席还说：这次革命实际是人民革命，不只是共产党一家所为，你看重庆号军舰起义，舰上 700 余人，并没有一个共产党员，就可以证明这一点。另一次接见是在 10 月 11 日，那天傍晚祖父正在吃晚饭，陈毅来了，说主席请你和周善培(孝怀)老先生到他寓所叙谈并进晚餐。很快两位老人应邀来到主席在中南海的寓所。这一天客人很少，除了两老由他们各自的小辈陪同之外，还有陈毅和粟裕。这一晚上宾主畅叙，谈了许多方面的问题。祖父建议：应设法让下情可以上达，有些事如果报纸不便说，可以用选登读者来信的办法，但必须是有真名实姓、确实地址的读者。毛主席说可以先在一家报纸上做一个样子，辟出一个专栏。他们又讨论了新中国的建设，祖父说国家经过八年抗战、三年内战，可以说是民穷财尽，如果搞建设百端并举，可能力量不够，不能不权衡缓急。他建议：建设首先是交通，其次是农业，再次是工业，工业中先轻工业后重工业。毛主席介绍了鞍山的铁矿和钢铁厂，说造铁路需要钢轨呀。谈到征粮，陈毅说河北、山东比江浙负担重，江浙还没有征兵，无锡有一户有田 7 万亩，征数很少还不肯缴，不能不给予惩儆。祖父认为有田者有的匿报，使实报者吃亏。毛主席说现在有几十万大军正移向江西、福建，这样江浙的负担可以减轻一些。当周善培谈到读经时，祖父坚持他几十年来的一贯主张，认为不可提倡，只能由某些大学设立专科，让少数学生作为一项研究。祖父还对有人希望以罗马拼音字代替汉字表示担忧，认为我国之所以能统一，有统一语言、文字是一重要因素，多种民族、多种方言用拼音字各切各的音，会使统一的文字走样。宾主之间还谈了许多。晚餐的菜肴共 10 味，都比较简单，盘子也比较小，几位湖南、四川籍人士专爱拣盘子里的红辣椒吃。10 时 45 分客人辞出，返回旅馆。

10 月 10 日，朱德总司令到旅馆来看望祖父。他们的话题当然是从国防上说起。祖父说以后我们将不会有内战，外来的侵略也会绝迹了。朱总司令说，现在我军的军备还不算充足，还要努力。他们又谈了钢铁生产，朱德说东北的钢铁明年可以生产 40 万吨。陈云同志也来看望，那是在开国大典后的第二天。他早年曾在商务印书馆工作，在那里领导上海的工人运动。上海解放不久，他趁来上海公务活动之便，到我家来过。他告诉祖父，说他刚去过东北，见商务印书馆沈阳分馆营业情况很好，叫祖父放心。陈云这次在北京见到我父亲说："你小时候，我在商务发行所店堂内常见到你。那时你才六七岁吧。"

整个大会期间的活动安排是比较宽松的，祖父在北京住了 40 天，和许多老朋友见了面，也结识了更多的新朋友。

四

祖父在政协会议之余，所关心的第一件事还是商务印书馆。他为商务印书馆花去了半个世纪的精力，曾经有过辉煌，然而在日寇的炸弹声中、在 20 世纪 40 年代后期国民党政府造成的恶性通货膨胀之中，不仅无法重现昔日的光彩，相反，厂房遭毁，设备遭劫，人才流失，资金短缺，近乎到了难以为继的地步。这时他多么希望新中国的成立，会给这个老企业带来新生的曙光，他希望更多地了解新中国的出版方针，以及老朋友们所能提供的各种建议。商务印书馆曾经聚集过大批人才，据说二三十年代商务编译所的力量是同时期国内任何一所大学无法与之相比的，不少人后来走上了进步、革命的道路，其中一些人这次聚首北京躬逢盛典，祖父一到北京，就于 9 月 11 日招待商务旧友郭沫若、沈雁冰、胡愈之、沈钧儒、叶圣陶、宋云彬、马寅初、黄炎培、郑振铎、周建人、陈叔通。在此期间，还多次与这些旧友交谈。例如 10 月 11 日时任出版总署署长的胡愈之与郑振铎来访，胡介绍了今后出版社将有所分工、各专一门的构想。两天以后他又陪同中宣部长陆定一同来看望，谈了出版社之间的分工合作，出版社与新华书店之间应相互扶持等，还谈了建国初期党对出版事业的方针、政策。他还为商务印书馆物色一位合适的总编辑与陈叔通、沈雁冰多次商谈，他们谈到的人选有沈雁冰、郑振铎、宦乡，但这几位先后在政府部门任职，无法再就此职，此事一时未能解决。

祖父本人在学术上的专长是古籍的研究、校勘，由他主持校勘、商务印书馆在二三十年代影印出版的大型古籍丛书《四部丛刊》和《百衲本二十四史》被誉为民国时期我国古籍研究的最大成果之一。他在学术研究方面有不少好友在北京，他首先去访问的是老友傅增湘。傅老是四川江安人，比祖父年幼 5 岁，他们是在 1911 年清政府学部召集的全国教育会议上认识的，后来两人在古籍购藏、校勘、版本研究、影印出版方面互相讨论帮助，往来书信现在存世的就有三十多万字，已收集成书出版。1949 年时，傅老已卧病在床，说话困难，祖父去看了他两次，告诉他沪上几位老友的近况，傅老还示意让家人取出几种珍藏的书给祖父看，最后两位老友唏嘘而别。

10 月 6 日，祖父应故宫博物院院长马衡的邀请，与郑振铎一同前往观看所藏的珍本古籍。故宫后部的御花园，古木参天，宾主先在绛雪轩小憩，然后看了所藏宋元版珍本约二十种，其中以宋本《经典释文》和唐写本《切韵》为最佳。《切韵》是龙鳞装，祖父说他从未见过这种装订式样。主人又出示清光绪十八年(1892 年)的黄榜，即祖父参加殿试后中进士的那份黄榜。

五

　　我的堂姊张祥保自幼在叔祖身边长大，祖孙感情很深，大学毕业后去北京大学任教，离家已有三年。此次在京相聚分外高兴。祥保姊抽空陪祖父游览了故宫、北海，为祖父准备了可口的佳肴，又一起访问了北京大学、辅仁大学、燕京大学和清华大学等几所北京最著名的高校，拜访了陈垣、翦伯赞、陆志韦、张东荪、梁思成等好多位学者，应燕京大学教授严景耀、雷洁琼夫妇的邀请，在他们燕大内的寓所中留宿两宵，参观学校校舍、图书馆，晚间与友人畅谈。

　　10 月 17 日，祖父写信给周恩来总理辞行。信中说：“政协最后集会，弟于宣言谬陈管见，意在禁人侵略，自求保全，非我领土，断无侵略。仰荷明察，许为采纳。今广州已下，香港近在肘腋，正宜善为利用，国力、民生两有裨益，必早在苞筹之中，正无俟饶舌也。我公日理万端，务祈节劳珍重。”19 日乘车离京，21 日返抵上海。

　　祖父回来了，一时家中热闹起来，每天一家人围坐餐桌的时候，就是听祖父、父亲给我们讲北京 40 天的见闻。祖父带回来两样东西，我一遍遍地翻阅，至今印象极深。一是中国人民政治协商会议的大型纪念册，8 开精装本，有全体代表的照片，会议和开国大典的照片等。我看了以后，很快记住了国家领导人的名字。这本纪念册在祖父去世之后捐赠给了上海图书馆。另一件是毛主席邀游天坛时所摄的一套 24 张照片，那是事后几天陈毅送到旅馆的。这套照片是不怕“文革”浩劫的，所以一直在我家中珍藏着，近年来一再被人翻拍，刊登在有关祖父的多种传记和研究专著之中。据说新华社著名摄影记者侯波女士到浙江海盐参观张元济图书馆，进入张元济先生纪念室，见到放大了的毛主席和祖父面对面谈话的照片，高兴得惊叫起来：“瞧，这张相是我照的!”这是后话了。

　　（原载《史林撷英——上海文史资料选辑第八十八辑》，上海市政协文史资料编辑部，1998 年 1 月版）

生活在叔祖张元济先生
身边的日子里

张祥保

1987 年 5 月间我去老家浙江海盐参加张元济图书馆开馆典礼。在纪念室里见到了叔祖的头像。那是汉白玉制品，冷冰冰的。在感情上很难接受它能和我在他身边出生、成长的亲人有什么联系。但在室内陈列的另一些东西，如刻有叔祖写的世祖大白公家训的四幅屏条：

> 吾家张氏，世业耕读；
>
> 愿我子孙，善守勿替；
>
> 匪学何立，匪书何习；
>
> 继之以勤，圣贤可及。

虽说已几十年不见，还是十分亲切，引起了多少回忆。离开海盐后在上海停留期间，我感到一种难以遏制的愿望，要去看看在极司非而路 40 号的那所灰色房子及其周围的松柏草木。在那里我曾和叔祖朝夕相处。

路名改了，门牌号码换了。大门位置依然，房子轮廓照旧。但是，原来的青砖白缝两层楼上面加上一个尖顶阁楼的住宅，在墙外面已加了一层水泥，并且又增高了一层楼。阳台、门窗，也有变动。至于四周草地树木

海盐张元济图书馆开幕日，1987 年
（前排左起：张珑、于若木、张树年、张祥保、王岷源；
　后排左起：张人凤、郑宁、宋琴芳、张庆）

已成了排列密集的各式各样、大大小小的建筑物。

在老房子的南门口遇见两位老大妈和一位老大爷。虽说这里是解放军的家属住所，倒并不门禁森严。那两位老大妈听说我出生在这所老房子里，便允许我进去，并打开了她们各自的房间让我探头看一眼。一间是我弟弟出生的房间，继母随父在外，这是临盆时回家来坐月子时住的。另一间在南边，是在原来的隔墙上刻有世祖家训的那个小客厅。我走上了二楼、三楼。从后窗望了一下原来的花园。现在是没有一根草木的操场。

这里共住了 18 户人家。尽管满所房子堆着、挂着、塞着各种杂物，面目全非，我生活在这里的情景还是马上呈现在眼前，百感交集。

就在这所房子里我听说了我们的家史。始祖叫张九成，家谱就是从他开始叙起的。他随宋南迁，是位爱国忠臣，支持抗金的岳飞，反对秦桧。后代居住在浙江海盐，明末清初时有大白公、螺浮公等文人在涉园吟诗刻书。后来家道中落。我的曾祖父在海南任上去世，曾祖母谢太夫人在老家海盐虎尾浜定居下来，靠着她和她的女儿绣花、做女红养活一家。叔祖由于戊戌变法失败，遭到革职处分，向老太太禀告这件事时，她毫无怨言，回答说："有儿万事足，无官一身轻。"

我的祖父早年去世，我的父亲在十岁的时候由叔祖从老家领到上海上学，后送往美国留学四年。我出生二十个月后我的母亲去世。叔祖把我教养成人。

我在这所老房子的南大门站了一会儿。仿佛又是黄昏时刻。我听见了汽车喇叭声，便不停地搬动小脚，冲出门去迎接叔祖回家，我记得他的微笑。有一次他手上提了一张小竹椅递了给我。这张椅子，我坐过，拍过照，我的儿子也坐过，也拍过照，至今还在。除此，我还保存着一个汤碗大小的藤篮子，说是叔祖在我断奶时给我放糖果用的。想来当时我准还被人抱在怀里。我的堂妹小时候，每当她的祖父不顺心，便有人把她抱去叫声"爹爹"使"爹爹高兴高兴"。有人告诉我：我小时候，也常被抱去使叔祖高兴高兴。

在这个家里，我不记得有谁曾经疾言厉色、面红耳赤，仿佛没有闹脾气这么一说。我小时候，只要家人说叔祖"要生气了"，我便停止吵闹。如果哪次憋不住哭了，往往在吃完晚饭后，叔祖嘱我坐在他的左手饭桌边，对我讲道理。现在我已记不起讲的是哪些道理。我清楚记得的是：虽然叔祖十分和蔼，我还是很不愿意被叫住坐在那儿，因为我觉得自己确实是错了，这对一个孩子来说，也是很不愉快的。

叔祖的睡房在二层楼南边。西侧是叔祖母的睡房，实际上是叔祖的工作室。他整天坐在面南的书桌前，书写不停。叔祖母在北边姑母睡房里作息。叔祖母安详寡言，温文尔雅。姑母留给我最早印象是一位漂亮的少女，坐在方桌的另一边陪伴着叔祖母。她从私人老师学画、学外语。叔父在校，不常在家。后来结婚了，家里有了新婶婶，又有了堂妹、堂弟。

那时家中不断有客来住宿。有回来探亲的父亲。祖姑母每夏率儿孙从海盐来上海避暑。有的亲戚在上学时住着，放假时回自己家乡去。还有由于战争，局势动荡，失去家园，或由于其他多种原因而来暂住的亲友。经常在吃饭时，一个大圆桌还挤不下所有的人。年轻些的和孩子们要排在别的桌子上用饭。

留宿过的客人中我记得有蔡元培，他给了我一大摞《小朋友》。那是我第一次有自己的藏书，当时他还没有和周夫人结婚。周夫人曾是我姑母和叔父的家庭教师，那还是在母亲怀我的时候的事了。还有一位英国人（大家叫他柯师医生）和他的新娘。每天早晨她从楼下卧室到楼上澡房洗澡。在楼梯口遇见我时，我爱听她用英语说"早安"并教我模仿她说一声"早安"。这是我最早说英语的尝试。

日常来访的亲友很多。叔祖下楼去在客厅里会见客人，天天有好几次。有些客人的名字很熟悉，但从未见过，不知他们的长相。比如说，胡适的名字就常听说，但直到抗战胜利后我想离开上海去自己一直向往的北京工作，在胡北上接任北京大学校长前路过上海来访时，叔祖才叫我下楼见他。当时我的堂妹还是个小姑娘。她说她要和我一起下去看看胡适是什么样的。后来我曾在胡家里听他颇为得意地向在座的客人说：张菊老的小孙女要见见胡适。

　　一般说来，只有至亲好友才上楼和家人见面。在叔祖书桌前东西两侧各有一把椅子。最常来的是我管她叫贞娘娘的本家。她一来便坐在靠东边的椅子上，和叔祖说个没完，讲她的儿子的工作、婆媳矛盾等琐事，有时还把儿子媳妇带来，请叔祖判她的家务事。有一次一个亲戚打算加入基督教，和他的母亲一起来征求叔祖的意见。

　　叔祖难得找家人闲话，更是从不背后说人长短。高梦旦、李拔可、高翰卿、王云五等都是他的朋友，直到近年来我看了别人书写的文章才了解这些朋友中并非都跟他意见一致，也有对他的革新措施起阻挠作用的。

　　叔祖在 60 岁退休后，仍一如既往，每天伏案工作不止。即使和家人一起进餐时也往往把书报带到饭桌子上，边看边吃。家人有事和他相商总得走到他的书桌旁去打搅他。他倒是每次都放下笔来耐心听话、答话。抗战开始我们搬家后，我的房间就在叔祖的隔壁。每天，特别是在我放学或者后来工作下班回家来，总要去和叔祖闲话几句，告诉他我一天的经历，谈谈我的学习、工作，以及我的各种想法。他从不厌烦我打断他工作，很关心地询问一些情况。然后，他又提起笔来工作了。

　　住在老房子里的时候，家中前前后后曾有过几个男女佣人。他们都是长期在此工作。其中历史最长的是一位大家叫她"大姐"的，她是叔祖母出嫁时从北方张家口随身带来的。她在上海结婚，生儿育女。因为丈夫"没出息"，她从没有长久跟随他去过。我记得她的丈夫常蹲在大门口等着她，向她要钱。她晚年脾气暴躁，对瘫痪在床的叔祖很不耐烦。在我从北京回家探望叔祖的日子里就见到过这种情形，心里很不好受。但是叔祖则婉言劝她息怒。后来听说她病危时，她儿子才来把她接走。另一个是我叫她"小叔妈"的，她还是叔父孩提时来的。在我记忆中她是整年吃长素，每天在一间堆房里坐在一尊瓷弥勒佛前念经的老太太。她的女儿、侄子、女婿常从常熟农村带一些杨梅等土产来探望她。从我出生起就照管我的高妈妈的母亲，也不时来探亲。叔祖母照顾她，请她做些在草地上除去杂草的轻活，使她得些工资收入，一住便是个把月。有一个叫秀如的司机，他的外甥在一个洋人家当西崽。那家人失窃，主人诬诈他是贼，把他关进巡捕房。在严刑威逼下，他胡乱招认，说赃物存在我家的一个老保姆处，巡警把他押来对质。他的目的是使叔祖知道此事，为他申冤。叔祖确实为他申了冤。叔祖请了一位英国医生为他被毒打得遍体鳞伤作证，又请了律师对巡捕房起诉。胜诉后，这位青年出狱时身体虚弱，便住在我家养伤。我爱看他把蛋壳做成兔子灯，在壳上画上眼睛，贴上耳朵、尾巴，再用彩色的丝线把它连在一个棍上，可以拎在手里玩。有一个保姆的儿子出了天花，出了医院无处可住，也便住在我们家，一拐一瘸地步履艰难，休养了好久，直到叔祖帮他找到了工作才离去的。一个叫潘妈的儿子，患脚疾，不能行动，整天在厨房外廊子上坐着。也是叔祖在他痊愈后为他找到工作才走的。听说后来有一天他回来向叔祖磕头辞行，并拜托日后多多照顾他的母亲。解放后才知道他当时是去参加革命。

有一天大清早，我听见人们喧嚷声。一个男工友从后面花园里惊慌失措地跑来说：花房里吊死了一个人。原来这是过去曾为叔祖当过厨子的师傅。他夜里在篱笆上拆了一个洞，乘黑，钻进来在花房自尽了。他的女儿痛哭之余，向叔祖求恕，说她的父亲贫病交迫，出此下策，是因为他相信叔祖心好，知道他的不幸一定会愿意出钱为他买一口棺木。

叔祖从早到晚坐在书桌边写啊，写啊。清晨起得很早，在家人起来时他已坐在书桌边了。晚上很晚才上床，还要先靠着借床头灯看一会儿书。房里桌上、柜子里全都是书。还有各种封袋装着来往书信及信稿，封面上标明内容类别。有几个袋装的是从废纸边上剪下来的空白纸片，有大有小。有可作便条用的，有白的薄条和红的宽条可用来做翻身信封的。

做翻身信封主要是我的任务：先把用过的中式信封拆开，压平，在背面中央及上下贴上白色薄纸条。中间和下边封死，上面留口。然后在正面正中央贴上较宽的红纸条。这样就成了很正式的信封了。等糨糊晾干后，再在正面左下侧打印：家里的详细地址，什么路，什么号，在什么路口。收信人不必查通讯录便可很方便地把地址写在复信的信封上。而且走访时也容易找到我们的家门。叔祖在我离家上北京时，曾嘱咐我写信必须注明日期，并编上号码。这些不费吹灰之力的事，却与人方便。

整理报刊是我的另一任务，每隔一段时间须清理一次。从叔祖积累在抽屉里的粗细绳子中取出合用的，把报刊分门别类地捆好，注明从何日起到何日止。如有短缺，则注明其日子及期数。

叔祖生活在书堆里，但一切是如此有条不紊。他令我去别的房间取书的话，总在纸条上写上书名，在哪个柜子里，哪个搁板上，左边或是右边。

在谈话中，有时提到某事物在中国历史上出现的时候，叔祖便指出在某本书、某篇文章中首先出现相关的词，足以引证。

有一段时间，叔祖为编成语词典收集词条。除了阅读古典小说、鲁迅全集等各类作品时，顺手在准备收集的词边画上红条为记之外，还核对各种词典。这可说是他的消遣。当坐在沙发里，闭上眼睛养养神时，他会叫我逐条念给他听词典中所列的条目，把需要的写在卡片上。我挨次念着。常常记不住哪些是在前面词典中已经列过的词条，又重复再念。叔祖便止住我说：前面哪本词典中已经出现过。那时候他年已过七十了，记忆力仍很惊人。

叔祖每隔一些时候便要写些对联、条幅等。有的是为求字者写的，有的是写了作为送人的婚丧礼品，在抗战开始后，还有的是为了需要润笔贴补家用而写的。其实，当时在熟人中就有为生活所迫而给日伪效劳的。但是叔祖不一样，我清楚记得有一天几个日本人在我们家门口从汽车里下来，求见叔祖。我们都很紧张。叔祖拒绝接待，在纸上写了（大意是）"两国交战，不便接谈"。他们接过去边读边笑，驱车走了。

在写大字的时候，叔祖站在大饭桌子前挥笔，我常站在他的对面，逐字把宣纸往前拉动。每次总要写很多幅。叔祖一直站着写。似乎脚不累，手也不酸。应蔡元培夫人的请求，在写字前一般总要去邀她的两个儿子前来观摩。叔祖有时不拿报刊，而把字帖带到饭桌上来，一边看字帖，一边吃饭，还用手指比划着横竖撇捺。后来叔祖左半身瘫痪，我从北京回家探望他时，见到他倚枕在胸前的小桌子上还在写字。叔祖写了不计其数的字。但在"文化大革命"时家存墨迹被洗劫一空。为海盐图书馆纪念室搜集遗物时仅寻得寥寥几幅。这些还是亲友送还的。永远敞开着的那个椭圆形的铜墨盒、大砚台、压纸的铜尺、笔筒、笔洗都不知流落到哪里去了。

　　要是问叔祖有什么娱乐的话，几乎可以说没有。老房子后面有个园子，只是在夏天清晨荷花盛开时，偶尔和叔祖母一起去池边站立片刻。有时，也还是很偶然，他斜靠在沙发椅里闭上眼睛休息时，听一会儿收音机播出的广东曲调。这点爱好和他有时用广东方言跟祖姑母说话一样，可能是由于随父母在南方度过童年的缘故。抗战前我曾见叔祖夹上曲本去戏院听昆曲，这是特别难得的事。

　　叔祖对食物也没有特殊的爱好。除了一日三餐，下午四点左右喝半杯奶茶，吃一两片饼干。有时一边吃一边玩几分钟 32 张的骨牌。牌的年代已很久，上面的点子都看不清了。我记得他能吃孩子们不爱吃的苦瓜、肥肉、淡而无味的白煮蔬菜。

　　衣着更是他不愿意花时间、精力的事。我怎么也想不起来叔祖做过哪件新衣服。年复一年的夏天穿麻布背心，冬天穿灰棉布罩袍，戴着露出指尖的黑毛线手套，最冷的时候还戴上棉耳罩，那还是叔祖母早年亲自缝制的。我只见过一件已经洗得硬板似的灰色毛线衣，领口已用布绲了边。哪天叔祖在长袍外加上黑马褂，戴上黑瓜皮帽，那准是要出门为人证婚或者去丧家"点主"了。衣服总是那么几件，鞋子也就这么几双。传说把他绑架走的强盗看见他的棉袍里子上打的补丁都有所感触。叔祖有一只大圆表，系的是一条黑丝带，只是出门时戴，说是祖姑母送的。我上大学后，每逢大考，叔祖允许我戴了它去参加考试。

　　家里除了书山书海之外，只有几个出土的泥人，没有任何贵重的字画等饰物。家具是五花八门的，有红木的桌椅，也有西式的沙发。现在回想起来这些东西可能都是拍卖行里买来的旧货。抗战开始后搬到一所小弄堂房子去住时，叔祖站在楼下大厅中央，眼看着收旧货的人把带不走的桌椅等物搬上卡车，颇为感叹。他具体的话记不得了，意思是搬走容易，买来可不容易。

　　家里的书除了线装书、中文书以外，也还有外文书。我上了中学后，在一个柜子里发现各种学科的英文书，政、经、法、文、史、哲、天文、地理各类都有，如赫胥黎的和莎士比亚的作品。在有些书中叔祖还加上了蝇头小字的眉批。我在假期中曾似懂非懂地翻阅了莎翁的剧本打发时光。

算来叔祖学习英语的时候该在一百年前。我曾听他对人说过他在刑部工作过程中，经常接触外国打来的电报，久而久之他能理解内容。在老房子里他的卧室南墙上挂了一张他戴了遮盖长辫子的假发、穿西装的照片。这是他清末出国考察时照的。如果不很好地掌握说写英语的话，哪能涉足欧美呢？柯师医生夫妇蜜月住在我们家时，我听见叔祖和这两位英国人用我不懂的语言说话。他是怎么学会英语的呢？孩子是不问的，而且我心目中没有什么是叔祖所不能做的事。一切都是自然的，必然的。

家人生了病，一般请西医来治，或者送去医院，不求中医。但是，叔祖自己是懂中医的，他的大孙女病危时，有一位中医来开了处方。叔祖把抓来的药一味又一味地核对，确认无误才准下罐熬煎。在他被绑架期间，他为一个咳嗽不止的强盗下过处方。记得听叔祖说过自古以来中医除用针药治病，还用"石"，可惜早已失传。

我小时候很爱听别人家的孩子叙述他们在过年过节时如何送灶王爷、接财神等。我们家可从来没有过这类事。在除夕晚上，只在大饭桌上放了杯筷，点燃两支红蜡烛。叔祖在杯中一一斟上酒，供上饭，带头叩首。男女按辈分按年龄挨个跪拜，表示对祖先的怀念。吃过年夜饭后，放些花炮，就此而已。

农历七月三十日地藏王生日那天晚上，供弥勒佛的那个老保姆在厨房后边地上砖缝里插满了香。点着后，一片星星的火光，很是好看。我帮她插香，第二天早晨又去捡小竹签。中秋晚上，她在那里点上一个香斗，供些糕点祭月。我盼着香斗快快燃烧完毕，可以拔下装饰在斗上面红颜绿色的纸旗子拿在手里玩耍。这些迷信事谁都不说，因为叔祖是不赞成的。后来老人去世，这些活动就停止了。

在我翻阅幸存下来的几封叔祖写给我父母的信中，曾见到关于丧葬的话："我前为吾夫人（第一位叔祖母）在公墓安葬仅用石灰数担，此不过为将来与吾合葬之时，重新起土，易于辨认起见，不然并石灰亦可不用。"（1932 年 5 月 16 日）张氏本家中没有钱为死者做坟者往往先做浮厝。叔祖买了一块地作为张氏公墓，把他的第一位夫人移葬在那里，为众人作薄葬的榜样。确实本家们陆续照办了。1934 年叔祖母许夫人去世后，同样用几担石灰埋在公墓。叔祖自己是火葬的。在"文化大革命"时，我的弟弟和堂弟混在毁坟墓的红卫兵中去公墓，把叔祖的骨灰盒挖出来带回家掩藏在杂物堆里，事态稍平息后移到旧日张氏公墓。乡亲们记得叔祖母葬处，就在那里挖了个深洞，把骨灰盒放了进去，上面种了一棵万年青以做标志。当然这不是长久之计。那块土地已是一个小的船码头。人来人往，准会改建。好在叔祖对身后事绝不会在乎。

叔祖曾在一首诗里写道："昌明教育平生愿"。他曾资助过不计其数的人上学，有本族的，也有外姓的，从送上小学的到送出国留学的都有。叔祖母病故的时候，我正在住校学习。学校一个月才准假回家度个周末。直到星期六我该回家的时候，叔祖才允许接我到殡仪馆参加大殓。后来回到家里他看见我在哭，含泪对我说了一句话："好好读书"。我中学毕业时，父亲表示我可以休学了。当时正值抗战，家境不佳。但叔祖要我继续上大学。他听见我在电话中和同学谈到进大学后选系科时提到文学，他嘱咐我应学更实用些的东西，医学、经济等。这也许有助于说明为什么叔祖一生中从不在诗文创作方面花费精力。他把一生献给了实实在在的普及教育、传播文化的事业。

解放后不久叔祖便把海盐虎尾浜的老宅捐赠给海盐中学。当时他已瘫痪在床，还几次写信嘱我让我的继母在捐赠书上签名。其实，我的继母在我父亲去世后不久也已病故，只是我们没有让叔祖知道，以免他伤心。我用了借口说叔祖签名代表家人已经够了。但叔祖不以为然，最终由刚上中学的弟弟签了名。

我记不得叔祖对我说过什么警句、训导。留给我印象最深的一次是在我生活中受到了委屈之后，他对我说了大意是这样的话："不要让人可怜你，你的为人要使人感到本不该这样对待你。"他给我讲了曹操说的话：

宁我负人，勿人负我。我应该做个和曹操截然不同的人。我回想起来叔祖的为人便是：宁人负我，勿我负人。我见到叔祖给我父亲的一封信中有这样的一段话："凡事只在自己不做错，外来毁誉可不问也，过去情形作为镜花水月可耳。"（1934年1月11日）

我大学毕业后，开始工作的那天，叔祖送我一首诗："勤、慎、谦、和、忍，五字莫轻忘，持此入社会，所至逢吉祥。"（1942年11月17日）我的工作是在一家公司阅读外文书籍，把内容摘记下来，供领导人参考，不必每天上班。那是在抗战年月，生活艰苦，人们都兼职。我应一位老同学之邀，去中西女中兼课。过了一段时间，叔祖认为我花在兼课上的时间过多，为我起了一封信稿，嘱我向公司要求只领取半时工作的薪金，因为我不该"尸位素餐"。

抗战胜利后的第二年，我到当时的北平工作。行前叔祖为我写了好几封信，介绍我去拜见一些亲友。并告诉我如何称呼：太老伯、太年伯、太姻伯，还是世叔。他又亲自为我写了一摞名片备用。临行那天清晨，叔祖说他原想送我上飞机，因为夜里没有睡好，感到不适，所以就不出门了。我开始工作后，把薪金收入交给家里，希望在艰难的战争岁月能贴补一点儿家用。后来知道叔祖为我都储蓄起来了，我去北平的飞机票便是用这笔钱买的。

到了北平后，我住在城郊，离工作所在处很远。在我去见胡适时，他邀我暂住在他家，叔祖知道了立即回我的信说：千万不能打搅别人。我们通信颇为频繁，我就像在他身边时一样，事无大小都告诉叔祖。他则不

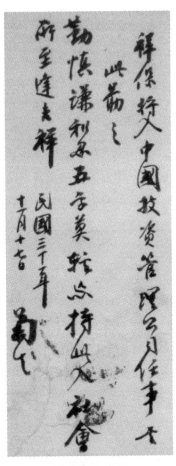

为张祥保题诗

厌其烦地及时写信指教，事事为我操心。在我和王岷源结婚的时候，叔祖写信给他，说我"自幼丧母，育于我家，先室视如己出，教养成人，祗以爱怜稍过，约束遂宽，材薄能鲜，不足为君子述也。去岁胡适之兄南来盛称执事品学不置，并言愿为祥保执柯"。解放前夕，我唯恐南北分隔，回不了家，想去上海。叔祖来信嘱我留在北京，又托当时的和谈代表颜惠庆带来信给我，说家中平安，不必担心。

1949 年 9 月，叔祖应邀和叔父一起来京参加开国典礼。政府支付他来京一切费用，他再三推谢。因工作人员实在无法处理此事才算罢休。在参加政协第一次会议后，他表示使他兴奋的是昔日帝皇的宫殿，今天成了各阶层人民聚集一堂的会场。我几乎天天去六国饭店看叔祖。遇见过正在拜访他的周总理、陈云等同志。随叔祖游故宫的时候，他指给我们看他当年参加殿试时的保和殿。那时候我的大孩子刚两个月。叔祖参观北京大学图书馆收藏的善本书那天，特地到我们家来看这个小婴儿。我们门窗外有一架紫藤花，室内较暗。叔祖为他起名为"烨"，取其明亮之意。那是一段欢庆的日子，但也谈到了一些不愉快的事。叔祖对我说姑母一家人本来不必在解放前出国的，完全可以留下。他多年来几乎从不跟人提到女儿的事。最触动自己的事往往是埋藏在心灵最深处的。还听说我父亲不久前病故时，叔祖有预感。一天早晨他告诉叔父说夜里梦见我父亲前来向他叩头。叔祖多日来焦虑使他夜有所梦。顷刻间便接到通知父亲去世的电报。

叔祖从北京回到上海不久，便在商务印书馆成立工

1949年10月5日，张元济与张祥保在北京大学合影

会那天，正在讲演的时候，中风瘫痪了。从此再也没有回到他的书桌，而是把书桌移到了床上胸前。此后我回家探望几次，叔祖不是躺在家中便是住在医院，我再也见不到昔日终日伏案不停工作的叔祖了。最后一次见到他，他说话已不太清楚，但关心小辈的心情一如既往。在此两年前叔祖已停止给我写信了。"文化大革命"抄家盛行，我在夜里偷偷地把叔祖给我的信一一重读之后付之一炬，因为我不愿意珍藏已久的信，特别是灌注在内的感情，遭到亵渎。我只保留了1954年叔祖写给我的最后一封信。

> 祥保收阅，岷源均念，汝烨兄弟同此，顷接到本月十日来信知道合家安好，甚欣慰，你第二男儿要我取一名字，我想用一个"耀"字，意取光耀，将来望他声名四达，你和岷源斟酌是否可用。高妈病了，你加忙，有幸可以支持，不要过于劳碌，是为至嘱。高妈进医院上镭锭，费用大不大？要多少时候，可以治好？她进了医院，你岂不更要加忙。好在烨儿白天在幼儿园，可以免于照料，第二男儿，晚上不醒，你可以多睡些时候，甚矣抚养子女之不易也。你添雇了一个仓县乡下人，是否天津南部之沧州，应作"沧"，不作"仓"。人尚勤能否？我身体如常，夜眠亦足，胃口更好，终日只想吃，大有返老还童的样子。天天吃两三支葱管糖，午餐必食肉，早餐吃一二枚鸡蛋，晚饭只饮粥几匙，也很够了，每日饮牛奶半磅，享用很不差。此间天气，晴少云多，雪仅飘了几天，房间已生火，平均有六十度，很舒……

信纸在此剪断了。我从此再也没有收到过叔祖片纸只字了。

我的外祖家保存了两封叔祖写给我母亲的信，当时母亲在外祖家。这是在1918年春天：

> 少奶奶收览，今晨得廿六日来信，知途中安稳，甚慰。今日为祥宝种痘期内，望格外谨慎小心，衣宜用白布，有色者不宜，

前闻西医云，染料有毒，皮肤破裂，接触恐致他病也。树源昨日来信，方到后一月，遇雨，出外测量，衣帽俱湿，想亦有信详述一切矣。寓中均好，可以勿念，堂上为我请安。

十日后写的一封信是：

> 少奶奶收阅，得来书均悉，阿祥种痘，顷已结痂，体热已退，闻之甚喜，只要发出，不必其过甚也，忌食可以不拘，但总以滋润之物为宜，以其有益于乳耳。阳历十三日准遣车至车站接候。寓中均好，可勿念，为我代问堂上双安。

记得我烧毁叔祖的信中有封是给烨儿的，他刚学会握笔，胡乱涂了几个字，说是写给太公的信，叔祖见了认真地回了信，对他说：你写的信像是天书，看不懂。还说了些鼓励他努力学习做个好孩子的话。叔祖看见孩子在周岁拍的照片为他写了一首诗：

> 烨烨双眸岩下电，才看弧矢锡嘉名，
> 试周知否提戈印，定卜他年宅相成。

我的两个孩子属于"文化大革命"知青，尚知偷闲好好读书，现均在国外获得博士学位，在大学里任教，做"昌明教育"的工作，能告慰太公在天之灵。

参加海盐图书馆开馆典礼后在上海停留期间，我几次去探望叔父母。叔祖生前的房间在二层楼，现在是他姓人住在那里。我走向三楼叔父家的住房时，每次都要在二楼上向叔祖的房门张望。仿佛叔祖还在里面，有一种强烈的欲望，想推门进去，和以前一样告诉他：我回来了。但心中又充满了疑惧，如果我推门进去，会不会叔祖仍旧坐在书桌边回过头来看我，听我说些什么？我最想告诉叔祖的是他的夙愿——也是他好久好久以前曾向有权人士建议过的：沟通南北，开发海南，现在都已实现了。京广线早已通车，海南正在发展。我似乎又看见他微笑的面容。他曾经在诗中写过"泉台仍盼好音传"。但是，叔祖"愿留老眼觇新国"，这已永远不可能了。

张祥保，张元济侄孙女，生于 1917 年。上海圣约翰大学经济系毕业。曾在上海中西女校任教，后为北京大学英语系教授。

曾参加编写或主编商务印书馆出版的《英语》《大学基础英语》《大学英语》等教材。

张元济先生年表

张庆

　　张元济先生，字筱斋，号菊生。浙江海盐人。父森玉，曾任会同、陵水等县知县。母江苏武进谢氏。兄元煦，弟元瀛，妹元淑、元清。

1867 年 10 月 25 日　生于广州。

1873 年（7 岁）　　　入塾。

1880 年（14 岁）　　　与母返回海盐。

1881 年（15 岁）　　　父病殁于海南任上。

1882 年（16 岁）　　　就读于海盐查济忠师。时家境日贫，全赖母、妹针黹收入维持。

1884 年（18 岁）　　　应县试，名列榜首。

1886—1888 年（20—22 岁）　就读于海盐朱福诜师。

1889 年（23 岁）　　　乡试，中式第十名举人。娶同邑吾乃昌之女吾氏。

1892 年（26 岁）　　　得中二甲第二十四名进士。授翰林院庶常馆庶吉士。吾氏夫人病故。

1894 年（28 岁）　　　翰林院庶常馆散馆，改派刑部贵州司主事，六品衔。

1895 年（29 岁）　　　与已故军机大臣、兵部尚书许庚身女子宜结缡。
　　　　　　　　　　　与康有为、梁启超、汪大燮、文廷式、沈曾桐、杨锐等往来频繁。加入陈昭常等创设之健社。

1896 年（30 岁）	考取总理各国事务衙门章京。
	与陈昭常、张荫棠等筹设西学堂。
	甲午战败后，常与文廷式、黄绍箕、陈炽、徐世昌、汪大燮、沈曾桐、沈曾植等集会陶然亭，议论朝政之改革。
	在京代派《时务报》。
1897 年（31 岁）	西学堂开馆，后更名通艺学堂。主持制定学堂章程，称"此学堂专讲泰西诸种实学"。
1898 年（32 岁）	受光绪帝召见。建议设馆储才。
	上《痛除本病统筹全局以救危亡折》。
	变法失败，被"革职永不叙用"。
	携家离京抵沪。
1899 年（33 岁）	任南洋公学译书院总校兼代办院事。
	选译政治、法律、理财、商务等类书籍。
	以银 2000 两购定严复《原富》译稿。
1900 年（34 岁）	母病殁。
1901 年（35 岁）	任南洋公学代总理，为期半年。
	开办公学附设小学堂、特班，拟定特班章程，聘蔡元培为特班总教习。
	《原富》由译书院出版。为该书编定中西编年、地名、人名、物义诸表。
	与蔡元培、杜亚泉等创办《外交报》。
	投资商务印书馆。
1902 年（36 岁）	下半年，应创办人夏瑞芳邀，为商务印书馆（以下简称"商务"）筹办编译所，并相约"以扶助教育为己任"。
1903 年（37 岁）	年初，即壬寅年底，辞南洋公学译书院职。

癸卯年初入商务印书馆，任编译所长。聘高梦旦、蒋维乔入馆。

与严复签订出版严译《社会通诠》合约。

撰《中国历史教科书·序》《埃及近世史·序》。

与夏瑞芳共同提议创办《东方杂志》。

女树敏出生。

1904 年（38 岁）　与高梦旦、蒋维乔等试编《最新国文教科书》。该书出版后获成功，为商务版教科书奠定基础。

编《最新修身教科书》及其《教授法》各十册、《五彩挂图》二十幅。

与长尾桢太郎等校《笔算教科书》。

创设商务编译所图书馆（后定名涵芬楼），第一批购入会稽徐氏熔经铸史斋藏书。

1905 年（39 岁）　商务举办速成小学师范讲习所，与蔡元培、杜亚泉、蒋维乔等执教。

撰《对版权律、出版条例草稿意见书》。

1906 年（40 岁）　学部奏调，入京三月后辞出。先在学部，后至外务部筹办储才馆。拟《办理储才馆事宜奏折》《储才馆暂行章程》等文件。

归安陆氏皕宋楼藏书谋售，因索价过高，商务无力购买而流入日本。事后"每一追思，为之心痛"。

回海盐，与当地士绅商定办学事宜。

预备立宪公会成立。被推为会董。

约请颜惠庆编《新编英华大辞典》。

1907 年（41 岁）　主持编译《日本法规大全》历七年后，由商务出版。

约请伍光建以白话文译外国小说。

邮传部奏调入京任职。坚辞不就。

为拒借外款，代表浙路公司赴京谒见外务部官员。

商务印书馆于上海宝山路购地80亩，建造新厂。

子树年出生。

1908年（42岁）　赴日本考察一月。

参与编纂《辞源》始，历八年而成。

与高梦旦、蒋维乔编《最新高等小学国文教科书》及其《详解》各八册。

1909年（43岁）　当选为商务董事。

约请蔡元培译《伦理学原理》。与缪荃孙商影印古籍。

商务举办商业补习学校，任校长。

为涵芬楼购入太仓顾氏谀闻斋藏书。

1910年（44岁）　赴荷、英、爱尔兰、比、德、捷、奥、匈、瑞士、意、法、美、日等国考察教育、出版、印刷业。

主持影印《尚书考证》。为商务影印古籍嚆矢。

1911年（45岁）　发起创刊《法政杂志》。

学部奏设中央教育会，任副会长。进京出席中央教育会议。在京发起成立中国教育会，被举为会长。

约定梁启超《财政原论》稿。

主持辑印《海盐张氏涉园丛刻》。

撰《环游谈荟》。

1912年（46岁）　校订《高等小学用共和国教科书新国文》《高等小学用共和国教科书新历史》及《英华会话合璧》。参与编纂《商务印书馆新字典》出版。

是年始，为涵芬楼收集全国方志。至1931年，共得2600余种，2560余册。

1913年（47岁）　约请蔡元培编师范中学用书。

校订《高等小学女子新国文教科书》。

1914年（48岁）　撰《贫困之教育》。

参与编写《新编初等小学单级教科书》。

1915 年（49 岁）　商务成立函授学社，任社长。

主持制订出版《四部丛刊》计划。

1916 年（50 岁）　任商务印书馆经理。

主持辑印《戊戌六君子遗集》。

1917 年（51 岁）　决定《四部丛刊》书目。

中华职业教育社成立，被推为临时干事。

1918 年（52 岁）　辞商务编译所长职。

《戊戌六君子遗集》出版。与傅增湘等共同发起影印《道藏》。

是年始，收购海盐张氏涉园旧藏书籍。

两次赴京。与蔡元培、陈独秀、胡适等晤谈编辑教科书、出版学术著作等事宜。

1919 年（53 岁）　与蔡元培签订《北京大学月刊》出版合同。

为商务制作电影，拟定上北洋政府呈文。拟定影印《四部丛刊》办法。撰《印行〈四部丛刊〉启》。

决定《东方杂志》主编易人。

主持辑印《续古逸丛书》之第一种出版。

赴常熟罟里观瞿氏铁琴铜剑楼藏书。

1920 年（54 岁）　辞商务经理，改任监理。

《四部丛刊》开始出书。

赴京，与叶恭绰商印《四库全书》事。晤郑振铎、耿济之。

请沈雁冰主持《小说月报》。

与梁启超所创共学社签订出版协议，又资助其讲学社，聘国外学者来华讲学。

1921 年（55 岁）　拟请胡适来商务主持编译，未果。胡荐王云五。

于董事会提议设立公共图书馆（后定名东方图书

馆）。与葛嗣浵、金兆蕃发起辑印《槜李文系》。参与编纂之《中国人名大词典》出版。

赴京，晤美国教育家孟禄。

1922 年（56 岁）　为开办印刷厂事，赴粤、港调查。

1923 年（57 岁）　《四部丛刊·初编》出齐。

于董事会提出"股息公积"办法，获通过。

赴香港为港厂购屋。

撰《拟制新式排字机议》。

1924 年（58 岁）　拟影印《四库全书》，因北洋政府阻挠，未果。

辑印《百衲本二十四史》有实质性启动。

被推为东方图书馆董事。

1925 年（59 岁）　赴扬州，购何氏藏书。

"五卅运动"发生，为郑振铎、胡愈之等编《公理日报》捐款。

再次与北洋政府商议影印《四库全书》，因江浙战事危及运输安全而未果。

1926 年（60 岁）　辞商务监理，当选董事会主席。

东方图书馆开幕。撰《东方图书馆概况·缘起》。

1927 年（61 岁）　校毕《夷坚志》。

遭绑匪劫持，六日后脱险。

1928 年（62 岁）　赴日本，观静嘉堂文库等处所藏中国典籍，商借若干国内失传之版本摄成底片，辑入《四部丛刊》《衲史》。

约请吴梅编《奢摩他室曲丛》。

1929 年（63 岁）　主持重印《四部丛刊》，撰《重印〈四部丛刊〉刊成记》。次年印竣。

1930 年（64 岁）　主持《衲史》校勘、影印工作。撰《影印〈百衲本二十四史〉序》。《衲史》第一种《汉书》出版。

主持董事会议，提议王云五为总经理，议决同意。

1931 年（65 岁）　主持《衲史》校印工作，撰《后汉书》等五史跋，此
　　　　　　　　　五史出版。
　　　　　　　　　筹备出版《四部丛刊·续编》。

1932 年（66 岁）　上海商务印书馆总厂、编译所被日本侵略军炸毁，东
　　　　　　　　　方图书馆遭日本浪人纵火焚毁。被推为善后办事处委
　　　　　　　　　员。商务于半年后复业。

1933 年（67 岁）　继续校勘《衲史》各史、《四部丛刊·续编》各书。
　　　　　　　　　被教育部聘为编订《四库全书未刊珍本》目录委员会
　　　　　　　　　委员。
　　　　　　　　　发表《对于影印<四库珍本>意见》之谈话。
　　　　　　　　　任东方图书馆复兴委员会主席。

1934 年（68 岁）　许氏夫人病故。
　　　　　　　　　《四部丛刊·续编》出版，撰《辑印<四部丛刊·续
　　　　　　　　　编>缘起》。
　　　　　　　　　与王云五制订编辑《丛书集成》计划。

1935 年（69 岁）　筹备《四部丛刊·三编》，撰《辑印<四部丛刊·三
　　　　　　　　　编>缘起》，并于年内开始出书。
　　　　　　　　　赴西安、华山、洛阳等地旅游。
　　　　　　　　　聘为上海市图书馆董事。

1936 年（70 岁）　《四部丛刊·三编》出齐。
　　　　　　　　　赴重庆、成都等地旅游。

1937 年（71 岁）　《百衲本二十四史》出齐。
　　　　　　　　　编著《中华民族的人格》由商务出版。
　　　　　　　　　著《宝礼堂宋本书录》。
　　　　　　　　　撰《农村破产中之畜牧问题》等论文数篇。
　　　　　　　　　赴南京观故宫博物院藏书。
　　　　　　　　　全面抗战爆发，商务总管理处内迁，董事会留驻
　　　　　　　　　上海。

1938 年（72 岁）　著《校史随笔》，由商务出版。

与郑振铎商定由商务排印出版《孤本元明杂剧》。主持全书校订工作。

1939 年（73 岁）　《宝礼堂宋本书录》出版。

与叶景葵、陈陶遗发起筹建合众图书馆。

与郑振铎、何炳松等数次联名致电重庆有关当局，要求拨款抢救劫中流散古籍。

1940 年（74 岁）　与郑振铎等从事抢救古籍。

校阅《孤本元明杂剧》。校阅《稼轩词》、撰跋，由商务出版。

为商务馆事赴港与王云五晤商。

协助叶恭绰辑印《广东丛书》。

年末，住院做前列腺切除手术。

1941 年（75 岁）　《孤本元明杂剧》出版。

以历年收藏嘉兴府先贤著述、海盐张氏先人著述及刊印书籍一批捐赠合众图书馆。

1942 年（76 岁）　两名日本人至寓所求见，以"两国交战，不便接谈"八字拒之。

1943 年（77 岁）　开始鬻字。

1944 年（78 岁）　主持董事会议，调整充实商务上海办事处领导人员。

1945 年（79 岁）　抗战胜利，商务总管理处自重庆迁回上海。

1946 年（80 岁）　商务股东年会中止八年后首次举行，代表董事会作《九年来之报告》。

将海盐虎尾浜旧宅借与海盐中学做校舍。

1947 年（81 岁）　撰《新治家格言》。

商务董事会设善本书保管委员会，任主任。

与唐文治等十人联名上书吴国桢，要求释放被捕学生。

1948年（82岁）　　当选中央研究院第一届院士。赴南京出席第一次院士会议，发表题为《茑菭之言》的演说。

1949年（83岁）　　节选《节本康熙字典》出版。

赴北平出席中国人民政治协商会议，当选为第一届全国政协委员。

毛泽东邀游天坛，设晚宴招待。提出"广言路""建设必须进行，最要为交通，其次为农业，再次为工业"等项建议。

任华东军政委员会委员。

年末，患脑血栓，左半身不遂。

1950年（84岁）　　住院四月后返寓疗养。

整理所著《涵芬楼烬余书录》稿。

1951年（85岁）　　《涵芬楼烬余书录》出版。撰宋本《金石录·跋》。

上书毛泽东，提议特设西藏语文专校、编辑藏文常识之书。

1952年（86岁）　　作《追述戊戌政变杂咏》七绝18首。

1953年（87岁）　　任华东行政委员会委员。

任上海市文史研究馆馆长。

1954年（88岁）　　当选第一届全国人大代表。

1956年（90岁）　　接受《新闻报》记者陆诒采访。

1957年（91岁）　　所撰古籍跋文200篇辑成《涉园序跋集录》出版。撰《宋本杜工部集·跋》，《杜工部集》作为《续古逸丛书》最后一种出版。

1958年（92岁）　　聘为国务院规划委员会古籍整理出版小组委员。

1959年（93岁）　　当选为第二届全国人大代表。

8月14日病逝于上海华东医院。

张庆（1936—2011），张元济侄孙。1961 年 1 月毕业于清华大学动力系，高级工程师。曾在内蒙古电力系统工作，后任盘山电厂厂长，从事火力发电厂基本建设与生产的技术和管理工作。

后记

父亲张元济（菊生）先生（1867—1959）参加戊戌变法被革职后，专心从事教育、文化、出版工作，以此作为毕生的事业。80 年代以来，商务印书馆先后出版了父亲遗著《张元济书札》《张元济日记》《张元济傅增湘论书尺牍》和《张元济诗文》。王绍曾、叶宋曼瑛、汪家熔、王英、吴方、陈建明撰写父亲的传记、专著也相继问世。家乡浙江省海盐县于1985 年建立了张元济图书馆。商务印书馆于 1987 年和 1992 年两次在张元济图书馆举办了研究父亲生平和思想的学术讨论会。海内外刊物上也有过不少研究、评介父亲的文章。

父亲一生活动时间跨度大，涉及的领域广，且有所建树。因而有人称他为出版家、教育家，也有人认为可称为思想家、改革家。仁者智者各抒高见，然而对于家庭来说，他永远是一位督责严格但又爱护备至的好父亲。我在父亲身边生活了 52 个年头，除几次短暂的离别外，可以说是朝夕相处。父亲的事业和学术成果十分丰富，现在既有学者和友好在研究他，为人子者当然应将我耳闻目睹的、亲身经历的、与父亲一同参与的，凭记忆所及尽量写出来。我已届耄耋之年，记忆力幸未衰退，须抓紧时间，勉力以赴。虽所记多属家庭生活琐事，却也反映了一位在文化事业上有所成就的学人人生的一个侧面。这就是我写这本小书的初衷了。

三年前，我开始写回忆录，承出版界老前辈宋原放先生的鼓励和支持，也得到《编辑学刊》编委会——还包括一位英年早逝的编辑邱平先生的帮助，每成一章，由学刊予以登载。今全稿告竣，将由东方出版中心辑成单行本。在编写过程中，承蒙王绍曾、刘光裕、王自强、何百华、邹振环、张志强诸位学者的指教和关心，特别是宋原放先生为小书撰序。又因目力不逮，书中有些部分由柳和城兄和小儿人凤整理。在此一并致谢。

张树年

1996 年 10 月于上海寓所

图书在版编目（CIP）数据

张元济往事 / 张树年 著.—北京：东方出版社，2014.11

ISBN 978-7-5060-7836-8

Ⅰ.①张… Ⅱ.①张… Ⅲ.①张元济（1867～1959）—传记 Ⅳ.①K825.42

中国版本图书馆 CIP 数据核字（2014）第 278904 号

张元济往事

（ZHANG YUANJI WANGSHI）

作　　者：张树年

责任编辑：王　艳

出　　版：东方出版社

发　　行：人民东方出版传媒有限公司

地　　址：北京市东城区朝阳门内大街 166 号

邮政编码：100706

印　　刷：北京京都六环印刷厂

版　　次：2015 年 7 月第 1 版

印　　次：2015 年 7 月第 1 次印刷

开　　本：710 毫米×1000 毫米　1/16

印　　张：19.25

字　　数：222 千字

书　　号：ISBN 978-7-5060-7836-8

定　　价：36.00 元

发行电话：（010）64258117　64258115　64258112
